金明館叢稿二編

陳寅恪

文集之三

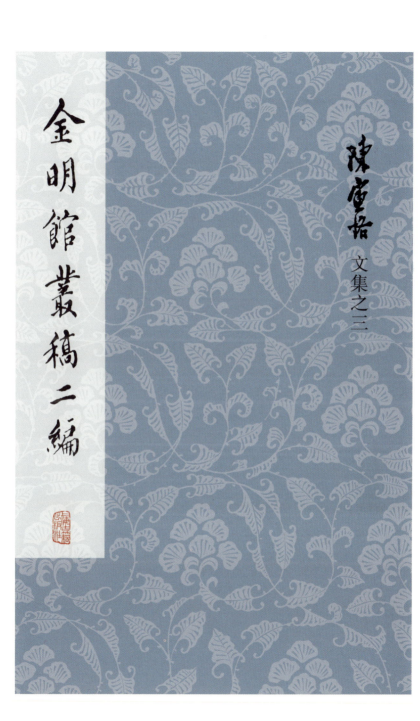

圖書在版編目(CIP)數據

金明館叢稿二編 / 陳寅恪著. —上海：上海古籍出版社，2020.7

（陳寅恪文集）

ISBN 978-7-5325-9663-8

Ⅰ.①金… Ⅱ.①陳… Ⅲ.①文史哲-中國-文集 Ⅳ.①C52

中國版本圖書館 CIP 數據核字(2020)第 108591 號

陳寅恪文集

金明館叢稿二編

陳寅恪　著

上海古籍出版社出版發行

（上海瑞金二路 272 號　郵政編碼 200020）

（1）網址：www.guji.com.cn

（2）E-mail：guji1@guji.com.cn

（3）易文網網址：www.ewen.co

常熟人民印刷廠印刷

開本 890×1240　1/32　印張 12　插頁 8　字數 231,000

1980 年 10 月第 1 版　2020 年 7 月第 2 版　2020 年 7 月第 1 次印刷

印數：1—3,100

ISBN 978-7-5325-9663-8

K·2858　定價：86.00 元

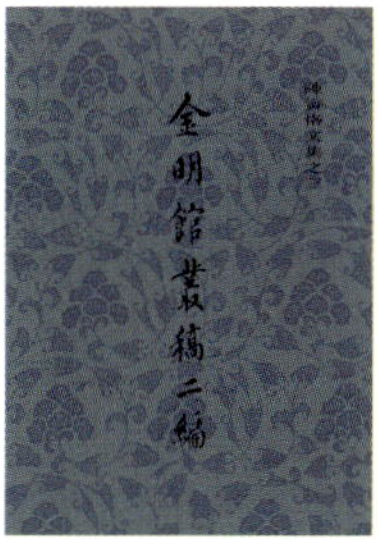

出版始末

1980

一九八〇年十月，我社首次出版《金明館叢稿二編》，收文五十八篇，乃蔣天樞先生據陳寅恪先生手定文稿編定。爲《陳寅恪文集》之第三種。

1982

一九八二年二月一版二印，增補五篇論文，更正少量訛誤。

2020

二〇二〇年，爲紀念《陳寅恪文集》出版四十周年，我社推出重版影印套裝《陳寅恪文集》（紀念版）及單行排印本。

陳寅恪
（一九四〇年　香港）

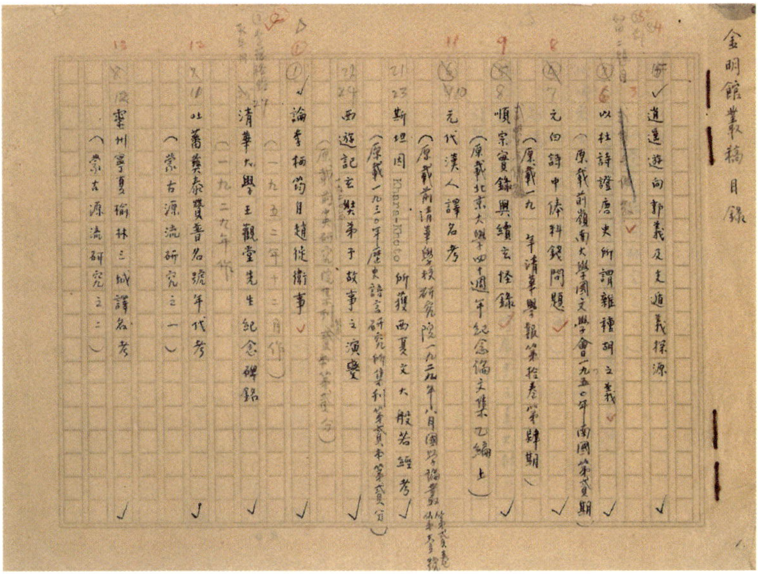
金明館叢稿目錄

逍遙遊向郭義及支遁義探源

以杜詩證唐史所謂雜種胡之義（原載前嶺南大學國文學會一九五〇年南國第貳期）

元白詩中俸料錢問題（原載一九 年清華學報第拾卷第肆期）

順宗實錄與續玄怪錄（原載北京大學四十週年紀念論文集乙編上）

元代漢人譯名考（原載前清華學校研究院一九二九年八月國學論叢）

斯坦因Khara-Khoto所獲西夏文大般若經考（原載一九三〇年歷史語言研究所集刊第貳本第貳分）

西遊記玄奘弟子故事之演變（原載前中央研究院歷史語言研究所集刊第貳本第壹分）

論李栖筠自趙徙衛事（一九五二年十二月作）

清華大學王觀堂先生紀念碑銘（一九二九年作）

吐蕃彝泰贊普名號年代考（蒙古源流研究之一）

靈州寧夏榆林三城譯名考（蒙古源流研究之二）

金明館叢稿二編目録稿本

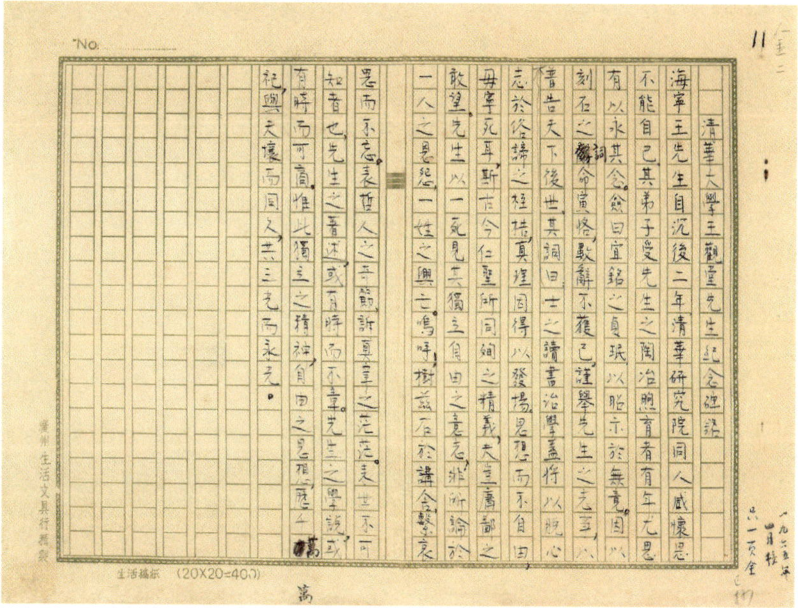

No.

11 全二

清華大學王觀堂先生紀念碑銘

海寧王先生自沉後二年，清華研究院同人咸懷思不能自已。其弟子受先生之陶冶煦育者有年，尤思有以永其念。僉曰宜銘之貞珉，以昭示於無竟。因以刻石之詞命寅恪，數辭不獲已，謹舉先生之志事，以普告天下後世。其詞曰：士之讀書治學，蓋將以脫心志於俗諦之桎梏，真理因得以發揚。思想而不自由，毋寧死耳。斯古今仁聖所同殉之精義，夫豈庸鄙之敢望。先生以一死見其獨立自由之意志，非所論於一人之恩怨，一姓之興亡。嗚呼！樹茲石於講舍，繫哀思而不忘。表哲人之奇節，訴真宰之茫茫。來世不可知者也。先生之著述，或有時而不章。先生之學說，或有時而可商。惟此獨立之精神，自由之思想，歷千萬祀，與天壤而同久，共三光而永光。

一九六五年四月校 只一頁全

萬

廣州生活文具行裝 生活稿紙 (20X20=400)

清華大學王觀堂先生紀念碑銘稿本

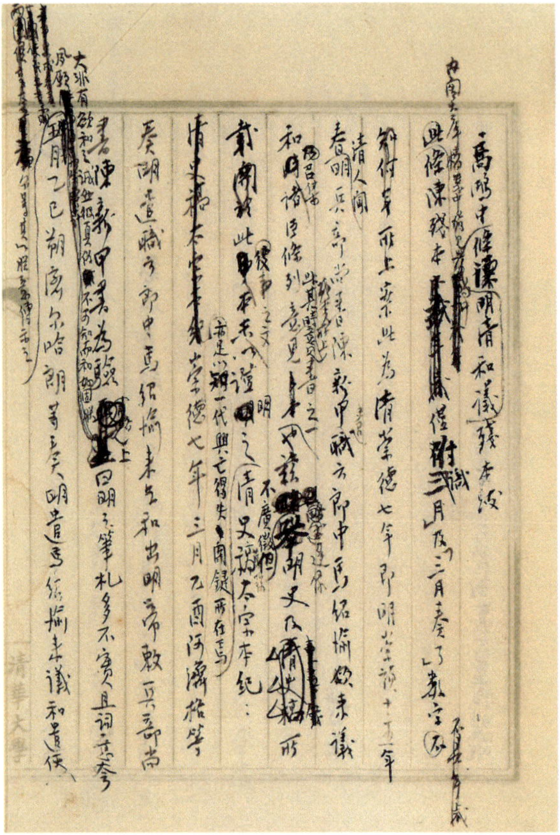

高鴻中明清和議條陳殘本跋
作者手稿

出版説明

陳寅恪先生作爲二十世紀極具影響力的歷史學家，以其深厚的學養及獨到的學術眼光聞名於世。他的著述，也成爲一代又一代研治中國文史者的必讀之書。早在二十世紀五十年代，上海古籍出版社的前身古典文學出版社，即出版了經陳先生修訂的《元白詩箋證稿》；又約請陳先生將有關古典文學的論著編集出版（陳先生應允後，擬名爲《金明館叢稿初編》），並聯繫出版其正在撰寫的著作《錢柳因緣詩釋證》（後更名爲《柳如是别傳》），但兩書未能及時出版。一九七八年一月，上海古籍出版社正式更名成立，便立即重印了《元白詩箋證稿》，並接受了陳先生弟子、復旦大學教授蔣天樞先生的建議，啓動《陳寅恪文集》（以下或簡稱《文集》）的出版工作。一九八〇年至一九八二年間，我社陸續出版了《寒柳堂集》、《金明館叢稿初編》、《金明館叢稿二編》、《隋唐制度淵源略論稿》、《唐代政治史述論稿》、《元白詩箋證稿》、《柳如是别傳》，共七種著作。其中，《隋唐制度淵源略論稿》據中華書局一九六三年版紙型重印，《唐代政治史述論稿》據三聯書店一九五七年一版二印紙型重印，《元白詩箋證稿》據上海古籍出版社一九七八年版重印；《寒柳堂集》、《金明館叢稿初編》、《金明館叢稿二編》、《柳如是别傳》四種，都是首次出版。作爲第一次對陳寅恪先生著作的規模性出版，《文集》在當時引起了巨大的反響，也讓更多人認識到陳寅恪先生的學術成就及思想的價值。

陳寅恪先生的著作能夠成爲當代學人眼中的經典，與出版社諸位前輩們的努力密切相關。而蔣天樞先生，爲校訂自己老師的書稿不計得失、殫精竭慮的事迹，業已成爲一段學林佳話。他不僅首先向出版社提出編集建議，而且主動承擔了陳先生文稿的搜集整理和校勘工作。他對《陳寅恪文集》的順利出版作出的貢獻值得後人永遠銘記。

二〇二〇年是《陳寅恪文集》出版的四十周年，爲紀念陳寅恪先生、蔣天樞先生以及爲《文集》的出版付出過辛勤勞動的上海古籍出版社的前輩們，我社先以影印的形式推出了《陳寅恪文集（紀念版）》。本次出版，又對《文集》進行了重排重校，優化版式，以面向更廣大的讀者。

四十年前出版的《陳寅恪文集》，經過蔣天樞先生手訂，本着絶對尊重陳寅恪先生的理念，對陳寅恪先生文稿中的語言、用字、引文甚至是標點符號都不輕易改動。因此，初版《文集》有其特别的著述、标点體例，而這些無不透露着陳寅恪先生的學術個性、蔣天樞先生謹守師法的良苦用心以及上海古籍出版社的前輩們尊重先賢的獨特匠心。故本次重排，也是本着尊重前賢的理念，除了對原版《文集》的版式稍作優化外，對《文集》的特殊體例，如無書名號、卷號以大寫數字表示等，一仍其舊，僅對個别體例和標點酌情進行了處理。在文字的校改方面，僅修改了可以確認爲傳抄之誤與排版之誤的地方。陳寅恪先生徵引文獻常不注明版本，或所據之版本與今常用之本不同，或節引述略，或喜合數條材料爲一，故不便遽以通行版本校改。唯《元白詩箋證稿》一書，自一九五八年出版後，陳寅恪先生又於一九五九年、一九六五年兩次致書出版社，希望對書稿進行修訂，共有十三條修訂意見。受當時技術條件的限制，這十三條意見並没有補入正文，而是作爲「校補記」附於書末。本次重排，則將此十三條校補記移入正文之中，但亦不泯滅歷次修訂之痕迹：僅將校補記附於相應段落之後，並依舊版校補記之序編號，冠以【校補記一】【校補記二】……以明其爲後補移入之内容。

本次再版，《隋唐制度淵源略論稿》、《唐代政治史述論稿》、《元白詩箋證稿》三種，即據《文集》初版重排。《寒柳堂集》、《金明館叢稿初編》、《金明館叢稿二編》、《柳如是别傳》四種，初版二印時據各方意見作了不同程度的修訂，其中《金明館叢稿二編》增補文章五篇，故此四種據一九八二年一版二次重排。

上海古籍出版社

二〇二〇年六月

一九八〇年出版説明

陳寅恪先生（一八九〇——一九六九），江西修水人，我國著名歷史學家。早年留學日本、西歐，第一次世界大戰結束，又到美國和德國鑽研梵文，歸國後任清華大學、西南聯合大學、嶺南大學等校教授，解放後任中山大學教授、中國科學院哲學社會科學學部委員、中央文史館副館長等職。他學識淵博，精通我國歷史學、古典文學和宗教學等，通曉多種文字，尤精於梵文、突厥文、西夏文等古文字的研究；他關於魏晉南北朝史、隋唐史、蒙古史、唐代和清初文學、佛教典籍的著述尤爲精湛，具有較高的學術價值，早爲國内外學術界所推重。

陳寅恪先生繼承和發揚了清代乾嘉學派和歐洲近代研究梵文、佛典的傳統，以其深厚的文、史、哲以及語言文字知識，融會貫通，縱横馳騁，不斷開拓學術研究的新領域，取得學術著述的新成果。在長達半個多世紀的研究、教學、著述事業中，儘管尚未擺脱傳統士大夫思想的影響，但是，他治學嚴肅認真、實事求是的態度，却也使其學術成就達到了很高的境界。

本文集中除《隋唐制度淵源略論稿》、《唐代政治史述論稿》和《元白詩箋證稿》在陳寅恪先生生前已有單行本外，其餘《寒柳堂集》、《金明館叢稿》初編、二編所收舊文以及長篇專著《柳如是别傳》等多經陳先生晚年修訂。文集的整理校勘由復旦大學蔣天樞教授承擔；編輯部只做了一些文字標點校訂工作，至於學術觀點方面則保存其歷史面貌，未加改動。我們希望本文集的出版有裨於我國文史研究的深入開展，有助於學術空氣的活躍。

上海古籍出版社

一九八〇年四月

陳寅恪先生文集總目錄

目録

論李栖筠自趙徙衛事

白氏文集陸壹唐故虢州刺史贈禮部尚書崔公墓誌銘并序略云：

公諱玄亮，字晦叔。漢初始分爲清河博陵二祖，故其後稱博陵人。公濟源有田，洛下有宅，勸誨子弟，招邀賓朋，以山水琴酒自娱，有終焉之志。無何，又除虢州刺史。大和七年七月十一日遇疾薨於虢州廨舍。公之將終也，遺誡諸子，爲其書大略云：「自天寶已還，山東士人皆改葬兩京，利於便近。唯吾一族，至今不遷。我殁，宜歸全於滏陽先塋，正首丘之義也。」夫人范陽盧氏先公而殁，以九年四月二十八日用大葬之禮，歸窆於磁州昭義縣磁邑鄉北原。遷盧夫人而合祔焉。遵理命也。銘曰：

滏水之陽，鼓山之下。吉日吉土，載封載樹。烏虖博陵崔君之墓。

寅恪案，大唐帝國自安史亂後，名雖統一，實則分爲兩部。其一部爲安史將領及其後裔所謂藩鎮者所統治，此種人乃胡族或胡化漢人。其他一部統治者，爲漢族或託名漢族之異種。其中尤以高等文化之家族，即所謂山東士人者爲代表。此等人羣推戴李姓皇室，維護高祖太宗以來傳統之舊局面，崇尚周孔文教，用進士詞科選拔士人，以爲治術者。自與崇尚弓馬，以戰鬭爲職業之胡化藩鎮區域迥然不同。河北舊壤爲山東士人自東漢魏晉北朝以降之老巢，安史亂後已淪爲胡化藩鎮之區域，則山東士人之舍棄其祖宗之墳墓故地，而改葬於李唐中央政府所在之長安或洛陽，實爲事理所必致，固無足怪也。

吾國中古士人，其祖墳住宅及田産皆有連帶關係。觀李吉甫，即後來代表山東士族之李黨黨魁李德裕之父所撰元和郡縣圖志，詳載其祖先之墳墓住宅所在，是其例證。其書雖未述及李氏田産，而田産當亦在其中，此可以中古社會情勢推度而知者。故其家非萬不得已，决無舍棄其祖塋舊宅并與塋宅有關之田産而他徙之理。此又可不待詳論者也。由是觀之，崔玄亮雖如其他天寶後山東士人有田宅在濟源洛下，但仍欲歸葬於滏陽先塋。此爲當日例外之舉動，所以樂天撰其墓誌，特標出之，又於銘中不憚煩複，大書特書重申此點也。至於崔玄亮「自天寶已還，山東士人皆改葬兩京」之言，乃指安史亂後，山東士人一般情形。此可以今日洛陽出土之唐代墓誌證之。如李德裕一家，其姬妾子婦諸墓誌，即是其例（見羅振玉貞松老人遺稿石交録并拙著李德裕貶死年月及歸葬傳説考辨）。更考李德裕一家在未葬洛陽之前，實有先徙居衛州汲縣之事。其徙居之時代，復在天寶安史之亂以前，則其中必别有未發之覆。兹略取李氏一家徙居史料釋論之。其他山東士族，亦可據以推知也。新唐書壹肆陸李栖筠傳略云：

李栖筠世爲趙人。始居汲共城山下。〔族子〕華固請舉進士，俄擢高第。〔代宗〕引拜栖筠爲〔御史〕大夫。比比欲召相，憚〔元〕載輒止。栖筠見帝猗違不斷，亦內憂憤卒，年五十八。

寅恪案，李栖筠者，吉甫之父，德裕之祖也。新書此傳當取材於權德輿之文。據權載之文集叁叁唐故銀青光禄大夫御史大夫贈司徒贊皇文獻公李公文集序略云：

初未弱冠，隱於汲郡共城山下，營道抗志，不苟合於時。族子華名知人，嘗謂公曰：「叔父上隣伊周，旁合管樂，聲動律外，氣横人間。」〔公〕感激西上，舉秀才第一。病有司試賦取士，非化成之道，著貢舉議。德輿先公與公天寶中修詞射策，爲同門生。

可知也。又據李德裕會昌一品集壹捌請改封衛國公狀略云：

亡祖先臣曾居衛州汲縣，解進士及第。儻蒙聖恩，改封衛國，遂臣私誠。

綜合上引史料觀之，有可注意者二事。一爲李栖筠自趙遷衛之年代，二爲李栖筠何以遷衛之後，始放棄其家世不求仕進之傳統而應進士舉。此二事實亦具有連帶關係。兹姑依材料之性質，分別論之於下。

金石粹編玖玖黄石公祠記碑題：

布衣趙郡李卓撰。

碑陰有大曆八年高陽齊嵩之題記。其文云：

所題趙郡李卓，即今臺長栖筠。

舊唐書壹壹代宗紀略云：

〔大曆六年八月〕丙午以蘇州刺史浙江觀察使李栖筠爲御史大夫。

十一年〔三月〕辛亥御史大夫李栖筠卒。

然則栖筠年十八九歲時爲開元二十四五年，適與權氏「未弱冠」之語符合。其時中國太平無事，號爲唐代極盛之世。栖筠忽爾離棄鄉邑祖宗歷代舊居之地，而遠隱於汲縣之共城山，必有不得已之苦衷，自無可疑。此事當於李唐一代河北地域在安史亂前求其解釋，亦即玄宗開元時代，河北地域政治社會之大變動所造成之結果也。寅恪於拙著唐代政治史述論稿上篇已詳言之。茲僅迻録最有關之材料一條於下，而略論釋之，讀者更取拙著其他有關部分參之可也。

舊唐書壹玖肆上突厥傳上（新唐書貳壹伍上突厥傳同）云：

〔開元〕四年默啜又北討九姓拔曳固，戰於獨樂河，拔曳固大敗。默啜負勝輕歸，而不設備，遇拔曳固迸卒頡質略於柳林中，突出擊默啜，斬之。

同書同卷下突厥傳下卷首云：

西突厥本與北突厥同祖。

寅恪案，吾國舊史所謂北突厥，即東突厥。自頡利可汗敗滅後，未幾又復興。默啜可汗之世，爲東突厥復興後最盛時代。其大帝國東起中國之東北邊境，西至中亞細亞，實包括東西突厥兩大帝國之領域也。凡與吾國鄰近游牧民族之行國，當其盛時，本部即本種，役屬多數其他民族之部落，即别部。至其衰時，則昔日本部所役屬之别部大抵分離獨立，轉而歸附中國，或進居邊境，漸入内地。於是中國乃大受影響。他不必論，即以唐代吐蕃爲例。吐蕃始强盛於太宗貞觀之時，而衰敗於宣宗大中之世。大中之後，党項部落分别脱離吐蕃本部獨立，散居吾國西北邊境。如楊氏即戲劇小説中「楊家將」之「楊」，如折氏即説部中「佘太君」之「佘」，皆五代北宋初活動於西北邊塞之部族也。至若西夏之拓拔氏則關係吾國史乘自北宋至元代者，至鉅且繁，更無待論矣（見拙著李德裕貶死年月及歸葬傳説辨證附記丁）。吐蕃之衰敗時，其影響如是，突厥之衰敗時，其影響亦然。蓋自玄宗開元初，東突厥衰敗後，其本部及别部諸胡族先後分别降附中國，而中國又用綏懷政策，加以招撫。於是河北之地，至開元晚世，約二十年間，諸胡族入居者日益衆多，喧賓奪主，數百載山東士族聚居之舊鄉，遂一變而爲戎區。辛有見被髮野祭於伊川，實非先兆，而成後果矣。夫河北士族大抵本是地方之豪强，以雄武爲其勢力之基礎，文化不過其一方面之表現而已。今則忽遇塞外善於騎射之胡族，土壤相錯雜，利害相衝突，卒以力量不能敵抗之故，惟有舍棄鄉邑，出走他地之一途。當李栖筠年未弱冠之時，即玄宗開元之晚年，河北社會民族之情狀如此，斯實吾國中古史之一大事，又不僅關係李栖筠一家也。

舊唐書壹捌上武宗紀會昌四年十二月條云：

〔李〕德裕曰：「臣無名第，不合言進士之非。然臣祖（指李栖筠）天寶末（寅恪案，徐松登科記考柒李栖筠爲天寶七載進士。又權德輿言其父皋與栖筠「天寶中修詞射策爲同門生」。故「天寶末」疑當作「天寶中」。）以仕進無他伎，（寅恪案，「伎」新唐書肆肆選舉志上作「歧」。「歧」「歧」通用字。）勉强隨計，一舉登第。自後不於私家置文選，蓋惡其祖尚浮華，不根藝實。」

寅恪案，李德裕所言其痛惡進士科之理由，蓋承述其祖栖筠貢舉議之説，自不待多論。但最可注意者，即謂其祖於天寶時「仕進無他伎」一語。考山東士族之興起，其原因雖較遠較繁，然其主因實由於東漢晚世董卓黄巾之變及西晉末年胡族之亂。當日政治文化中心之洛陽，失其領導地位，而地方豪族遂起而代之。於是魏晉南北朝之門閥政治因以建立。雖隋唐統一中國，江左之貴族漸次消滅，然河北之地，其地方豪族仍保持舊時傳統，在政治上固須讓關隴胡漢混合集團列居首位，但在社會上依然是一不可輕視之特殊勢力也。職此之故，河北士族不必以仕宦至公卿，始得稱華貴，即鄉居不仕，仍足爲社會之高等人物。蓋此等家族乃一大地主，終老鄉居亦不損失其勢力，自不必與人競爭勝負於京邑長安洛陽也。考國史補中所載李德裕祖宗事蹟云：

李載者，燕代豪傑。常臂鷹攜妓以獵，旁若無人。方伯爲之前席，終不肯任。（寅恪案，「任」疑當作「仕」。）載生栖筠，爲御史大夫，磊落可觀，然其器不及父。栖筠生吉甫，任相國八年，柔而多智。公慚卿，卿慚長，近之矣。吉甫生德裕，爲相十年，正拜太尉，清直無黨。

是栖筠之父載，終身不仕，而地方官吏敬憚之如此。斯亦山東士族本爲地方豪强，不必以仕宦而保持其地位勢力之例證也。又參以新唐書柒貳上宰相世系表趙郡李氏西祖條所載，栖筠父名載，祖名肅然，皆無官爵。惟曾祖君逸下注「隋謁者臺郎」。則知栖筠之祖肅然，亦不仕進，其行事當與其子載相似。兩世如此，足徵其家固不必以仕宦保持其社會地位也。至栖筠曾祖君逸仕爲隋謁者臺郎，姑無論自隋末年至唐之中葉，其時代已頗久遠，即就爲謁者臺郎一事，亦有可得而論者。隋書貳捌百官志下略云：

煬帝即位，多所改革。增置謁者司隸二臺，并御史爲三臺。

謁者臺又置散騎郎從五品二十人，承議郎（正六品）通直郎（從六品）各三十人，宣德郎（正七品）宣義郎（從七品）各四十人，徵事郎（正八品）將仕郎（從八品）常從郎（正九品）奉信郎（從九品）各五十人，是爲正員，竝得禄當品。又各有散員郎，無員無禄。尋改常從爲登仕，奉信爲散從。

寅恪案，隋煬失政，命官猥多。謁者臺之散員郎，疑即李君逸之所任。此等職名亦如後世小説中之所謂「員外」者，正是鄉居土豪之虚銜耳，固未必常時寄居京邑也。李氏累代既爲地方土豪，安富尊榮，不必仕宦，故亦不必與其他自高宗武則天以降由進士詞科出身之人競争於長安洛陽之間，作殊死之戰鬭，如元和以後牛李黨派之所爲者也。李栖筠既不得已舍棄其累世之産業，徙居異地，失其經濟來源，其生計所受影響之鉅，自無待言。又旅居異地，若無尊顯之官職，則并其家前此之社會地位亦失墜之矣。夫李氏爲豪縱之强宗，栖筠又是才智不羣之人，自不能屈就其他凡庸仕進之途徑，如明經科之類，因此不得不舉進士科。舉進士科，則與其他高宗武則天後新興之士大夫階級利害衝突。此山東舊族之李黨所以與新興詞科進士階級之牛黨不能竝存共立之主因。然非河北士族由胡族之侵入，失其累世之根據地，亦不致此。斯則中古政治社會上之大事變，昔人似未嘗注意，故因李栖筠自趙徙衛事，略發其覆如此，以待治國史考世變之君子論定焉。

李德裕貶死年月及歸葬傳説辨證

李衛公貶死年月及歸葬傳説二事昔人已有論述。今所以復爲此辨證者，意在指明資治通鑑紀事之有脱誤，及清代學者檢書之疏忽。故舊傳史料之疑爲僞造，及新出石刻之可資旁證者，皆討論及之。至若党項興起之事蹟，及玉谿行役之詩句，雖亦有所解釋，然非本篇主旨之所在也。兹以衛公貶死年月及歸葬傳説二事分爲上下二章，依次討論之。

（上）貶死年月

王鳴盛十七史商榷玖壹李德裕貶死年月條云：

會昌六年三月武宗崩。四月宣宗立。明年改元大中。故舊書李德裕傳：「宣宗即位，罷相，出爲東都留守。大中元年秋以太子少保分司東都，再貶潮州司馬。明年冬又貶潮州司户。二年自洛陽水路經江淮赴潮州。其年冬至潮陽，又貶崖州司户。三年正月達珠崖郡。十二月卒。年六十三。」所謂明年者，大中二年也。其下文二年當作三年，三年當作四年，年六十三當作六十四，皆傳寫誤也。新書本傳元年貶潮州司馬之下，删去潮州司户一節。即書「明年貶崖州司户。明年卒。年六十三」云云。則似真以二年貶崖州，三年卒，而舊書非傳寫之誤矣。此因删之不當，又據誤本以成誤者。南部新書卷戊云：「以二年正月貶潮州司馬。其年十月再貶崖州司户。三年十二月卒於貶所。年六十四。」所書貶官年月，亦與舊史參錯不合，而年六十四却是。考李衛公别集第七卷祭韋相執誼文：「維大中四年月日，趙郡李德裕謹以蔬禮之奠，致祭故相韋公之靈。公遘讒投荒，某亦竄跡南陬，從公舊丘。」云云。末句云：「其心若水，其死若休。臨風敬弔，願與神遊。」蓋德裕將終之語。執誼亦由宰相貶崖州司户，故云。然則爲大中四年甚明。爲誤此一年，故以年六十四爲六十三。舊書不過數目字誤，南部新書乃傳聞失實，而新書則武斷已甚。

容齋續筆卷一載德裕手帖云：「閏十一月二十日，從表兄崖州司户參軍同正李德裕狀。」此正是大中四年之閏十一月。發此書後至十二月而卒矣。洪邁亦因史文而誤以爲三年。

又岑建功本舊唐書校勘記伍捌李德裕傳校勘記（寅恪案，據校勘目録，列傳自卷壹佰叁拾叁至貳佰皆劉文淇校。）引王鳴盛説竟（王氏説已見前），併附識云：

按通鑑貳佰肆拾捌紀德裕之貶崖州在大中三年，其卒在四年，可證王説之確。

寅恪案，王説初視之似極精確，然考其根據約有二端：一爲舊唐書壹柒肆李德裕傳中：

> 明年冬又貶潮州司户

之一節，一爲李衛公別集柒祭韋相執誼文中

> 維大中四年月日

之一語。其實二者皆有可疑。請依次分别論之於後：

王氏詆新唐書之删去明年冬又貶潮州司户一節爲不當，爲武斷已甚。今欲判明王説之當否及新書之是非，即以舊書所載李德裕貶崖州司户之詔書證之，可以決定。考舊唐書壹捌下宣宗紀大中三年九月制略云：

> 守潮州司馬員外置同正員李德裕，可崖州司户參軍。所在馳驛發遣，縱逢恩赦，不在量移之限！

據此，則李德裕在未貶崖州司户參軍以前，仍是潮州司馬。若如舊唐書李德裕傳所載，德裕在既貶潮州司馬以後，未貶崖州司户參軍以前，其間果尚有貶潮州司户一事者，則德裕貶崖州司户參軍之詔書應稱其官銜爲潮州司户參軍，而非潮州司馬矣。今詔書既稱其官銜爲潮州司馬，則其間無貶潮州司户參軍之事，可以決言。新唐書壹捌拾李德裕傳删去舊傳中因上下文重複而傳寫衍誤之「明年冬又貶潮州司户」一句，正足徵其比勘精密，勝於舊史之文，復何武斷之有？若王氏之臆改二年作三年，三年作四年，六十三作六十四，則誠可謂武斷已甚耳。又通鑑貳肆捌略云：

大中元年冬十二月戊午，貶太子少保分司李德裕爲潮州司馬。大中二年秋九月甲子再貶潮州司馬李德裕爲崖州司户。（唐大詔令集伍捌亦載此制。）

據其所書德裕由潮州再貶崖州之官銜爲「潮州司馬」，與舊唐書宣宗紀所載者適相符合，亦足證德裕無貶潮州司户之事也。又舊唐書壹柒肆李德裕傳云：

大中二年自洛陽水路經江淮赴潮州，其年冬至潮陽。

而舊唐書宣宗紀及李德裕傳均載德裕於大中元年秋由太子少保分司東都再貶潮州司馬。據舊唐書宣宗紀，德裕貶崖州司户詔書有「所在馳驛發遣」之語，其貶潮州司馬之詔書，兩唐書雖皆不載，但唐大詔令集伍捌尚存此制。其文亦有「仍仰所在馳驛發遣」之語。夫當宣宗初政，牛黨諸人皆欲殺敵黨黨魁而甘心之時，德裕以萬里嚴譴之罪人，轉得從容濡滯，至於一歲有餘之久，揆之情理，證以法例，皆無其事，可以斷言。此舊書德裕傳顯然譌誤之處。而嘉定王氏及其他諸史家亦未致疑，如馮浩玉谿生年譜反據以爲説，殊可異也。又新唐書壹捌拾李德裕傳、通鑑、南部新書以及舊唐書李德裕傳俱繫德裕貶崖州於大中二年。唐大詔令集伍捌載李德裕崖州司户制下亦注：「大中二年九月」，獨舊唐書宣宗紀載其事於大中三年九月，此又舊紀之誤，不待言也。

又考舊唐書宣宗紀云：

大中三年十二月，追謚順宗曰：至德弘道大聖大安孝皇帝，憲宗曰：昭文章武大聖至神孝皇帝。（依通鑑及唐大詔令集柒捌增「弘道」「至神」四字。）

崖州司户參軍李德裕卒。

同書壹柒肆李德裕傳云：

至〔大中〕三年正月，方達珠崖郡。十二月卒。時年六十三。

新唐書壹捌拾李德裕傳云：

明年（大中三年）卒，年六十三。

通鑑貳肆捌唐紀云：

大中三年閏十一月丁酉，宰相以克復河湟，請上尊號。上曰：「憲宗常有志復河湟，以中原方用兵，未遂而崩。今乃克成先志耳。其議加順憲二廟尊謚，以昭功烈。」甲戌，追上順宗謚曰：至德弘道大聖大安孝皇帝，憲宗謚曰：昭文章武大聖至神孝皇帝。仍改題神主。

己未，崖州司户李德裕卒。

通鑑紀事本末叁伍下朋黨之禍條云：

〔宣宗大中〕三年閏冬十一月己未，崖州司户李德裕卒。

寅恪案，通鑑書己未崖州司户李德裕卒於甲戌追上順憲二宗謚號之後。通鑑目録貳肆亦書上辭尊號，加順憲謚於李德裕卒之前。可知温公元本即已如此，并無誤寫。但甲戌追上順憲二宗謚號，既上承（大中三年）閏十一月丁酉宰相以克復河湟請上尊號之紀載，故己未崖州司户李德裕卒一語，依文義次序，自應繫於閏十一月。此通鑑紀事本末所以直書「〔宣宗大中〕三年閏冬十一月崖州司户李德裕卒」也。然檢劉義叟長曆及陳垣氏二十史朔閏表，大中三年閏十一月辛巳朔，十二月庚戌朔，據舊唐書宣宗紀追上順憲謚號在大中三年十二月，則通鑑所繫追上順憲二宗謚號之上，脱去「十二月」三字。其甲戌乃十二月甲戌，即十二月二十五日也。十二月二十五日既爲甲戌，則同月之內，己未之干支祇能在甲戌之前，不能在甲戌之後。以十二月庚戌朔推之，則己未爲十二月十日。此與南部新書卷戊之

李太尉以大中三年十二月十日卒於貶所

之語適合。是年閏十一月朔日既爲辛巳，無論如何，其月內不能有己未之日。故通鑑應將「己未崖州司户李德裕卒」一語，移於甲戌追上順憲謚號之前，又應於甲戌之前，

補書「十二月」三字，方合事實。若通鑑紀事本末之書「（宣宗大中）三年閏冬十一月己未，崖州司户李德裕卒。」實依據通鑑元本脱誤之記載，而不悟其月日之不可通。又馮浩玉谿生詩詳注補采徐德泓陸鳴皋合解之説，以爲「己未當入明年正月」其爲不可能，更不待辨也。

又王氏謂德裕手帖之閏十一月正是大中四年之閏十一月。洪邁亦因史文而誤以爲三年。寅恪檢古今人所編長曆，惟大中三年有閏十一月，大中四年并無閏月之可能。此正容齋之不誤，而西莊之大誤也。偏檢通鑑及通鑑目録紀事本末等書，其紀李德裕之卒皆在大中三年，無一在大中四年者。劉氏所見，寧有異本？蓋與王氏之誤以閏十一月屬之大中四年者，同一檢書疏忽所致。而此清代二學人一則以爲洪説之誤，一則以爲王説之確。由今觀之，不亦大可笑耶？

王氏所以持李德裕卒於大中四年之説，其最重要之根據，實爲德裕祭韋執誼文所記年月。考李衛公別集柒祭韋相執誼文云：

> 維大中四年月日，趙郡李德裕謹以蔬醴之奠，敬祭於故相韋公僕射之靈。

寅恪案，舊唐書壹肆憲宗紀云：

> 永貞元年十一月（寅恪案，「十一月」三字元本闕，今據新唐書柒憲宗紀、陸貳宰相表及通鑑貳叁陸補。）壬申，貶正議大夫中書侍郎平章事韋執誼爲崖州司馬。（寅恪案，舊唐

書壹叁伍、新唐書壹陸捌韋執誼傳俱作崖州司户參軍。而與韓愈順宗實録伍、兩唐書憲宗紀、新唐書宰相表、通鑑及太平廣記壹伍叁引感定録等之作崖州司馬者不同。唐大詔令集伍柒貶降門上載有韋執誼貶崖州司馬制，故作崖州司馬當不誤。而兩唐書執誼傳之作崖州司户參軍者，豈初貶司馬，其後再貶司户參軍耶？以舊唐書李德裕傳誤書德裕再貶潮州司户之例觀之，疑兩唐書執誼傳之作司户參軍者誤也。）

據此，可知韋執誼一生所歷最高之官階爲正議大夫中書侍郎。考舊唐書肆貳職官志略云：

從第二品。

尚書左右僕射。

正第四品上階。

中書侍郎（舊正四品下階。開元令加入上階也）。

正議大夫（文散官也）。

據此，執誼最後所歷官階距僕射尚差二級。又據韓愈順宗實録伍云：

〔王〕叔文敗後數月，乃貶執誼爲崖州司馬。後二年病死海上。

則是執誼死後之較短期間無追贈僕射之事可知也。大概死後追贈僕射可能之機會約共有三：一出自朝廷特恩昭雪，以常識言之，此節似不可能。蓋自元和迄於大中，唐室繼承諸帝悉爲憲宗之子孫。無緣特翻永貞内禪之舊案，而追贈執誼以生前所未踐歷之官階也。惟據范攄雲谿友議中贊皇勳條（據涵芬樓影印鐵琴銅劍樓本）云：

先是韋相公執誼得罪蕘變於此（朱崖），今有韋公山。柳宗元員外與韋丞相有齠年之好，三致書與廣州趙尚書宗儒相公，勸表雪韋公之罪，始詔歸葬京兆，至今山名不革矣。贊皇感其遠謫不還，爲文祭曰：「維大中年月日，趙郡李德裕謹以蔬醴之奠，敬祭於故相國韋公僕射之靈。」

寅恪案，范氏之言殊有可疑。據柳河東集叁伍載上廣州趙宗儒尚書陳情啓又賀趙江陵宗儒辟符載啓，叁陸載上江陵趙相公寄所著文啓，范氏所言自是指此三啓，因柳集中別無其他相當之文字也。其中上廣州趙宗儒尚書陳情啓係上趙昌，而非上趙宗儒。蓋元和元年趙昌以安南都護代徐申爲嶺南節度使，至四年昌移荆南節度使，又遷太子賓客，然後趙宗儒代其荆南之任。舊唐書壹伍壹、新唐書壹柒拾趙昌傳及舊唐書壹陸柒、新唐書壹伍壹趙宗儒傳皆可證明宗儒始終未嘗鎮嶺南。獨昌先鎮嶺南，後徙荆南，昌對於宗儒之關係，實爲荆南節度之前後任。（詳見沈氏唐書合參方鎮年表玖拾荆南條、玖肆嶺南條及吳氏唐方鎮年表考證下荆南條。）柳集遂以此淆混致誤。今柳集三啓俱存，無一字涉及韋執誼，此其最可疑者也。即使別有三書，不載今柳集中，然范氏僅言「始詔歸葬」，而不言贈官。夫歸葬與贈官截然爲不同之二事，觀下文所考李德裕之例即可知。德裕祭文何以稱之爲僕射？考新唐書伍玖藝文志子部小説家類載范攄雲谿友議三卷。注云：「咸通時，自稱五雲谿人。」則范氏乃咸通時人。其時韋執誼子絢正爲義武軍節度使（詳見下文），執誼之得追贈僕射，當即在此時，而決不能早在大中之初歲，此其又可疑者也。再退一步言，即使韋執誼果於元和初年即得贈僕射之銜，而德裕祭文復非僞作者，則今傳世李衛公別集中祭韋相執誼文，即王氏用以爲德裕卒於大中四年説之根據者，實從雲谿友議採輯而來。今范氏書爲「維大中年月日」，而非「維大中四年月日」。其「四」字乃原本所無，後人誤增入者。故王氏立説之最後根據既已覓得之後，不但不能助成其説，反足以喪失其自身立足之憑藉，然此豈王氏當日之所能料及者哉！二爲執誼之子孫，請削己身之官階，以迴贈其父祖，然此非通常追贈之例。若果有是者，則史家應於執誼傳末附載其事，如舊唐書壹貳叁及新唐書壹肆玖劉晏傳均附載晏子執經爲太常博士，請削己官，迴贈其父之例是也。今兩唐書執誼傳末無其子孫削官追贈其父祖之語，可知本無其事，非史家記載有所闕略也。三爲執誼之子孫顯達以後，如遇朝廷大禮慶典普恩追贈之時，即可依己身官爵，追贈其父祖，此爲通常追贈之例。執誼若死後果蒙追贈爲僕射者，則此例爲最可能。然亦須執誼之子孫至遲必須在大中四年以前已歷貴仕，始有此可能之機會也。考新唐書柒肆上宰相世系表韋氏龍門公房條載：

執誼。相順憲。	曙。	
	曈。字賓之。鄭州刺史。	
	袒。字文明。	布震。字熙化。
	旭。字就之。	

新唐書伍玖藝文志子部小説家類載：

韋絢劉公嘉話録一卷。（絢，字文明，執誼子也。咸通義武軍節度使。劉公，禹錫也。）

（寅恪案，沈炳震新舊唐書合參本引此文「執誼」二字作「祕如」，未知何據。）

寅恪案，新唐書宰相世系表所載執誼諸子雖無絢之名。但袒字文明，與新唐書藝文志所載絢之字符合。且即以嘉話録言，亦可見其與劉禹錫交誼之深切。衡以韋劉永貞同黨之關係，藝文志所言雖未知何所依據，但絢爲執誼之子，似可無疑。或者絢乃袒之改名耶？又考今傳世嘉話録有絢自序一篇，末題：

時大中十年二月朝散大夫江陵少尹上柱國京兆韋絢序。

考舊唐書肆貳職官志略云：

從第五品下階。

朝散大夫（文散官）。

新唐書肆玖下百官志略云：

西都東都北都鳳翔成都河中江陵興元興德府尹各一人，從三品。少尹二人，從四品下。

據此，可推定韋絢於大中十年二月以前，無追贈其父僕射官階之可能。又據孫星衍邢澍寰宇訪碑録肆直隸曲陽云：

北岳廟有咸通六年二月易定觀察使韋絢題名。

寅恪案，舊唐書壹肆壹張孝忠傳略云：

後定州刺史楊政義以州降，孝忠遂有易定之地。時既誅〔李〕惟岳，分四州，各置觀察使。〔王〕武俊得恒州，康日知得深趙二州，孝忠得易州。以成德軍額在恒州，孝忠既降政義，朝廷乃於定州置義武軍，以孝忠檢校兵部尚書，爲義武軍節度易定滄等州觀察等使。滄州本隸成德軍，既移隸義武，孝忠遣牙將程華往滄州，即令攝刺史事。及朱滔王武俊稱僞國，華與孝忠阻絶，不能相援。華嬰城拒賊，一州獲全。朝廷嘉之，乃拜華滄州刺史御史中丞，充横海軍使。仍改名曰華，令每歲以滄州税錢十二萬貫供義武軍。

新唐書陸陸方鎮表略云：

建中三年置義武軍。

貞元三年置横海軍節度使，領滄景二州，治滄州。

據此，則北岳廟咸通六年二月韋絢題名之官職爲易定觀察使，則新唐書藝文志謂絢爲咸通義武軍節度使，殊信而有徵。唐代節度使往往帶檢校尚書僕射之銜，則其追贈父祖以僕射之官，自有可能。然韋絢之任節度使，實在懿宗咸通中葉，上距宣宗大中四年，約有十五載之久。又據劉公嘉話録自序，則韋絢於大中十年尚是江陵少尹之職，則大中四年李德裕在崖州時，尚不能稱韋執誼爲僕射也。至宰相表載執誼子曈爲鄭州刺史，未審是何年月。但據新唐書陸伍方鎮表略云：

乾元元年，淮南西道節度徙治鄭州。乾元二年，廢淮南西道節度使，置鄭陳節度使，治鄭州。是年，復置淮南西道節度使，治壽州。上元二年，廢鄭陳節度，以鄭陳亳潁四州隸淮西。

然則鄭州雖一度曾爲淮西及鄭陳二節度使之治所，其時間極短，皆在肅宗之世。自此以後，即非節度使治所。韋曈之任鄭州刺史，以時代考之，自在肅宗之後。既在肅宗之後，則其鄭州刺史無緣爲節度使兼領之職。韋曈既非節度使而兼領鄭州刺史，則執誼亦不致因其子之爲鄭州刺史，而得受僕射之常例追贈，更可知矣。總之，執誼雖有受其子孫依例追贈僕射之可能，但在宣宗大中四年以前，則疑無其事也。

南部新書己云：

李太尉之在崖州也。郡有北亭子，謂之望闕亭。公每登臨，未嘗不北睇悲咽。有詩曰：獨上江亭望帝京。鳥飛猶是半年程。青山也恐人歸去，百匝千遭繞郡城。今傳太尉崖州之詩，皆仇家所作，祇此一首親作也。（寅恪案，雲谿友議中及唐語林柒亦載此詩。）

唐語林柒云：

〔李德裕〕南貶，有甘露寺僧允躬者，記其行事，空言無行實，蓋仇怨假託爲之。（寅恪案，唐大中時，日本國求法僧圓珍福州温州台州求得經律論疏記外書等目録載有允躬録南中李太尉事一卷。）

寅恪案，李衛公別集乃後人綴緝而成。其卷柒所收祭韋相執誼文，除雲谿友議外，若文苑英華及唐文粹等總集皆未選録。大約即採自范氏之書。此文疑如南部新書所言，乃仇家僞作。故以僕射稱韋執誼，致與大中四年以前之事實不符也。夫王氏李德裕卒於大中四年之説，其最强有力之證據，在此祭文。若此祭文爲僞造，或雖非僞造，而其原本實無「大中四年」之「四」字，則其説之難成立，自不待詳辨矣。

至李德裕享年之數，亦有可得而論者。若取正史所載與其自身引用材料或其他可信之材料，互相參校，莫不符會。野史小説之所記，則往往自相衝突，或與其他可信之材料不合。今取諸書違異之説，一一比勘，益足見王氏李德裕享年六十四之説之不可信也。

兩唐書李德裕傳同紀德裕之卒年爲大中三年，其享年之數爲六十三（見前所引）。茲先以傳文所載及德裕自著互勘，以見其符會與否？舊唐書壹柒肆李德裕傳載其自作之窮愁志中其論冥數略云：

及爲中丞，閩中隱者叩門請見曰：公不早去。冬必作相，禍將至矣！若亟請居外，則代公者受患。是秋出鎮吴門，時年三十六歲。（寅恪案，今李衛公外集肆、太平廣記捌肆及全唐文柒壹拾等引此文皆無「時年三十六」一句。今日殊無理由可以疑舊傳此句爲增入者。或原本此句爲自注小字，其他諸本皆以傳寫略去耳。）

寅恪案，其論冥數頗有可疑之處，不知是否真爲德裕所作。但舊唐書德裕傳之紀事則適與此論所言符合。如舊唐書壹陸穆宗紀云：

長慶二年九月癸卯，以御史中丞李德裕爲潤州刺史兼御史大夫浙江西道都團練觀察處置使。

據此，德裕自言於長慶二年歲次壬寅其年三十六歲。則上數至貞元三年歲次丁卯德裕始生。下數至大中三年歲次己巳爲六十三歲。是傳文與傳所認爲之德裕自著符會之一證。

又舊唐書李德裕傳云：

開成二年五月，授揚州大都督府長史淮南節度副大使知節度使事。五年正月，武宗即位。七月，召德裕於淮南。九月，授門下侍郎同平章事。初，德裕父吉甫年五十一出鎮淮南，五十四自淮南復相。今德裕鎮淮南，復入相，一如父之年，亦爲異事。

寅恪案，舊唐書壹肆捌李吉甫傳（新唐書壹肆陸李吉甫傳同。又新傳疑兼采王起所作李趙公行狀，非如吴縝趙翼所言據會昌重修憲宗實録也。俟考。）云：

其年（元和三年）九月，拜檢校兵部尚書兼中書侍郎平章事，充淮南節度使。〔元和〕五年冬，裴垍病免。明年（元和六年）正月，授吉甫金紫光禄大夫中書侍郎平章事。元和九年冬，暴病卒，年五十七。

寅恪案，吉甫卒於元和九年，年五十七，則元和三年出鎮淮南，其年爲五十一。元和六年自淮南入相，其年爲五十四。德裕卒於大中三年，年六十三。開成二年鎮淮南，其年爲五十一。開成五年自淮南入相，年五十四。凡此正史所紀，皆互相適合，無一參錯者也。若觀野史小説，則殊不然。兹迻寫數則於下，不待詳辨，即可知其自相衝突，或與事實不合也。

南部新書戊云：

李太尉以大中二年正月三日貶潮州司馬。當年十月十六日再貶崖州司户。大中三年十二月十日卒於貶所。年六十四。

寅恪案，錢希白既言其卒於大中三年，又言其享年六十四，則此二端自相衝突。蓋據德裕自著之論冥數，長慶二年其年爲三十六，則大中三年應爲六十三，而非六十四也。

又續前定録略云：

太尉李公爲并州從事。到職未旬日，忽有王山人者，詣門請謁曰：「某善按年也。」請虚正寢，備几案紙筆香水而已！因令垂簾靜伺之。頃之，王生曰：「可驗矣！」紙上書八字，甚大。且有楷注曰：「位極人臣。壽六十四。」及會昌朝三行策，至一品，薨於海南，果符王生所按之年。

又太平廣記壹伍陸引感定録云：

李德裕自潤州年五十四除揚州。五十八再入相，皆及吉甫之年。縉紳榮之。

又同書同卷同條引補録紀傳略云：

德裕爲太子少傅分司東都時，嘗聞一僧善知人禍福，因召之。僧曰：「公災未已，當南行萬里。」德裕甚不樂。明日復召之。僧請結壇三日。又曰：「公南行之期定矣。」德裕問：「南行還乎？」曰：「公食羊萬口，有五百未滿，必當還矣。」後旬餘，靈武帥饋羊五百。大驚，召僧告其事，且欲還之。僧曰：「還之無益，南行其不返乎。」俄相次貶降，至崖州掾。竟終於貶所，時年六十三。

寅恪案，續前定録及補録紀傳所言，皆屬於小説家文學想像之範圍，不可視同史學家考信徵實之材料，與之斤斤辨論也。但據此可知關於德裕享年之數，當時社會即有六十三及六十四不同之二説。其所以致此歧説者，殆因德裕大中三年之年終，卒於海外，其死聞達至京洛、普傳社會之時，必已逾歲，而在大中四年矣。此野史小説遂因有較正史遲一歲之記載，而以爲卒於大中四年或享年六十四之故歟？至感定録所言年歲與史實不合，其誤甚明，不待贅言。

錢大昕疑年録壹書「李文饒六十三。生貞元三年丁卯。卒大中三年己巳」，其下注云：

續前定録、南部新書俱云：「六十四。」王西莊據衛公別集有大中四年祭韋丞相執誼文，斷爲四年。卒六十四。今據本傳。

寅恪案，錢氏雖不顯言王氏之非，然其所依據仍從唐史本傳。較之劉孟瞻之誤檢通鑑之紀年，復誤信王西莊於大中四年之誤置閏月者，其學識相去懸遠，信爲清代史學家第一人也。

（下）歸葬傳説

關於李德裕歸葬之傳説，通鑑考異所引關係此事之史料頗衆，復論之已詳。然鄙見與之頗有異同。兹節録涑水原文之要點於下。通鑑考異貳叁唐紀壹伍懿宗咸通元年九月劉鄴請贈李德裕官條略云：

裴旦李太尉南行録載咸通二年九月二十六日右拾遺内供奉劉鄴表，略云：「子燁貶立山尉，去年獲遇陛下惟新之命，覃作解之恩，移授郴縣尉，今已没於貶所。」又曰：「血屬已盡，生涯悉空。」又曰：「孤骨未歸於塋域，一男又隕於江湘。」又曰：「其李德裕請特賜贈官。」勅依奏。實録注引東觀奏記云：「令狐相綯夢德裕曰：某已謝明時，幸相公哀之，許歸葬故里。綯具爲其子滈言之。滈曰：李衛公犯衆怒。又崔相鉉魏相謨皆敵人也，見持政，必將上前異同，未可言之也。後數日又夢。既寤，謂滈曰：向見衛公，精爽尚可畏。吾不言，必掇禍。明日入中書，且爲同列言之。既而於帝前論奏，許其子蒙州立山尉燁護喪歸葬。」又是時柳仲郢鎮東蜀，設奠於荆南，命從事李商隱爲文曰：「恭承新渥，言還舊止。」（張爾田氏玉谿生年譜會箋肆大中九年末引此文，疑「止」或是「丘」之誤。）又曰：「身留蜀郡，路隔伊川。」鄴奏乃云：「孤骨未歸塋域。」燁，懿宗初纔徙郴縣尉，未詳，或者後人僞作之，非鄴本奏也。實録注又云：白敏中爲中書令時，與右庶子段全緯書云：「故衛公太尉，親交雨散於西園，子弟蓬飄於南土。嘗蒙一顧，繼履三台。保持獲盡於天年，論請爰加於寵贈。」全緯嘗爲德裕西川從事，故敏中語及云。按此，似由敏中開發，而數本追復贈官多連鄴奏。德裕素有恩於敏中，敏中前作相，既遠貶之，至此又掠其美，鄙哉。按劉鄴表云：「去年獲遇陛下惟新之命，覃作解之恩。」則上此表在咸通元年，非二年也。舊傳：鄴爲翰林學士承旨，以李德裕貶死珠崖，大中朝令狐綯當權，累有赦宥，不蒙恩例。懿宗即位，綯在方鎮，屬郊天大赦，鄴奏論之。李太尉南行録，鄴此時未爲翰林學士，因上此表，敕批便令内養宣唤入翰林充學士，餘依奏。金華子雜編曰：宣宗嘗私行經延資庫，見廣廈連綿，錢帛山積。問左右曰：誰爲此庫？侍臣對曰：宰相李德裕執政日，以天下每歲備用之餘盡實此。自是以來，邊庭有急，支備無乏者，兹實有賴。上曰：今何在？曰：頃以坐吴湘獄貶於崖州。上曰：如有此功於國，微罪豈合深譴。由是劉公鄴得以進表，乞追雪之。上一覽表，遂許其加贈歸葬焉。

按，宣宗素惡德裕，故始即位即逐之。豈有不知其在崖州，而云豈合深譴。又劉鄴追雪在懿宗時，此説殊爲淺陋，今不取。

近歲洛陽出土墓誌與德裕有關者，寅恪先後獲見共有五石。兹節録其要語於後：

李濬撰故郴縣尉趙郡李君墓誌銘云：

維大中十四年，歲次庚辰，夏六月庚辰朔廿六日乙巳，故郴縣尉趙郡李君享年三十有五，以疾終於縣之官舍。明年夏四月，孤子莊士以使來告，請誌於濬。君諱燁，字季常，趙郡贊皇人也。曾祖諱栖筠，皇任御史大夫京畿觀察使，謚文獻公。祖諱吉甫，皇任中書侍郎平章事，謚曰忠公。烈考諱德裕，皇任特進太子少保衛國公，贈尚書右僕射，君衛公第五子也。會昌中衛公自淮海入相，君已及弱冠，而謹畏自律，雖親黨門客罕相面焉。屬姻族間有以利禄託爲致薦，將以重賂之。答曰：吾爲丞相子，非敢語事之私也。而又嚴奉導訓，未嘗頃刻敢怠。子之所言，非我能及。繇是知者益器重之。始自浙西廉帥□公商辟從事，授校書郎。俄轉伊闕尉，河南士曹。及衛公平回紇，夷上黨。上寵以殊功，册拜太尉，特詔授君集賢殿校理。未幾，汴帥僕射盧公鈞辟奏上僚，兼錫章綬。昆弟二人朱衣牙簡侍公之前，士林榮之。大中初，公三被譴逐，君亦謫尉蒙山十有餘載。旋丁大艱，號哭北嚮，請歸護伊洛。會先帝與丞相論兵食制置西邊事，時有以公前在相位事奏，上頗然之，因下詔許歸葬。君躬護顯考及昆弟亡姊凡六喪，洎僕馭輩有死於海上者，皆輂其柩，悉還親屬之家。今皇帝嗣位之歲，御丹鳳肆赦，詔移郴縣尉。自春離桂林，道中得瘴病。以咸通三年正月廿八日卜葬於河南縣金谷鄉張村先塋。夫人滎陽鄭氏，前君七年歿於蒙州。長子莊士，次子莊彦，女曰懸黎。

李燁撰大唐趙郡李燁亡妻滎陽鄭氏墓誌云：

夫人諱珍，字玄之，滎陽之滎澤人也。以開成庚申歲八月望歸予家。洎大中乙亥歲五月晦，蓋五百五十二旬也。燁家罹時網，播遷嶺外。予鍾鞠凶，聞訃貶所，夫人號痛將絶，哀感中外。予衣服外除，再抵荒外。予長兄故尚書比部郎鍾念少子曰褒，顧其靡識，危惙之際，令予子之。夫人鞠育勤到，至愛由衷，恩過所出。〔夫人〕大中九年乙亥歲五月廿九日丙子，遘疾終蒙州之旅舍，享年廿九。以予方嬰譴謫，子始孩提，無人護喪，權殯於蒙州紫極宫南。期予恩貸，自營葬事。歲月彌遠，歸日難期。粤以大中十三年歲次己卯十二月十五日，祔葬於河南府洛陽縣金谷鄉先兆，禮也。有子二人，曰莊士，曰莊彦。

寅恪案，唐會要伍玖延資庫使條云：

會昌五年九月，勑置備邊庫，收納度支户部鹽鐵三司錢物。至大中三年十月，勑改延資庫，初以度支郎中判。至四年八月，勑以宰相判，右僕射平章事白敏中崔鉉相繼判。其錢三司率送。初年，户部每年二十萬貫匹，度支鹽鐵每年三十萬貫匹。次年，以軍用足，三分減其一。諸道進奉助軍錢物，則收納焉。（參考新唐書伍貳食貨志。）

新唐書壹肆玖劉晏傳附子濛傳云：

濛字仁澤。舉進士，累官度支郎中。會昌初，擢給事中。以材爲宰相李德裕所知。時回鶻衰，朝廷經略河湟，建遣濛按邊，調兵械糧餉，爲宣慰靈夏以北党項使，始議造木牛運。宣宗立，德裕得罪，濛貶朗州刺史。

通鑑貳肆捌略云：

武宗會昌五年秋九月，李德裕請置備邊庫，以度支郎中判之。冬十月，韋弘質上疏言：宰相權重，不應更領三司錢穀。德裕奏稱：制置職業，人主之柄。弘質受人教導，非所宜言。十二月，弘質坐貶官。

朝廷雖爲党項置使，党項侵盜不已，攻陷邠寧鹽州界城堡，屯叱利寨。宰相請遣使宣慰。上決意討之。

六年二月庚辰，以夏州節度使米暨爲東北道招討党項使。

宣宗大中三年冬十月，改備邊庫爲延資庫。西川節度使杜悰奏取維州。

通鑑貳肆玖略云：

宣宗大中四年秋八月，以白敏中判延資庫。九月，党項爲邊患，發諸道兵討之，連年無功，戍饋不已。右補闕孔温裕上疏切諫，上怒，貶柳州司馬。冬十二月，以鳳翔節度使李業河東節度使李拭並兼招討党項使。

五年春正月，上頗知党項之反，由邊帥利其羊馬，數欺奪之，或妄誅殺，党項不勝憤怨，故反。乃以右諫議大夫李福爲夏綏節度使。自是繼選儒臣以代邊帥之貪暴者，党項由是遂安。上以南山平夏党項久未平，頗厭用兵。崔鉉建議，宜遣大臣鎮撫。三月，以白敏中爲司空同平章事，充招討党項行營都統制置等使，南北兩路供軍使，兼邠寧節度使。四月，敏中軍於寧州，壬子，定遠城使史元破党項九千餘帳於三交谷，敏中奏党項平。辛未，詔：平夏党項已就安帖。南山党項，聞出山者迫於饑寒，猶行鈔掠。平夏不容，窮無所歸。宜委李福存諭。秋八月，白敏中奏南山党項亦請降。時用兵歲久，國用頗乏，詔並赦南山党項，使之安業。冬十月，制以党項既平，罷白敏中都統，但以司空平章事充邠寧節度使。（党項事僅節録新唐書劉潼傳及通鑑之文，其餘史籍有關之記載概從省略。）

寅恪案，唐宣宗之以白敏中平党項，適如清高宗以傅恒平金川，皆自欺欺人之舉。宣宗宜因此有感於德裕之邊功及置備邊庫之籌策。李燁墓誌所謂「先帝與丞相論兵食制置西邊事，時有以公前在相位事奏，上頗然之，因下詔許歸葬」，實指此事無疑。然則金華子雜編之説雖有傳述過甚之處，要爲宣宗所以特許德裕歸葬之主因，則可決言。温公以常識判其不足取，而不知千載之後，塚墓遺文忽出人間，遂翻此一重公案也。此點關係唐末五代及宋遼金元之世局頗巨。蓋吐蕃衰亂之後，党項乘之代興。宣宗之初年雖因機會恢復河湟，一洗肅代以來失地之大恥，然不能以武力平定西陲党項之叛亂，終出於粉飾敷衍苟安一時之下策。吾人於此不獨可以窺見當日宣宗所感觸之深，至於竟許素所甚惡之李德裕歸葬，並可以推知後來北宋西夏相持竝立之局勢，彼時即已啓其端。故華夏與党項兩民族之盛衰，實非一朝一夕之故，其所從來者久矣。

又燁志既有「君躬護顯考及昆弟亡姊凡六喪，洎僕馭輩有死於海上者，悉還親屬之家」之語，而燁妻鄭氏誌復有「予衣服外除，再抵荒外」及「以予方嬰譴謫，子始孩提，無人護喪，權殯於蒙州紫極宫南。期予恩貸，自營葬事。歲月彌遠，歸日難期。粤以大中十三年歲次己卯十二月十五日，祔葬於河南府洛陽縣金谷鄉先兆」之文，據以綜合推之，則德裕之歸葬出於特許，故燁可離蒙州貶所，護柩歸洛陽營葬。并可乘此時機，同輩數喪，歸自海外。計其葬迄復還蒙州之時，當已免除喪服矣。至若鄭氏則死於燁由洛返蒙之後，非有恩貸，不能躬護其柩北歸。俟至四年之久，猶無歸望，故遣送其柩，還祔先塋也。燁誌中闕字當是「盧」字。以舊唐書壹柒下文宗紀「開成二年五月辛未，以蘇州刺史盧商爲浙西觀察使」（以代李德裕）。新唐書壹捌貳及舊唐書壹柒陸盧商傳又皆有觀察浙西之紀事，故可據補也。又兩唐書德裕傳書燁貶官皆作象州立山尉，東觀奏記中作蒙州立山尉。

唐語林柒李衛公歷三朝條作象州武仙尉。據舊唐書肆壹、新唐書肆叁上地理志，通典壹捌肆州郡典，元和郡縣圖志叁柒等立山屬蒙州，不屬象州。武仙則屬象州。今證以墓誌，知獨裴庭裕書不誤，而王讜書則後人以意改之者也。又燁誌載吉甫謚爲忠公。今誌僅云：「忠公」與舊唐書德裕傳「父趙國忠公」之語同。錢氏廿二史考異壹柒下有論吉甫謚語，可以參證。又燁誌盛稱燁當父爲相時避嫌守正之事，殆李濬特舉此以刺令狐滈者。（見舊唐書壹柒貳、新唐書壹陸陸令狐楚傳。）若果爲實録，則季常信不隕其家風矣！凡此數端，除宣宗特許歸葬一事之外，皆無關宏旨，可不討論。惟一事尚須詳辨者，即德裕之柩果於何年北返是也。

關於柳仲郢任東川節度之年月，近人吴廷燮氏唐方鎮年表考證下東川柳仲郢條及張爾田氏玉谿生年譜會箋肆大中五年七月柳仲郢爲東川節度條所考者，皆較沈氏唐書合參方鎮年表及馮氏玉谿生年譜爲精確。可依以爲説。即大中五年仲郢已鎮東川，而商隱亦辟爲幕僚也。又次年夏杜悰由西川移鎮淮南，吴張二氏亦有考證，均詳上述同書同卷中，兹不備引。夫德裕卒於大中三年十二月。燁之除喪當在大中六年二月（大中四年閏十一月）。燁於其妻鄭氏誌自言「予衣服外除，再抵荒外。」則其歸葬與除服二者相距之時間必不得甚長，即不得在大中六年以後，此德裕歸葬時間最遲之限度也。柳仲郢之鎮東川，據最近之考證，既確知爲大中五年，李義山文集肆樊南乙集序「七月尚書河東公守蜀東川，奏爲記室」，及李商隱詩集上又有悼傷後赴東蜀辟、至散關遇雪五絶，則商隱到東川幕時已是大中五年冬季，其爲仲郢代作祭文又當更在其後。易言之，即不能在大中六年以前矣。此德裕歸葬時間最早之限度也。據此最遲最早二時間之限度，則德裕之歸葬必在大中六年。此取前後歲月推排比勘所得之結論，即不中，亦必不遠者也。又據全唐文柒柒陸李商隱文爲河東公（柳仲郢）復相國京兆公（杜悰）第壹啓略云：

伏承決取峽路，東指廣陵。今遣節度判官李商隱侍御往渝州及界首已來，備具餼牽，指揮館遞。

又第貳啓云：

伏承鳳詔已頒，鷁首期艤。日臨端午，路止半千。

則是商隱實有大中六年夏間奉柳仲郢命往渝州迎候杜悰之一事。仲郢於荆南設奠路祭德裕歸柩，令商隱爲祭文。今其文不傳，無從知其詳。然其事之在大中六年，上文已證明無疑義矣。若玉谿生年譜會箋肆以德裕歸葬事附載大中九年之末，即張氏亦疑不能決。蓋其成書之時李燁及其妻鄭氏墓誌尚未出土，固不足爲病也。寅恪頗疑仲郢於大中六年夏間遣商隱於渝州迎送杜悰，並同時因水程之便利，即遣商隱逕由渝州往江陵，致祭德裕之歸櫬，實不止令其代作祭文也。但此假設非有確據，不過依時日地理及人事之關係，推測其可能而已。姑備一説於此，以俟治玉谿生文學者之教正。寅恪平生讀義山詩苦不能解，自不敢與古今爲錦瑟無題作鄭箋之顓家上下其議論也。嘗見馮氏玉谿生年譜於大中二年創爲義山巴蜀遊蹤之説，實則別無典據。其言云：

夫説詩之法，實則徵其蹤跡，虛則領其神情。

又云：

此段巴蜀之蹟，水陸之程，章句朗然。余所得已費苦心，不能更苛責矣！

又馮氏玉谿生詩詳注叁荆門西下七律浩曰：

此篇移易數過，而終難定也。

又風五律浩曰：

凡自東而西入蜀者，過荆門，至下牢，乃入西陵峽，經黄牛山。五六正與下章之「灘激黄牛」相貫，其爲水程上巴峽審矣。乃結云：「歸舟」者又不可合，蓋江波風信，行役常遭，其間細蹤何由追核，祇可就本詩玩味耳。

張氏玉谿生年譜會箋叁大中二年條略云：

馮氏不知歸洛在巴遊之後，及解至荆門西下「天外歸舟」句，而其説窮矣，余故不得不辨也。又案，巴蜀之遊，馮氏定爲是年，説最精確。惟是巴蜀遊蹤，水陸僕僕，似乎心注成都，而留滯荆州。如荆門西下岳陽樓諸篇，則又似心注湘潭，是果屬望何人歟？余詳味詩隱，參互證之，則斷其必爲李回杜悰也。李回方左遷湖南，義山窮途無依，固不能不望其援手也。補編爲湖南座主隴西公賀馬相公登庸啓事在五月，必義山於荆州與回相遇，爲之代作。故「荆雲回望夏雲時」也。而無題一章，尤爲此段行蹤之關鍵。起曰「萬里風波一葉舟，憶歸初罷更夷猶」，言桂州府罷，尚有所待也。曰「碧江地没原相引」，言李回本同黨，雖由西川左遷，未嘗不可援引也。曰：「黄鶴沙邊亦少留」言己與李回相遇荆州，爲之少留也。中聯引益德阿童二典，雖無可徵實，然以「益德報主」比衛公之乃心武宗，以王濬受厄王渾，功高得謗，比李回因黨禍而貶官，不負衛公之知，詞意均極明顯。結則言李回既不能攜赴湖南，進既不可，歸又不能，人生如此，徒使我懷古思鄉，安能忍而與之終古乎？此所以留滯荆門之後又有巴蜀之遊也。巴蜀之遊，當是希望杜悰，而實未至成都，中道而回。馮譜於是年巴蜀之遊，鈎稽已費苦心。惟於一朝黨局，未能參透。甚矣，讀書不可不細也！

寅恪案，馮氏「巴蜀遊蹤」之説，固無依據，張氏義山於大中二年五月遇李回於荆州之説，亦非有佐證。馮氏解詩至荆門西下「天外歸舟」，其説信窮矣。但張氏解無題「益德寃魂終報主」之句，謂指衛公。指衛公則誠是矣。然不悟此詩若果如張説，作於大中二年之夏，則距大中元年十二月衛公南貶潮州，不過數月之久，其時文饒尚健在，即使無生還之望，亦豈忍

所臆創之大中二年巴蜀遊蹤，實無其事。其所指爲大中二年往返巴蜀所作之詩，大抵大中六年夏間奉柳仲郢命迎送杜悰，并承命乘便至江陵路祭李德裕歸柩之所作，或其他居東川幕中時代之著述。若依此解，則不僅無馮説荆門西下及「天外歸舟」等地理上之滯礙，亦可免張氏遇李回於荆州説之不能標舉證據，且不致有李德裕貶後止五月，即被呼爲「寃魂」之慘也。遽目之爲「寃魂」耶？故張説匪獨與詩人敦厚之旨不合，按其文理又不可通也。鄙見凡注家

茲試依此解，略釋「萬里風波一葉舟」無題，以證成此假設。又以此詩爲此行關鍵，其中殊有易滋誤會之語，不得不稍申述其意趣。總而言之，箋證李詩，非茲篇主旨。即有疏誤，於德裕歸葬傳説之考定，亦無大變易也。無題云：

萬里風波一葉舟，憶歸初罷更夷猶。

此詩爲商隱於江陵爲李燁所賦。燁以舟載父及親屬諸柩北歸，「初罷」者非「罷桂府」之「初罷」。考燁貶蒙州立山尉，於大中六年以前奉詔特許歸葬，其時尚未除父喪也。其奉詔北歸葬親，既在父喪服未除中，必罷立山尉職。其過江陵時距罷立山尉職不久，故謂之「初罷」。蓋宣宗當日止許燁北歸葬父，事迄仍須返立山尉貶職。此據燁自撰其妻鄭氏墓誌推得之結論。燁雖急欲歸洛陽，然於荆南却有逗留，故得邀之中途，因以設奠，此所謂「憶歸初罷更夷猶」也。由此言之，江陵爲商隱與燁會遇之交點。商隱之由西而東，抵於江陵，杜詩之「即從巴

峽穿巫峽」也。煒之由南而北，發自江陵，杜詩之「便下襄陽向洛陽」也。以年月爲經，以路綫爲緯，此無題之詩案於是始能判決矣。

碧江地沒元相引，黃鶴沙邊亦少留。

此二句不能得其確解。大約煒自湖南至荊南，其途中少有滯留，自所不免，恐亦欲於沿途所過之地方官吏及親故中有所請乞耶？盧商曾爲煒府主，然於大中三年已罷去。大中六年夏間之爲岳鄂觀察使者，當在韋損與崔瑶之間，其人既不可詳考（參閱沈氏新舊唐書合參玖叁方鎮年表及吴氏唐書方鎮年表考證下），其事亦不必鑿言矣。

益德冤魂終報主，阿童高義鎮横秋。

若謂此詩作於大中六年夏間德裕歸葬時，且在宣宗有感於「西邊兵食制置事」特許其歸葬之後，則與張氏之解此詩，謂作於大中二年時，去德裕貶潮州僅數月者，更於文理可通。德裕本爲太尉，故商隱作舊將軍七律追感其人亦有「李將軍是舊將軍」之句。生前既以武功邀奇遇，死後復因邊事蒙特恩，又曾任西川節度使，建維州之勳，其以益德爲比，亦庶幾適切矣。不必更求實典，恐亦未必果有實典，而今人不知也。至阿童高義句自指仲郢而言，若合二句併讀之，即是東川節度柳仲郢遣使祭崖州司户參軍李德裕之歸柩也。較之以阿童比李回之因德裕黨左遷爲高義者，立説似更簡便；兩説相較，何去何從？讀者自知抉擇也。

> 人生豈得長無謂，懷古思鄉共白頭。

此二句極佳，不待詳説。若仍欲加以解釋，即誦哀江南賦「班超生而望返，温序死而思歸」之句，以供參證可也。若據此解釋，則乾隆以來解釋義山詩者相承所謂「大中二年巴蜀遊蹤」之説，果可成立乎？願一承教於説詩解人頤之君子也。

又舊唐書壹陸陸白居易傳附從弟敏中傳（新唐書壹壹玖略同）略云：

> 武宗皇帝素聞居易之名，及即位，欲徵用之。宰相李德裕言居易衰病不任朝謁，因言從弟敏中辭藝類居易。即日知制誥，召入翰林，充學士，遷中書舍人。累至兵部侍郎學士承旨。會昌末，同平章事。宣宗即位，李德裕再貶嶺南，敏中居四輔之首，雷同毁譽，無一言伸理，物論罪之。

寅恪案，德裕之獲許歸葬，據李濬所作煒墓誌，實由「先帝（宣宗）與丞相論兵食制置西邊事」，自是可信之實録。夫當日敏中既判延資庫，又爲招討党項行營都統制置使，則煒誌所言之「丞相」，自非敏中莫屬。故疑德裕之歸葬，敏中實與有力焉。然則其後與段全緯書所言亦不致全掠他人之美，此則稍可爲敏中辯解者也。

又懿宗即位，即以敏中代令狐綯爲相，恩禮極隆。雖傷腰臥疾，迄不令去。至五表辭位，始以爲中書令。（其事詳見兩唐書白居易傳附從弟敏中傳及舊唐書壹玖、新唐書玖懿宗紀等。）

通鑑貳伍拾紀此事略云：

咸通元年九月辛亥，以白敏中爲司徒中書令。

其後即接書劉鄴請追贈李德裕官事，實顧及唐實録注「白敏中爲中書令與右庶子段全緯書」云云中「白敏中爲中書令」一語，以敏中爲中書令必在鄴奏請之前，於事理方合也。此點雖不甚關宏旨，亦可見温公排比時日，推勘先後，其用心精密如是。故表而出之，以告讀通鑑者。

又裴庭裕東觀奏記卷中紀德裕見夢於令狐綯事，新唐書德裕傳采之，而略去崔鉉魏謩之名。詳繹裴氏所述，須假定令狐崔魏三人同時在中書，然後始有可能，今姑不詳考。即就新唐書陸叁宰相表下核之，此三人同在相位之時期爲大中三年四月乙酉至大中九年七月丙辰之間。今既考定德裕歸葬在大中六年，則宣宗之詔許必在其前一二年，是就時間論，尚無衝突。但德裕之是否見夢於綯，及其歸葬之是否由綯所請，則無從判明。至南部新書庚亦載此事，而增「懿皇允納，卒獲歸葬」之句，此與孫光憲北夢瑣言壹劉三復記三生事條末所載「其子鄴勅賜及第，登廊廟，上表雪德裕，以朱崖神櫬歸葬洛中」等語正同，是皆以德裕歸葬在懿宗即位以後。蓋與通鑑考異所引裴旦南行録載劉鄴咸通二年九月二十六日表中「孤骨未歸於塋域」之語，俱爲後人僞傳僞作之史料。今以李燁墓誌證之，益明白無疑。考異謂「燁懿宗初纔徙郴縣尉。未詳。」今據燁誌及鄭氏誌，知燁雖獲歸葬德裕於洛陽，葬迄仍返蒙州貶所。至懿宗即位，始得援恩例，内徙郴縣。德裕之歸葬與燁之内徙及德裕之追贈元本自各爲一事，不相關涉。昔人之疑，今日可以釋然也。

又燁誌言「今皇帝（懿宗）嗣位之歲（大中十四年），御丹鳳肆赦，詔移郴縣尉。自（大中十四年）春離桂林，道中得瘴病」及「大中十四年夏六月廿六日以疾終於（郴）縣之官舍」，其所謂「御丹鳳肆赦」，自指新唐書玖懿宗紀及通鑑貳肆玖「大中十三年冬十月辛卯大赦天下」之事，其赦文即載全唐文捌伍，特附識於此，以備讀本文者之檢查。又德裕家屬墓誌近歲出土者，寅恪所見有五石。其子燁及燁妻鄭氏誌前已引證外，尚有德裕撰滑州瑤臺觀女真徐氏墓誌。誌爲分書，不著書者姓名，當即德裕所自書，文詞及書法俱佳。今李文饒集中亦佚此誌文，彌足珍貴。兹節録其文於下：

徐氏，潤州丹徒縣人。名盼，字正定。疾亟入道，改名天福。大和己酉歲十一月己亥，終於滑州官舍，年廿三。長慶壬寅歲，余自御史出鎮金陵。徐氏年十六，以才惠歸我。長有二子，勤勞八年。惟爾有絶代之姿，掩於羣萃，有因心之孝，合於禮經。其處衆也，若芙蓉之出蘋萍，隨和之映珉礫。其立操也，若昌花之秀深澤，菊英之耀歲寒。儀静體閑，神清意遠。固不與時芳並豔，俗態争妍。予自宦達，常憂不永。由是樹櫝舊國，爲終焉之計。粤以其年十二月二十日葬於洛陽之邙山，蓋近我也。庶爾子識爾之墓，以展孝思。一子多聞，早卒。次子燁。

寅恪案，徐氏即燁之生母。後來德裕之裔，皆出自徐氏也。徐氏既葬近德裕，近歲德裕家屬墓誌先後出土頗衆，而德裕及其祖父埋幽之石，未聞於世。見存諸方志中名人塚墓一門，亦不著栖筠吉甫及德裕三世之墓。諒以制度較崇大，物藏較豐實，故亦較其家屬卑小之塚墓，先被發掘耶？嗚呼，可哀也已！樂府雜録望江南條云：

始自朱崖李太尉鎮淛日，爲亡妓謝秋娘所撰。本名謝秋娘，後改此名。亦曰夢江南。

據新唐書德裕傳謂「（德裕）後房無聲色娱」，李石（？）續博物志乃謂「（衛公）採聘名姝，至百數不止」。甚矣小説之多歧説也。惟段安節所記或亦有本。蓋秋娘本唐代婦人習見之名。杜仲陽即杜秋娘，而又爲潤州人，德裕復與之有一段交涉，幾至起大獄者。（詳見兩唐書德裕傳、南部新書戊及杜牧杜秋娘詩等。）徐氏爲潤州人，且德裕鎮浙西時所納之妾。及其亡後，其自撰之志文贊爲「絶代之姿」。然則其製曲以寄哀思，當亦情之所可有。豈以徐盼之故，譌以傳譌，致有斯説歟？此雖藝林之故實，然與本篇辨證之主旨無關，姑從闕疑可也。

又有李尚夷撰唐故趙郡李氏女墓誌云：

小娘子曾祖諱吉甫，門下侍郎同中書門下平章事，贈太師。祖諱德修，楚州刺史兼御史中丞，贈禮部尚書。考諱從質，度支兩池榷鹽使兼御史中丞。中丞不婚，小娘子生身於清河張氏。以咸通十二年十二月二日遘疾於洛陽履信里第，享年卅有四。以其年十二月十九日歸葬於北邙山西金谷鄉張村里，祔大塋，禮也。

寅恪案，舊唐書壹陸伍柳公綽傳附子仲郢傳（新唐書壹陸叁同）云：

大中朝，李氏無禄仕者。仲郢領鹽鐵時，取德裕兄子從質爲推官，知蘇州院事，令以禄利贍南宅。令狐綯爲宰相，頗不悦。仲郢與綯書云：「李太尉受責既久，其家已空，遂絶蒸嘗，誠增痛惻。」綯深感歎，尋與從質正員官。

寅恪案，新唐書柒貳上宰相世系表趙郡李氏西祖房不載從質之名。兩唐書柳仲郢傳僅言「德裕兄子」，未詳其親屬遠近，此亦石刻可補史文之闕佚者也。又傳文所謂「南宅」，當指德裕子孫，如燁等家屬之在南者。至從質不婚，其養女亦不嫁，其故不能詳。會昌一品集壹捌請改封衛國公狀（參考新唐書德裕傳）云：

臣今日蒙恩進封趙國公，承命哀惶，不任感涕。臣亡父先臣憲宗寵封趙國。先臣與嫡孫寬中小名三趙，意在傳嫡嗣，不及支庶。臣前年恩例進封，合是趙郡，臣以寬中之故，改就中山。

新唐書宰相世系表不著德修子孫。今據此狀，可知從質雖爲德修之子，但非長嫡，故可不婚耶？又德修事蹟略見新唐書壹肆陸李栖筠傳附吉甫傳末及柒貳上宰相世系表，皆未載其贈禮部尚書事。惟東觀奏記上紀德脩事蹟較詳。其文略云：

加贈故楚州刺史尚書工部侍郎李德脩禮部尚書。時吉甫少子德裕任荆南節度使檢校司徒平章事。上（宣宗）即位普恩，德裕當追贈祖父，乞迴贈其兄，故有是命。

據通鑑貳肆捌略云：

會昌六年夏四月壬申，以門下侍郎同平章政事李德裕同平章事，充荆南節度使。九月以荆南節度使李德裕爲東都留守，解平章事。（參閲舊唐書壹捌下宣宗紀。）

則德脩之得贈禮部尚書，當在此數月間，尚及德裕未貶潮州之前。否則李氏敗後，無從邀此恩命矣。又出土李莊撰唐故趙郡李氏女墓誌略云：

趙郡李氏女懸黎生得十三年，以咸通十二年七月十五日卒於安邑里第。曾祖諱吉甫，祖諱德裕，考諱燁，妣滎陽鄭氏。未四歲，遇先府君憂，鍊師陳氏實生余與爾。卜咸通十二年十一月廿四日歸於榆林大塋吉墓。

寅恪案，據李燁及其妻鄭氏誌，燁卒於大中十四年六月廿六日，鄭氏卒於大中九年五月廿九日。燁之卒而懸黎未四歲，則知懸黎之生在鄭氏卒後矣。其生母陳氏誌文稱爲「鍊師」者，如煒生母徐氏之稱爲「女真」，蓋皆入道之號，此爲唐代之通俗也。長安安邑坊爲吉甫德裕第宅所在，吉甫且以安邑相公爲稱。（見新唐書壹肆陸李吉甫傳。）今據此誌，知咸通之末，李氏猶保有此宅。殆亦視同平泉之石，不敢以與人耶？又此誌題云：

兄度支巡官將士郎試秘書省校書郎莊撰。

據煒誌，煒二子長莊士，次莊彦，一女懸黎。煒妻鄭氏誌亦載二子莊士莊彦之名。此誌撰人不知其爲莊士抑莊彦也。據唐書宰相世系表「煒生殷衡，延古。殷衡右補闕。延古司勳員外郎。」然則莊士莊彦即殷衡延古。舊唐書貳拾下哀帝紀天祐二年六月戊申條及德裕傳、新唐書德裕傳、通鑑貳陸伍天祐二年六月時士大夫避亂多不入朝條及南部新書乙等皆載延古事，而舊五代史陸拾有李敬義即延古專傳，所紀尤詳，蓋與司空圖同爲忠義之士也。傳云：

李敬義，本名延古，太尉衛公德裕之孫。初（或「幼」之誤）隨父煒（「煒」之誤）貶連州，遇赦得還。

寅恪案，薛史字誤不必論。惟據舊唐書德裕傳云：

煒咸通初量移郴州郴縣尉。卒於桂陽。子延古。

通典壹捌叁州郡典云：

桂陽郡。郴州。今理郴縣。

連山郡。連州。今理桂陽縣。

李燁誌言燁「卒於縣之官舍」，即郴縣之官舍。舊唐書言燁「卒於桂陽」，此「桂陽」指桂陽郡，非桂陽縣。蓋燁任桂陽郡即郴州之郴縣尉，非連山郡即連州之桂陽縣尉也。薛史以郡爲縣，故有斯誤也。

又新唐書德裕傳云：

燁子延古，乾符中爲集賢校理。

而南部新書乙云：

咸通九年正月，始以李贊皇孫延佑起家爲集賢校理。

寅恪案，延佑當是延古之誤。「咸通九年」與「乾符中」二者相距十年上下，未知孰是？據懸黎誌題銜言之，其時爲咸通十二年。其兄莊已爲祕書省校書郎。若新唐書不誤，則乾符中以集賢校理起家之延古必非此題誌之「莊」也。新唐書宰相世系表列殷衡之名於延古之前，依其次序，似殷衡爲兄，延古爲弟。然則作懸黎誌之莊，乃莊士之省，亦即後來之殷衡耶？或者咸通九年以集賢校理起家者爲殷衡，而錢氏誤爲延佑即延古耶？殊疑不能明也。

五代史陸伍南漢世家略云：

〔劉〕隱復好賢士，是時天下已亂，中朝士人以嶺外最遠，可以避地，多遊焉。劉濬李衡（「殷衡」省稱「衡」，避宋諱。）之徒，隱皆招禮之。濬，崇望之子，以避亂往。衡，德裕之孫，唐右補闕，以奉使往。皆辟置幕府，待以賓客。

吴任臣十國春秋伍捌南漢烈宗世家云：

開平二年冬十月辛酉，梁命膳部郎中劉光裔、右補闕李殷衡充官告使，詔王爲清海静海等軍節度使安南都護。王留光裔殷衡不遣。

又同書陸貳李殷衡傳略云：

李殷衡世爲趙郡人，唐相德裕孫也。仕梁太祖，爲右補闕。開平二年，充嶺南官告副使。至則烈宗留之幕府，署節度判官，不時遣還。乾亨初，官禮部侍郎同平章事。居無何，終於其職。先是故唐宰相劉瞻者，殷衡姊壻也。有子贊，幼孤，而性不慧。殷衡教之讀書，每督以箠楚。登進士第，梁時充崇政院學士，猶久念殷衡不忘。

寅恪案，新唐書壹捌壹劉瞻傳云：

劉瞻，字幾之。其先出彭城，後徙桂陽。

據此瞻家本居桂陽，其與李氏婚姻，或與李燁任郴縣尉一事不無關係。又韓偓玉山樵人集有和孫肇七律二篇。其題爲：

奉和峽州孫舍人肇荆南重圍中寄諸朝士二篇。時李常侍洵，嚴諫議龜，李起居殷衡，李郎中冉皆有繼和。余久有是債，今至湖南，方暇牽課。

今全唐詩文皆不載殷衡之著作。據冬郎詩題，可知殷衡亦文學之士，不墜其家風者也。李燁二子殷衡延古雖分處南北，然皆能自樹立，傳於後世。故不避敍述繁瑣之譏，並附載其本末，以供考贊皇子孫親屬者之參證焉。

綜合此篇上下二章考辨之結論如下：

（一）李德裕大中三年十二月十日卒於崖州

（二）其柩於大中六年夏由其子燁護送北歸，葬於洛陽。

直齋書録解題壹陸載耿秉直所輯李衛公備全集，元附年譜一卷，今已佚不傳。他時若有補作年譜者，願以兹篇獻之，儻亦有所取材歟？非敢望也。一九三五年三月三十一日。

附記

（甲）此文付印後，俞大綱表弟以李德裕妾劉氏墓誌見示，以其可證明寅恪之所假定，特附録於後，藉供參考。唐茅山燕洞宫大洞錬師彭城劉氏墓誌銘并序云：

錬師道名致柔，臨淮郡人也，不知其氏族所興。和順在中，光英發外，婉嫕有度，柔明好仁。中年於茅山燕洞宫傳上清法籙。悦詩書之義理，造次不渝。寶老氏之慈儉，珍華不御。言行無玷，淑慎其身，四十一年於兹矣。余三册正司，五秉旄鉞，棨戟在户，輅車及門，出入寵光，無不盡見，艱難危苦，亦已備嘗。幼女乘龍，一男應宿，人世之美，無所缺焉。倏短之間，奚足爲恨。屬久嬰沉痼，彌曠六年，以余南遷，不忍言别，綿歷萬里，寒暑再朞，輿嶠拖舟，涉海居陋，無名醫上藥，可以盡年，無香稻嘉蔬，可以充膳。毒暑晝爍，瘴氣夜侵，纔及三時，遂至危亟。以己巳歲八月廿一日終於海南旅舍，享年六十有二。嗚呼哀哉。有子三人，有女二人，聰敏早成，零落過半。中子前尚書比部郎渾，獨侍板輿，常居我後。自母委頓，夙夜焦勞，衣不解帶，言發流涕。其執喪也，加於人一等，可以知慈訓孝思之所至也。幼子燁，鉅，同感顧復之恩，難申欲報之德，朝夕孺慕，余心所哀。以某年某月某日，返葬於洛陽榆林，近二男一女之墓。余性直盜憎，位高寇至，道不能枉，世所不容，愧負淑人，爲余傷壽。瞑目何報，寄懷斯文。銘曰：清泉一源，秀木孤根，惟子素行，不生朱門。操比松桂，粹如瑶琨，不扶自直，不琢自温。七子均養，人靡間言，百口無怨，加之以恩。生我三子，熊羆慶蕃，育我二女，素絢是敦。既畢婚嫁，亦已抱孫。念子之德，衆姜莫援，誕於高族，可法後昆。昔我降秩，退居林園，平泉秋日，坐待朝曒。西嶺高眺，南榮負暄，自茲而往，悵惘山樊。巖銷寒桂，澗歇芳蓀，捨我而去，傷心詎論。天池南極，誰與招魂？芒山北阜，將託高原，空留片石，千古常存。

第四男燁記：

大中戊辰歲冬十一月，燁獲罪竄於蒙州立山縣，支離顧復，戀切蓼莪，欲報之恩，昊天罔極。己巳歲冬十月十六日，貶所奄承凶訃，茹毒迷仆，豈復念□。匍匐詣桂管廉察使張鷺，請解官奔訃，竟爲抑塞。荏苒經時，罪逆豐深，仍鍾酷罰。呼天不聞，叩心無益，抱痛負冤，塊然骨立。陰陽致寇，棣萼盡凋，藐爾殘生，寄命頃刻。殆及再朞，乃蒙恩宥，命燁奉帷裳還祔先兆。燁輿曳就途，飲泣前進。壬申歲春三月，扶護帷裳，陪先公旌旐發崖州，崎嶇川陸，備嘗險艱，首涉三時，途經萬里，其年十月，方達洛陽。十二月癸酉遷祔，禮也。嗚呼天乎，燁迫於譴逐，不能終養，劬勞莫報，巨痛終天，有生至哀，瞑目已矣。

先衛公自制誌文，燁詳記月日，編之於後，蓋審於行事，不敢誣也。謹言。

（乙）羅振玉貞松老人遺稿石交録肆略云：

近年中州出太和己酉衛公撰滑臺觀女冠徐氏墓誌，大中三年茅山燕洞宮大洞鍊師劉氏墓誌，二人皆公侍姬也。徐氏誌作於公刺滑州時，劉氏則以大中三年卒於貶所，公但爲之文。公亦以是年卒，其葬在大中六年。誌之立，則出於公之嗣子也。二文均不見會昌一品集中，吉光片羽，至可珍矣。

與兩誌同時出土者，尚有李燁妻鄭氏及燁誌，乃衛公子婦及季子也。鄭氏誌爲燁所撰，中敍門閥之盛衰，令人悽感。燁誌載詔許衛公歸葬，燁護顯考及昆弟亡姊凡六喪，洎僕馭輩死海上者，皆輦其柩，悉還親屬。

（丙）據馮氏所定大中二年義山上峽下峽諸詩之季節景物言之，則荊門西下詩云：

一夕南風一葉危，荊門迴望夏雲時。

乃下峽之時正值夏季，此可決定無疑者也。風云：

迴拂來鴻急，斜催別燕高。已寒休慘淡，更遠尚呼號。楚色分西塞，夷音接下牢。

及摇落略云：

人閑始遥夜，地迥更清砧。……灘激黄牛暮，雲屯白帝陰。

下峽既在夏季，則此等秋季峽中諸詩，必是上峽時所賦，又可推知。若依馮氏所説，義山必先上峽，後下峽。夫秋季上峽，夏季始下峽，則義山何以濡滯巴蜀幾至一歲之久，而不往謁杜悰？此情理所不可通，馮氏亦難自圓其説也。若依鄙説，則大中六年夏季義山奉柳仲郢之命，下峽祭弔衛公之柩，因送至襄陽，事畢復命，還歸東川，其上峽時已是秋深。如此假設，始於行程往復，季節先後，皆能適合。馮氏編漢南書事一詩於大中二年，但據新舊唐書及通鑑等，宣宗赦党項羌在大中五年，義山此詩云：

　　哀痛天書近已裁。

大中六年義山送衛公柩至襄陽，在六年而指五年，故可言「近」。若依馮氏之説，此詩作於大中二年，義山豈非預言家乎？又據通鑑貳肆玖唐紀宣宗大中六年略云：

　　党項復擾邊。六月癸酉，除〔畢諴〕邠寧節度使。

然則義山此詩當是在襄陽有所聞而作，其所謂「書事」，即書此事也。總而言之，杜工部詩所謂「即從巴峽穿巫峽，便下襄陽向洛陽。」者，正與義山此行相同。此意每於二十年來講授時言及之，但以奔走衰病，未暇著之楮墨，今特補録於此。

復次，「益德寃魂終報主」之句，自來解釋玉谿生詩者，皆不知其出處。攷隋書叁叁經籍志史部雜傳類載：「寃魂志三卷，顔之推撰。」此書久佚，近始見殘本，其中未有益德事，豈此事即在所闕卷中耶？不敢確言，姑附記此疑，以俟博雅君子校正。

乙未春日寅恪記於廣州河南瞑寫齋。

（丁）茲更有關於戲劇小說頗饒興趣而與白敏中招降党項一事相涉者，可略論之。

新唐書貳壹陸下吐蕃傳云：

〔彝泰贊普〕死，以弟達磨嗣。達磨嗜酒，好畋獵，喜内，且凶愎少恩，政益亂。（可參資治通鑑貳肆陸唐紀文宗開成三年吐蕃彝泰贊普卒，弟達磨立條。）

大凡吐蕃或其他民族最盛强時，其所轄別部種類，必有與其中央主部不盡相同者。如突厥既衰，其所轄之胡部入主河北之例。拙著「論李栖筠自趙徙衛事」一文，可爲例證。吐蕃主部之衰，漢族之張義潮於大中五年即以瓜沙歸還中國。其他鄰近中國邊境之党項，亦先後就中國之招引，令其守護北境也。

宋史肆捌伍夏國傳云：

唐末，拓跋思恭鎮夏州，統銀夏綏宥静五州地。

同書叁叁伍种世衡傳略云：

世衡建言，延安東北二百里有故寬州，請因其廢壘而興之。以當寇衝。朝廷從之，命董其役。

通志貳捌氏族肆种氏條略云：

本仲氏。或言仲山甫之後，因避難改爲种。宋种放，長安人，望出河南。

宋史肆玖貳吐蕃傳云：

周廣順三年，始以申師厚爲河西節度。師厚初至凉州，奏請授吐蕃首領折逋支等官，並從之。

同書貳伍叁折德扆傳云：

父從阮，自晉漢以來，獨據府州，控扼西北。

嘉慶一統志壹伍貳保德直隸州陵墓門云：

〔宋〕折太君墓，在州城南四十里折窩村。楊業妻。

通志貳玖氏族略伍佘氏條云：

〔佘〕音蛇，從示。唐開元有太學博士佘欽，南昌人。唐又有右司郎中佘珩，祖文集，隋考功主事，洛陽人。宋登科佘賨，洪州人。佘剛，衢州人。佘赫，徽州人。

宋史貳柒貳楊業傳云：

楊業，并州太原人。父信，爲漢麟州刺史。

夫拓跋思恭之自稱爲拓跋氏，不過自託於後魏之裔以自誇耀，近人乃混淆鮮卑族之拓跋與党項族之拓跋爲同一族類，誤矣。

种世衡世守延安之地，依通志所言，世衡之叔父爲种放。放爲洛陽人，自是不誤。但有可疑者，通志言种氏本作仲氏，出仲山甫之後，因避難改爲种等語，當是本於种氏家譜。自六朝以來，外族往往喜稱出於中國名人之後，如沈炳震唐書宰相世系表訂譌一書，苟取後漢書、三國志、晉書等證之，其譌舛立見。避亂改姓之説尤多，不再詳舉例證。鄙意仲氏之作种氏，實與党項不作黨項同例，蓋所以表示其原非漢族之義。集注分類東坡詩肆趙成伯家有麗人僕忝鄉人不肯開樽徒吟春雪美句次韻一笑中「何如低唱兩三盃」句自注云：

陶穀學士買得党太尉家妓，遇雪，陶穀取雪水烹團茶，謂妓曰，党家應不識此。妓曰，彼粗人，安有此？但能於紅綃煖帳中，淺斟低唱，喫羊羔兒酒。陶嘿然，慙其言。

據此東坡自注與宋史貳陸拾党進傳原文，尤可證党字本應作黨字。檢宋章定名賢氏族原行類稿（四庫珍本影印文淵閣本）叁玖載有黨氏，肆捌復載有黨氏。下云：

本出西羌，姚秦有將軍黨耐虎，自云夏后氏之後，代爲羌家。

頗疑此卷之「黨」本作「党」。汪輝祖史姓韻編伍拾分「党」及「黨」爲二，「党」下云：

党進。

熊在湄峻運新纂氏族箋釋五云：

党馮翊郡系獯鬻氏，夏桀竄居獯鬻，其後支裔世居党項，有降唐者賜姓党氏，宋党進。

汪熊兩氏關於党氏之文，均採史記壹壹拾匈奴傳，至章氏書党之作黨應爲後人所改，非其原字也。史籍中亦有作黨者，如宋史肆玖貳吐蕃傳中之党令支，殿本党作黨之類，當是與文淵閣本章氏書同出清代文臣淺陋之筆，不足據也。依通志氏族志，折氏望出西河，宋爲大姓。佘氏望出南昌，北方土音讀折爲佘，故戲劇小説乃以折爲佘，其實兩姓迥别也。綜合白敏中招降吐蕃境内党項諸部，除漢族張義潮外，其極西之拓跋部不肯歸附，以致北宋之世，西夏與契丹最爲中國之大患。故讀史者於地域之方位，種族之區别，尤應特加注意也。世人喜談小説戲劇，而不知其與義山漢南書事詩有關，遂標出之如此。

復次，寅恪昔年於太平洋戰後，由海道自香港至廣州灣途中，曾次韻義山萬里風波無題詩一首，雖辭意鄙陋，殊不足道，然以其足資紀念當日個人身世之感，遂附録之於下。詩云：

萬國兵戈一葉舟，故邱歸死不夷猶。袖中縮手嗟空老，紙上刳肝或稍留。此日中原真一髮，當時遺恨已千秋。讀書久識人生苦，未得崩離早白頭。

一九六四年歲次甲辰五月五日陳寅恪書於廣州金明館。

以杜詩證唐史所謂雜種胡之義

拙著唐代政治史述論稿上篇論舊唐書貳佰安禄山傳（可參姚汝能安禄山事蹟上「安禄山營州雜種胡也」之語）云：

安禄山，營州柳城雜種胡人也。

及同書同卷史思明傳略云：

史思明，寧夷州突厥雜種胡人也。

證以新唐書貳壹柒回鶻傳（參通鑑貳貳陸建中元年八月甲午條。但今通行本通鑑突董作董突。）云：

始回紇至中國，常參以九姓胡，往往留京師，至千人，居貲殖産甚厚。會酋長突董翳蜜施大小梅録等還國，裝橐係道。

所言與舊唐書壹貳柒張光晟傳云：

建中元年，回紇突董梅録領衆并雜種胡等自京師還國，輿載金帛，相屬於道。

實同爲一事。故雜種胡即中亞昭武九姓胡。唐人當日習稱九姓胡爲雜種胡。雜種之目非僅混雜之通義，實專指某一類種族而言也。凡杜工部詩中涉及安史之種族，除羯胡柘羯等名已詳於拙著前書者外，其有關雜種之字句，亦可與此互相發明。兹迻録於下，或可爲鄙説之一補證歟？

杜工部集貳留花門云：

胡塵踰太行，雜種抵京室。

同書拾秦州見勑目三十韻云：

雜種雖高壘，長驅甚建瓴。

同書壹伍承聞河北諸道節度入朝歡喜口號絶句十二首之二云：

社稷蒼生計必安。蠻胡雜種錯相干。

又同書拾收京三首之三云：

雜虜横戈數，功臣甲第高。

此雜虜即雜種之互稱也。總括言之，杜少陵與安史爲同時人，其以雜種目安史，實當時稱中亞九姓胡爲雜種胡之明證。舊唐書多保存原始材料，不多改易詞句。故在舊唐書爲雜種胡，在新唐書則易爲九姓胡。考宋子京改字之由，其意恐雜種胡一詞，頗涉通常混種之義，易啓誤會，遂別用九姓胡之名。史家遺辭明審，殊足令人欽服。然則唐史新舊兩書，一則保存當時名稱，一則補充其他解釋。各有所長，未可偏廢。觀此一例，即可推知。後人往往輕議子京，亦由不明此義，因特爲標出而論證之如此。

（原載前嶺南大學國文學會一九五〇年南國第貳期）

書杜少陵哀王孫詩後

杜少陵哀王孫詩爲世人所習誦，自來箋釋之者衆且詳矣，何待今日不學無術，老而健忘者之饒舌耶？然於家塾教稚女誦此詩，至「朔方健兒好身手，昔何勇鋭今何愚」之句，則瞠目結舌，不能下一語，而思別求一新解。攷唐代安禄山叛變，玄宗幸蜀，肅宗即位靈武，而靈武者，朔方軍節度使之治所也。肅宗遂專倚朔方軍戡定大難，收復兩京，唐室因得延續百五十年之祚而後亡。故朔方軍爲唐室中興之關鍵。少陵平生於朔方軍及其主帥郭子儀李光弼諸公，推崇讚美，形諸吟詠者，不一而足，此固不煩舉例者也。此詩爲少陵在安氏將領統治長安時所作，豈有反詈朔方軍士卒昔勇今愚之理？造意遣詞狂悖至此，則與唐室附逆諸臣，復何以異？釋杜詩者，或以「朔方健兒」乃泛指安氏所統北方軍隊而言，則又不知「朔方」爲軍政區域固定之專名，不可用以泛指北方士卒。當天寶時，安禄山爲平盧范陽河東三鎮主帥，而與其結爲兄弟之朔方節度使安思順不睦，玄宗雖極寵任禄山，但亦兼用思順，委以勁兵，蓋所以防制禄山，維持均勢，斯固英武之主用心所應爾。是復不可取與禄山宿構仇怨之朔方軍一名，移指其所統三鎮健兒。少陵作詩，絶不致昧於當日情勢，文理不通，一至於此也。然則「朔方健兒」一詞，果何所指耶？鄙意實指同羅部落而言也。何以得知「朔方健兒」之名乃指同羅部落者？因同羅部落本屬於朔方軍，安禄山誘害其酋長阿布思，襲取其兵卒，而此種兵卒，後遂成爲禄山所統軍隊之主力者也。玆略引有關史料，以釋證之如下。

新唐書貳壹柒下回鶻傳同羅傳略云：

請内屬，置龜林都督府。安禄山反，劫其兵用之，號曳落河者也。曳落河猶言健兒云。

同書肆叁下地理志關内道安北都護府龜林都督府條注云：

貞觀二年，以同羅部落置。

安禄山事蹟上云：

〔天寶〕十一載三月，禄山引蕃奚步騎二十萬直入契丹，以報去秋之役。朔方節度副使奉信王阿布思率同羅數萬以會之，布思與禄山不協，遂擁衆歸漠北。（寅恪案，同書同卷「同羅阿布思等」句下原注云：阿布思者，九姓首領也。開元初，爲默啜所破，請降附。天寶元年朝京師，玄宗甚禮焉。布思美容貌，多才略，代爲蕃首。禄山恃寵，布思不爲之下。禄山因請爲將，共討契丹。慮其見害，乃率其部以叛。後爲回鶻所破，禄山誘其部落降之，自是禄山精兵無敵於天下。）

新唐書貳貳伍上安禄山傳略云：

〔天寶〕十一載，率河東兵討契丹。禄山不得志，乃悉兵討契丹以報。帝聞，詔朔方節度使阿布思以師會。布思者，九姓首領也。開元初，爲默啜所困，内屬。帝寵之。禄山雅忌其才，欲襲取之，故表請自助。布思懼而叛，轉入漠北。禄山不進，輒班師。會布思爲回紇所掠，奔葛邏禄。禄山厚募其部落，降之。葛邏禄懼，執布思送北廷，獻之京師。禄山已得布思衆，則兵雄天下。

安禄山事蹟上略云：

〔禄山〕養同羅及降奚契丹曳落河（原注：「蕃人健兒爲曳落河。」）八千餘人爲假子，總〔平盧，范陽，河東〕三道以節制。

舊唐書壹貳壹僕固懷恩傳略云：

僕固懷恩，鐵勒部落僕骨歌濫拔延之曾孫，語訛，謂之僕固。貞觀二十年，鐵勒九姓大首領率其部落來降，分置瀚海燕然金微幽陵等九都督府於夏州，别爲蕃州以禦邊，授歌濫拔延爲金微都督。懷恩世襲都督，歷事〔朔方〕節度王忠嗣安思順，皆委之心腹。肅宗即位於靈武，懷恩從郭子儀赴行在所。時同羅部落自西京叛賊，北寇朔方，子儀與懷恩擊之，遂破同羅千餘騎於河上。（參通鑑貳壹捌至德元載九月條。）肅宗雖仗朔方之衆，將假蕃兵以張形勢，乃遣懷恩與燉煌王承寀使於回紇，請兵結好。回紇可汗遂以女妻承寀，兼請公主，遣首領隨懷恩入朝。肅宗乃遣廣平王爲元帥，以子儀爲副，而懷恩領回紇兵從之。

新唐書貳貳伍上安禄山傳略云：

廣平王東討，回紇葉護以兵從。〔張〕通儒等裒兵十萬，陣長安中。賊皆奚，素畏回紇，既合，驚且囂，大敗。王師入長安。

據此，同羅僕骨及回紇種類甚相近，其勇健善鬬，爲中國當時東方及北方諸外族所最畏憚者。此三種族所居住之地，或直隸於朔方軍，或與朔方軍政區相鄰近，概可稱爲與朔方軍關係密切之外族也。安禄山雖久蓄異謀，然不得同羅部落爲其軍隊主力，恐亦未敢遽發大難。蓋禄山當日所最畏忌者，爲朔方軍。同羅部落乃朔方軍武力之重要部分，既得襲取此部落以爲己用，更可爲所欲爲矣。同羅部落之役屬禄山，實非得已，故既至長安之後，不久即又叛歸其舊巢。此後安氏屯守西京之武力，已大減弱。肅宗即位靈武，又遣僕骨部落酋長僕固懷恩，結援回紇，將引花門之部衆，以收兩京，則安氏防守長安之精兵，僅餘奚部落，而奚部落素畏回紇，必不能敵抗。然則西京之收復，可計日而待，李唐宗室之受困長安者，亦不久可以解除也。少陵當日在安氏勢力統治之下，得此消息，密告李唐宗室之留陷長安者，所以深慰之，且諄戒其勿洩也。鄙意「昨夜東風吹血腥，東來橐駞滿舊都」二句，與「朔方健兒好身手，昔何勇鋭今何愚」二句，應是同詠一事，不可分爲兩截。蓋同羅部落，其初入長安時，必與駱駝隊羣偕來，故少陵牽連及之。同羅昔日本是朔方軍勁旅，今則反覆變叛，自取敗亡，誠可謂大愚者也。錢謙益治杜詩至精，而唯引舊唐書史思明傳所載：

禄山陷兩京，常以駱駝運兩京御府珍寶於范陽，不知紀極。

以釋證「橐駝」之句，似猶未達一間也。此四句應與下文「竊聞天子已傳位，聖德北服南單于。花門剺面請雪恥，慎勿出口他人狙」四句，一氣連讀，不可隔斷。少陵之意蓋謂同羅部落夙畏回紇，既已叛去，不復爲安氏守長安矣。今唐兵又將引回紇部衆以收西京，長安精鋭守兵，唯餘甚畏回紇之奚部落，回紇一至，奚必奔潰也。綜合八句，其文理連貫，羅輯明晰，非僅善於詠事，亦更善於説理也。少陵爲中國第一詩人，其被困長安時所作之詩，如哀江頭哀王孫諸篇，古今稱其文詞之美，忠義之忱，或取與王右丞「凝碧池頭」之句連類爲説。殊不知摩詰藝術禪學，固有過於少陵之處，然少陵推理之明，料事之確，則遠非右丞所能幾及。由此言之，古今治杜詩者雖衆，而於少陵之爲人，似猶知之未盡。不揣愚妄，因爲略發其覆如此。固知三家村訓蒙之陋語，實不足供説詩治史博學通識君子之一覽也。

（一九五三年四月）

元白詩中俸料錢問題

寅恪於清華學報第拾卷第叁期元微之遺悲懷詩之原題及其次序文中，曾據「今日俸錢過十萬」之句，以爲微之作此詩，疑在通州司馬權知州務之時，非權刺史之職，不能有「過十萬」之月俸也。唐代官俸隨時隨地互不相同，今存史料，殊不完具，不易知其詳實之數額。故所依據以推測者，亦不敢自信以爲定説。不過欲藉此提出問題，以資討論。前文已聲明此意，兹復别立一不同之假設，以備參證。但其主旨不在考定微之作詩之年月，而在拈出唐代地方官吏俸料錢之一公案。此爲是篇與前文不同之點。儻承讀詩論世之君子，並取參究，賜以教誨，尤所感幸！

白氏文集壹肆有感元九悼亡詩，因爲代答三首。其二爲答騎馬入空臺五律。此詩今元氏長慶集玖原題作空屋題，下注云：「十月十四日夜。」據昌黎先生集貳肆監察御史元君妻京兆韋氏夫人墓誌銘略云：

〔夫人〕以元和四年七月九日卒。其年之十月十三日葬咸陽。

微之次年春即貶江陵府士曹參軍事。故知微之空屋題詩注之「十月十四日夜」，乃元和四年十月十四日夜，即韋氏葬於咸陽之次夕。觀其「更想咸陽道，魂車昨夜回」之句，可證是時微之以監察御史分務東臺，故以職事留於洛陽。此樂天代答詩所以有「鰥夫仍繫職」及「寂寞咸陽道，家人覆墓迴」之句也。其三爲山驛夢七絶。今元氏長慶集玖原題作感夢。據其「影絶魂消動隔年」及「今夜商山館中夢」之句，知此詩爲微之於元和五年春貶江陵士曹參軍，途經商山驛館時之所作也。

今白氏文集第壹肆卷中所載之詩，其著作先後相距有至二十年以上者，如王昭君二首，下注云：「時年十七。」考樂天生於大曆七年。其十七歲爲貞元四年，其答山驛夢一詩，至早作於元和五年春微之貶江陵之後。自貞元四年至元和五年，其間有二十一年之久。此著作年月先後相距甚久最著之例也。據此推論，則樂天代答詩三首，其一答謝家最小偏憐女七律及微之之原作，究作於何時，殊不易考定，即使微之此首原作亦與其他空屋題、感夢二首爲相距不久之時所作，而「謝公最小偏憐女」一首，亦不能作於貶江陵以前，因韋氏未卒之時，微之已任監察御史，（據新唐書伍伍食貨志，監察御史俸錢三萬。）及其由監察御史貶江陵士曹參軍之後，官職與前不同，俸錢方能有多寡之别也。又微之此首原作，雖不能確知作於何時，但今白集諸詩與代答三首同列於第壹肆卷者，其中多是元和五年白公在長安時所作，白和元詩，其間距離不得太長，故微之謝公一首，頗有作於謫江陵時之可能。若果如此，無論此詩所言「俸錢過十萬」之數，與唐會要玖壹、册府元龜伍佰陸及新唐書伍伍食貨志所載京兆諸府判司月俸之額相差甚遠，按之法制，固不相合，而微之一由御史貶爲士曹，即有如斯厚俸，則不得身入帝城，復何足以爲恨，是於人情亦不可通。此點誠關係唐代官俸全部之問題，非僅限於一詩一句之考證而已。遂旁搜資料，重加審查，别擬假設，以爲解釋。

關於唐代官吏俸料制度，今唐會要玖壹至玖貳内外官料錢門、册府元龜伍佰陸邦計部俸禄門及新唐書伍伍食貨志諸書，所載皆極不完備，故元白詩中俸料問題，頗難作精密之研究，僅能依據會要册府所載貞元四年京文武及京兆府縣官元給及新加每月當錢之數，並新唐書食貨志所載會昌時百官俸錢定額，與元白詩文之涉及俸料錢者，互相比證，以資推論，蓋元白著作與此二時代相距最近故也。現存微之詩中言及俸錢者，寅恪前文亦已論及，今祇取樂天詩文關涉俸料者釋證之。樂天詩文多言及禄俸，昔人已嘗注意，如容齋五筆捌白公説俸禄條，即是其例。本文材料雖亦承用洪氏之書，然洪氏隨筆之旨趣在記述白公之「立身廉清，家無餘積。」本文則在考釋唐代京官外官俸料不同之問題，及證明肅代以後，内輕外重與社會經濟之情勢，故所論與之迥别。讀者幸取而並觀之，亦不敢掠美於前賢之微意也。

白集伍常樂里閑居偶題十六韻，時爲校書郎云：

俸錢萬六千，月給亦有餘。

寅恪案，唐會要玖壹册府元龜伍佰陸（下引此兩書，其卷數不別標明者，悉與此同。又爲行文便利之故，後有重複引用此兩書之材料，亦不注出。）載貞元四年京文武及京兆府縣官元給及新加每月當錢數略云：

校書正字〔等〕各十六貫文。（寅恪案，册府「校」作「較」，誤。「貫」作「千」，義同。）

新唐書伍伍（下引此書，其卷數不別標明者，悉與此同。又後有重複引用此書之材料，亦不注出。）食貨志載會昌後官俸額略云：

秘書省崇文弘文館校書郎正字〔等〕萬六千。

據此，與詩所言之數相合。

又白集壹貳爲左拾遺時作醉後走筆酬劉五主簿長句之贈云：

月慚諫紙二百張，歲愧俸錢三十萬。（寅恪案，容齋五筆捌白公説俸禄條「二百張」作「二千張」。）

寅恪案，唐會要册府元龜略云：

拾遺〔等〕各三十貫文。

新唐書食貨志略云：

拾遺〔等〕三萬。

據此，與詩所言之數相合。唐代俸錢自開元二十四年六月以後，本應以月計（見上引三書開元二十四年條）。此不過避上句諫紙月計之重複，故易爲歲計，而舉其成數耳。

又白集貳玖再授賓客分司云：

俸錢七八萬，給受無虛月。

同書叁伍劉禹錫罷太子賓客除秘書監時酬夢得貧居詠懷見贈云：

日望揮金賀新命，俸錢依舊又如何。

寅恪案，唐會要册府元龜略云：

太子賓客諸卿監〔等〕各八十貫文。

新唐書食貨志略云：

秘書殿中内侍監太子賓客〔等〕八萬。

據此，太子賓客月俸八萬，與詩言「七八萬」之數略同。又太子賓客與秘書監俸錢額數相等，詩言「俸錢依舊」，亦相符合。

又白集叁叁從同州刺史改授太子少傅分司云：

月俸百千官二品，朝廷雇我作閑人。

同書叁陸爲太子少傅分司時春日閑居三首之三云：

又問俸厚薄，百千隨月至。

同書叁柒以刑部尚書致仕後自詠老身，示諸家屬云：

壽及七十五，俸霑五十千。

同書同卷刑部尚書致仕云：

半俸資身亦有餘。

同書同卷狂吟七言十四韻略云：

俸隨日計錢盈貫。（自注：「尚書致仕請半俸。」）

同書同卷贈諸少年云：

老慙退馬霑芻秣。（自注：「謂致仕半禄也。」）

寅恪案，唐會要册府元龜略云：

六尚書太子三少〔等〕各一百貫。

新唐書食貨志略云：

尚書太子少保少傅〔等〕百萬。（寅恪案，少保少傅次序應互易。）

又册府元龜云：

貞元五年四月，以太子少傅兼禮部尚書蕭昕爲工部尚書，前太子少詹事韋建爲秘書監，並致仕，仍給半禄料。後授致仕官者，並宜准此。舊例致仕官給半禄及賜帛，俸料悉絶。帝念歸老之臣，時命賜其半焉。致仕官給半禄料，自昕等始也。

據會要册府，太子少傅尚書月俸俱一百貫文，即十萬。致仕半俸爲十萬之半數，即五萬，或五十貫，皆與詩所言之數相合。唯新唐書食貨志所載俸額，自太師起，至太子少傅止，較會要册府之數，多至十倍。疑唐代舊文，本以貫計，新書改「貫」爲「千」時，譌爲「萬」，遂進一位。今但取新志與會要册府比勘，已知其必有譌誤。況新志所載俸錢之數，爲會昌時之定額，而白詩即作於會昌時，斷無相差十倍之理，其爲誤計，尤顯然易見也。

又白集伍初除〔京兆府〕户曹，喜而言志云：

俸錢四五萬，月可奉晨昏。廪禄二百石，歲可盈倉囷。

寅恪案，禄米别是一問題，於此姑置不論。唐會要册府元龜貞元四年勑定京兆府縣官元給及新加每月當錢條略云：

京兆府縣官惟兩縣簿尉減五千。（寅恪案，「減」字從册府。會要作「加」，疑誤。）餘並同大曆十二年四月二十八日勑。

同上二書載大曆十二年四月二十八日勅略云：

京兆判司兩縣丞各三十五貫文。

新唐書食貨志載會昌俸錢定額略云：

諸府大都督府判官〔等〕三萬五千。

據此，大曆貞元及會昌時，京兆府户曹參軍月俸祇三萬五千，與詩言之數，不相符合。

又白集貳陸送陝州王司馬建赴任云：

公事忙閑同少尹，（寅恪案，唐六典叁拾：「〔京兆〕少尹二人從四品下」注云：「魏晉以下有治中，隋文帝改爲司馬。煬帝改爲贊治，後改爲丞。皇朝曰治中，後避高宗諱，改曰司馬。開元初，改爲少尹，置二員。」然則，「同少尹」即同於京兆少尹也。）料錢多少敵尚書。

寅恪案，唐會要册府元龜大曆十二年四月加給京百司文武官及京兆府縣官每月料錢條略云：

六尚書〔等〕各六十貫文。

又同年五月釐革諸道觀察使團練使及判官料錢條略云：

州縣給料。（其大都督府長史准七府尹例。左右司馬准上州別駕例，支給料錢。）〔上州〕別駕五十五貫文，長史司馬各五十貫。

舊唐書叁捌地理志陝州大都督府條云：

廣德元年十月吐蕃犯京師，車駕幸陝州，仍以陝爲大都督府。天祐初，昭宗遷都洛陽，駐蹕陝州，改爲興德府。

據此，陝州在樂天時代，實爲大都督府。其司馬料錢准上州別駕例支給，爲五萬五千文，頗與尚書之料錢六萬文相近也。但此僅依大曆十二年四月及五月勅定之官書紙面材料而言。樂天苟非用此等材料，則別爲考釋如下。

檢白集此詩前第肆題爲大和戊申歲大有年詩。前第叁題爲贈悼懷太子挽歌辭二首題下自注：「奉詔撰進。」據新唐書捌貳敬宗五子傳略云：

悼懷太子普，大和二年薨。帝（文宗）惻念不能已，故贈卹加焉。

是亦作於太和二年戊申。由是觀之，送王司馬詩當亦作於此年，或距離不甚遠之時間。考太和二年去大曆十二年爲五十一年，若取相去較近之材料如唐會要貞元四年京文武及京兆府縣官元給及新加每月當錢條略云：

六尚書〔等〕各一百貫文。京兆府縣官。（唯兩縣簿尉減五千文，餘並同大曆十二年四月二十八日勅。）

同書大曆十二年四月二十八日勅定加給料錢條，僅載少尹五十貫，未載司馬月料。其年五月釐革諸道觀察使團練使及判官料錢條略云：

州縣給料。（其大都督府長史准七府尹例，左右司馬准上州別駕例，支給料錢。）〔上州〕別駕五十五貫文。長史司馬各五十貫。

新唐書食貨志略云：

唐世百官俸錢，會昌後不復增減，今著其數。尚書〔等〕百萬。（寅恪案，「百」當作「十」，見前所論。）上州別駕五萬五千，上州長史司馬五萬。

據此，則尚書每月俸料爲一百貫，或十萬文。而陝州大都督府司馬准上州別駕例，仍爲五十五貫，或五萬五千文。其額數相差甚多，不得如樂天詩所言司馬之料錢「敵尚書」矣。豈當日陝州司馬實支之額數亦近於十萬，幾與尚書相等耶？

又白集肆叁江州司馬廳記略云：

案唐典上州司馬秩五品。（寅恪案，樂天此語乃據唐六典叁拾「上州司馬一人從五品下」之制度而言。其下「歲廩數百石，月俸六七萬」等語，乃據元和十三年作廳記時之實況而言。讀者須分別觀之，不可誤會也。）歲廩數百石，月俸六七萬。予佐是郡，行四年矣。時元和十三年七月八日記。

同書肆伍與元九書略云：

今雖謫佐遠郡，而官品至第五，月俸四五萬。潯陽臘月，江風苦寒，歲暮鮮歡，夜長無睡，引筆鋪紙，有念則書，言無次第，勿以繁雜爲倦，且以代一夕之話也。

寅恪案，上引會要及册府載大曆十二年五月勅定料錢數云：

〔上州〕長史司馬各五十貫。

新唐書食貨志載會昌後俸額略云：

上州長史司馬〔等〕五萬。

據此，大曆會昌俸料錢之數，與與元九書約略相合，而與司馬廳記所言則相差甚遠。又汪立名本白香山詩集引年譜舊本元和十年乙未條下略云：

初到江州有詩云：「樹木凋疏山雨後。」又江樓聞砧詩云：「江人授衣晚，十月始聞砧。」當是秋末冬初始到也。臘月有與元九書。

然則樂天與元九書作於元和十年十二月初抵江州涖任未久之時，江州司馬廳記作於元和十三年七月八日佐郡將及四年之時。此四年之間，官職既是依舊，俸錢自無變更。且以本人述己身之俸料，決無誤記之事。但取此兩文互相比勘，相差竟至二三萬之多。容齋五筆捌白公説俸祿條雖引江州司馬廳記，而忘却與元九書中亦有「月俸四五萬」之語，以未比較，遂不覺其前後矛盾也。鄙意樂天兩文所以互異之故，實由與元九書中江州司馬月俸之數，乃其元和十年初冬始到新任時，僅據官書紙面一般通則記載之定額而言，其時尚未知當日地方特別收入之實數。至元和十三年秋，作江州司馬廳記時，則蒞任已行將四年，既知其地方特別之實數，遂於官舍廳記中言及之。此廳記之文，必是當日地方特別規定之常額，較之與元九書中所言，更宜可信。唯與元九書所言，雖與事實不符，然取與流傳至今根據唐代中央政府頒布之材料，如會要册府唐書等，以相比勘，則轉與之相合，益可證知樂天作與元九書時，祇依官書紙面一般通則之額數也。

綜合以上所比證之例言之，凡關於中央政府官吏之俸料，史籍所載額數，與樂天詩文所言者無不相合。獨至地方官吏，（京兆府縣官吏，史籍雖附繫於京官之後，其實亦地方官吏也。）則史籍所載，與樂天詩文所言者，多不相合。且樂天詩文所言之數，悉較史籍所載定額爲多。據此可以推知唐代中晚以後，地方官吏除法定俸料之外，其他不載於法令，而可以認爲正當之收入者，爲數遠在中央官吏之上。如白氏文集陸肆策林叁省官併俸減使職條云：

兵興以來，諸道使府，或因權宜而置職，一置而不停。或因暫勞而加俸，一加而無減，至使職多於郡縣之吏，俸優於臺省之官。積習生常，煩費滋甚。

即是其例證。

又内外官吏同一時間，同一官職，而俸料亦因人因地而互異，如唐會要云：

〔大曆〕十四年正月宰臣常衮與楊綰同掌樞務，道不同。先是百官俸料寡薄，綰與衮奏請加之。時〔韓〕滉判度支，衮與滉各騁私懷，所加俸料，厚薄多由己。

唐會要册府元龜元和七年中書門下奏略云：

艱難以來，綱禁漸弛，於是增置使額，厚請俸錢，故大曆中，權臣月俸有至九千貫者，列郡刺史無大小，給皆千貫。常衮爲相，始立限約。至李泌又量其閑劇，隨事增加。閑劇之間，厚薄頓異。

即是其例證。故考史者不可但依官書紙面之記載，遽爾斷定官吏俸料之實數。祇可隨時隨地隨人隨事，偶有特別之記載，因而得以依據證實之。若欲獲一全部系統之知識，殊非易事。此亦治唐史者所不可不知者也。

樂天詩文中言俸料者比證既竟，兹再推論微之「謝公最小偏憐女」詩之問題。

新唐書肆玖下百官志略云：

江陵〔等〕府，府尹各一人。少尹二人。司録參軍二人。功曹，倉曹，户曹，田曹，兵曹，法曹，士曹參軍事各二人。

唐會要册府元龜記載大曆十二年料錢之數略云：

京兆及諸府少尹〔等〕各五十貫文。司録〔等〕各四十五貫文。判司〔等〕各三十五貫文。

新唐書食貨志記載會昌後官俸之制略云：

諸府少尹〔等〕六萬五千。諸府大都督司録參軍事〔等〕四萬五千。諸府大都督府判官三萬五千。（寅恪案，「官」疑「司」之誤。以新志上文已載「節度推官支使防禦判官四萬」此處不應重出。且作「判司」與會要及册府等所載符合。殆後人習於「判官」之名，而罕見「判司」之語，因以致誤歟？）

據此，會要册府與新志所載，因時代先後有所不同，額數亦參差互異。但此亦關於中晚唐以後，地方政府官吏俸料之額數，其實際無論與任何紙面之定額，皆不符合者也。微之此詩若作於江陵，江陵士曹參軍即判司，其月俸紙面額數衹三萬五千，去「俸錢過十萬」之數，相差甚遠，但若例以陝州大都督府司馬俸料錢，可由官書紙面之五十五貫，或五萬五千文，而實支等於尚書之一百貫，或十萬文。江州上州司馬月俸，可由官書紙面之四五萬，而實支至六七萬。如上所論唐代中晚以後，地方官吏除法定俸料之外，其他不載於法令，亦可認爲正當收入之推證，及其本人與當權執政者人事之關係，則江陵士曹參軍之元微之，「俸錢過十萬」，亦非不可能也。總之，此爲一假設，僅可備參考，不得視爲定論也。

復次，舊唐書壹陸陸白居易傳（可參白集伍玖元和五年四月二十六日所進奏陳情狀及其年五月六日所進謝官狀）云：

〔元和〕五年，當改官，上謂崔羣曰，居易官卑俸薄，拘於資地，不能超等，其官可聽自便奏來。居易奏曰，臣聞姜公輔爲内職，求爲京府判司，爲奉親也。臣有老母，家貧養薄，乞如公輔例。於是除京兆府户曹參軍。

白集伍初除户曹，喜而言志。詩略云：

詔授户曹掾，捧詔感君恩。感恩非爲己，禄養及吾親。喧喧車馬來，賀客滿我門。不以我爲貪，知我家内貧。

杜牧樊川集壹陸載上宰相求湖州三啓及上宰相求杭州啓，其求杭州啓云：

作刺史，則一家骨肉四處皆泰。爲京官，則一家骨肉四處皆困。

觀白氏傳及樂天之詩，牧之之啓，更可知其時京官外官收入多寡，判若天淵。此則中晚唐士大夫共同之心理及環境，實不獨白杜二人爲然也。

又册府元龜會昌六年中書門下奏云：

諸州刺史既欲責其絜己，須令俸禄稍充，但以厚薄不同，等給無制，致使俸薄處，無人願去，禄厚處，終日争先。

白集陸肆策林叁使官吏清廉，在均其禄，厚其俸條略云：

今之官吏所以未盡貞廉者，由禄不均，而俸不足也。不均者，由所在課料重輕不齊也。不足者，由所在官長侵刻不已也。夫上行則下從，身窮則心濫。今官長日侵其利，而望吏之不日侵於人，不可得也。

此可與上論同時同官而俸料互異之材料相參證，並可知内外官有輕重之別，外官復有厚薄之分也。其餘可參趙耘松翼陔餘叢考壹柒唐制内外官輕重先後不同條，於此不復備論。茲僅據元白詩文中所言俸料實數，取與現存當時法令規定之定額，互相比證，以見新唐書食貨志記載之有譌誤，並標舉唐代肅代以後内外官俸不同之特點如此。

茲更有可附論者，范攄雲谿友議卷下豔陽詞條載微之詩，此句作「今日贈錢過百萬」，其「百」字爲「十」字之譌，自不待言。唯其以「俸錢」爲「贈錢」，即「賻贈」之意，初視之，似亦可通。但檢唐會要貞元十年二月條云：

> 詔應文武朝官有薨卒者，自今已後，其月俸料宜皆全給，仍更准本官一月俸錢，以爲賻贈。

則是此等「賻贈」祇限於文武朝官之本人身死而言，與其妻無關。故「贈錢」二字，殊不能援引以爲解釋。况樂天「答謝家最小偏憐女」詩，有「誰知厚俸今無分」之句，更可證范書之誤，而微之原詩，此句必爲「今日俸錢過十萬」，絕無可疑矣。

（原載一九三五年十月清華學報第拾卷第肆期）

順宗實録與續玄怪録

通論吾國史料，大抵私家纂述易流於誣妄，而官修之書，其病又在多所諱飾，考史事之本末者，苟能於官書及私著等量齊觀，詳辨而慎取之，則庶幾得其真相，而無誣諱之失矣。韓愈之順宗實録者，朝廷史官撰進之國史也。李復言之續玄怪録者，江湖舉子投獻之行卷也。兩書之品質絶不類似，然其所紀元和一代，憲宗與閹宦始終隱秘之關係，轉可互相發明。特並舉之，用作例證。韓書世所習讀，故止略引其文。李書則其名稱異同，著作年代及文句校釋諸端，頗多疑滯之義，未易通解。但兹篇所引據之李書一節，爲太平廣記所未收入者，其字句無從比勘。故李書諸問題，於此俱可不必論及，以免支蔓。兹節録其文於下。

涵芬樓影南宋本續幽（玄）怪録壹辛公平上仙條略云：

洪州高安縣尉辛公平，吉州廬陵縣尉成士廉，同居泗州下邳縣。於元和末偕赴調集，行次閿鄉。〔緑衣吏王臻〕曰：「我乃陰吏之迎駕者，此行乃人世不測者也。幸君能一觀！」（寅恪案，「幸」字初視之，極可通。細審之，則疑是「辛」字之譌。蓋所以別於下文之「成公」也。徐乃昌先生隨盦叢書續編覆刻李書，附有校勘札記，「幸」字未著異讀。）成公曰：「何獨棄我？」曰：「君命稍薄，故不可耳。非敢不均其分也。入〔長安〕城，〔成君〕當舍於開化坊西門北壁上第二板門王家。辛君初五更立灞西古槐下。」及期，辛步往灞西，臻引辛謁〔陰世遣迎天子上仙軍馬之〕大將軍。居數日，〔大將軍〕部管兵馬戌時，〔辛隨之〕齊進，入光範〔門〕及諸門。將軍金甲仗鉞來立於〔宣政〕殿下，五十人從卒環殿露兵，若備非常者。殿上歌舞方歡，俄而三更四點，有一人多髯而長，其狀可畏，忽不知其所來，執金匕首長尺餘，拱於將軍之前，延聲曰：「時到矣！」將軍頻眉揖之，唯而走。自西廂歷階而上，當御座後，跪以獻上。既而左右紛紜，上頭眩，音樂驟散，扶入西閣，久之未出。三更上御碧玉輿，肩舁下殿。〔將軍〕遂步從而出。自内閣及諸門，吏莫不嗚咽羣辭，或收血〔淚〕，捧輿不忍去者。過宣政殿，二百騎引，三百騎從，如風如雷，颯然東去。出望仙門，將軍乃勅臻送公平，遂勒馬離隊，不覺足已到一板門前。臻曰：「此開化〔坊〕王家宅，成君所止也。」公平扣門一聲，有人應者，果成君也。秘不敢泄。更數月方有攀髯之泣。（寅恪案，「攀髯之泣」見史記貳捌封禪書。）

寅恪案，復言假道家「兵解」之詞，以紀憲宗被弑之實，誠可謂「微而顯，志而晦，婉而成章」者矣（此語見杜預春秋左氏經傳集解序）。唐代自中葉以後，凡值新故君主替嬗之際，宮禁之中，幾例有劇變，而閹宦實爲此劇變之主動者。外廷之士大夫，則是宮禁之中閹宦黨派鬥争時及決勝後可憐之附屬物與犧牲品耳！有唐一代之政治史中，此點關係至鉅，特宮禁事秘，外間本不易知，而閹人復深忌甚諱，不欲外廷有所得聞。憲宗爲中興之英主，其聲望更不同於他君，故元和一代，其君主與閹人始終之關係，後來之宦官尤欲隱秘之，以免其族類爲士大夫衆矢之的也。兹先節録順宗實録及其他有關史料於下，然後綜合論之，以證成鄙説。

五百家注昌黎先生文外集順宗實録關係宮禁中宦官黨争者如：

外集陸實録壹（原注：「起藩邸，盡貞元二十一年二月。」）云：

〔貞元二十一年正月〕德宗大漸，上疾不能言。（寅恪案，「上」指順宗。下同。）〔王〕伾即入，以詔召〔王〕叔文，坐翰林中，使決事。伾以叔文意入言於宦者李忠言，稱詔行下，外初無知者。

外集捌實録叁（原注：「起四月，盡五月。」）云：

〔五月〕辛卯以王叔文爲户部侍郎，職如故，賜紫。初，叔文欲依前帶翰林學士，宦者俱文珍等惡其專權，削去翰林之職。

外集玖實録肆（原注：「起六月，盡七月。」）略云：

王伾詐稱疾自免。自叔文歸第，伾日詣中人並杜佑，請起叔文爲相，且揔北軍。知事不濟，臥至夜，忽叫曰：伾中風矣！明日遂輿歸不出。

〔七月〕乙未詔軍國政事宜權令皇太子某勾當。（寅恪案，「某」字即憲宗之名「純」。）上自初即位則疾，患不能言，至四月益甚。天下事皆專斷於叔文，而李忠言王伾爲之内主，〔韋〕執誼行之於外。既知内外厭毒，慮見摧敗，即謀兵權，欲以自固。而人情益疑懼，不測其所爲。會其與執誼交惡，心腹内離，外有韋皐裴垍（原注：「當作均。」）嚴綬等牋表，而中官劉光奇倶文珍薛盈珍尚〔衍〕解玉等皆先朝任使舊人，同心怨猜，屢以啓上。上固已厭倦萬機，惡叔文等，至是遂召翰林學士鄭絪衛次公王涯等，撰制誥而發命焉。

外集拾實録伍（原注：「起八月，盡至山陵。」）略云：

叔文既得志，與王伾李忠言等專斷外事。叔文入至翰林，而伾入至柿林院，見李忠言牛昭容等，故各有所主。

等條，皆可爲例證。

舊唐書壹陸拾韓愈傳云：

時謂愈有史筆，及撰順宗實録，繁簡不當，敍事拙於取捨，頗爲當代所非。穆宗文宗嘗詔史臣添改，時愈壻李漢蔣係在顯位，諸公難之，而韋處厚竟别撰順宗實録三卷。

五百家注昌黎先生文集叁捌進順宗皇帝實録表狀云：

去八年十一月臣在史職，監修李吉甫授臣以前史官韋處厚所撰先帝實録三卷，云未周悉，令臣重修。臣與修撰左拾遺沈傳師，直館京兆府咸陽縣尉宇文籍等，共加採訪，並尋檢詔勑，修成順宗皇帝實録五卷。削去常事，著其繫於政者，比之舊録，十益六七。忠良姦佞，莫不備書。苟關於時，無所不録。吉甫慎重其事，欲更研討，比及身歿，尚未加功。臣於吉甫宅取得舊本，自冬及夏，刊正方畢。文字鄙陋，實懼塵玷。謹隨表獻上。

右臣去月二十九日進前件實録。今月四日宰臣宣進止，其間有錯誤，令臣改畢却進。舊本者，臣當修撰之時，史官沈傳師等採事得於傳聞，詮次不精，致有差誤。聖明所鑒，毫髮無遺。恕臣不逮，重令刊正。今並添改訖，其奉天功烈，更加尋訪，已據所聞，載於首卷，儻所論著，尚未周詳，臣所未知，乞賜宣示，庶獲編録，永傳無窮。

順宗實録壹卷首附注略云：

樊（澤之汝霖）曰，舊史公傳云：（寅恪案，即舊唐書壹陸拾韓愈傳。文見上引。）公進實録表狀所云，乃監修李吉甫以韋處厚所撰未周悉，令臣重修，而舊傳反謂所撰不當，處厚別撰三卷，誤矣。新史〔壹柒陸韓愈傳〕又云：「自韓愈爲順宗實録，議者鬨然不息，卒竄定無全篇。」按〔新唐書壹肆貳〕路隋傳：「文宗嗣位，隋以宰相監修國史。初，韓愈撰順宗實録，書禁中事太切直，宦寺不喜，訾其非實。帝詔隋刊正，隋建言，衛尉卿周君巢〔等〕皆言改修非是。夫史册者，褒貶所在，匹夫善惡尚不可誣，况人君乎？議者至引雋不疑第五倫爲比，以蔽聰明。臣〔李〕宗閔，臣〔牛〕僧孺謂史官李漢蔣係皆愈之壻，不可參撰，俾臣得下筆。臣謂不然。且愈所書，已非自出，元和以來，相循逮今，雖漢等以嫌，無害公議。諸條示甚謬誤者，付史官刊定。有詔摘貞元永貞間數事爲失實，餘不復改。漢等亦不罷。」由是觀之，則公於元和十年夏進此實録後，纔一刊正。是文宗朝所特改者，貞元永貞間數事耳。舊史以爲韋處厚別撰者固非，而新史又謂卒竄定無全篇者，亦非也。司馬温公資治通鑑考異壹玖順宗永貞元年二月李師古發兵屯曹州條下云：「景祐中，編次崇文總目，順宗皇帝實録有七本，皆五卷。題云，韓愈等撰。五本略，而二本詳，編次者兩存之。其中多異同。」然則是非取捨，後世安所折衷耶？終之，唯公之信而已。此新史所以采摭無遺，且以公爲知言也歟？

韓文類譜陸洪慶善興祖韓子年譜元和十年乙未條云：

進順宗實録狀云，去八年十一月臣在史職，監修李吉甫授臣以前史官韋處厚所撰先帝實録三卷，令臣重修。吉甫愼重其事，欲更研討。比及身殁，尚未加功。臣於吉甫宅取得舊本，自冬及夏，刊正方畢。按吉甫九年十月卒，則進實録在此年夏也。舊史云，愈撰實録，繁簡不當，敍事拙於取舍。按退之作史，詳略各有意，削去常事，著其繫於政者。其褒善貶惡之旨明甚。當時議者非之，卒竄定無全篇，良可惜也。史又云，愈説禁中事頗切直，内官惡之，往往於上前言其不實，此言是也。

寅恪案，樊洪二氏之説頗爲詳盡。關於退之撰順宗實録之公案，可據以判定矣。

舊唐書壹捌肆宦官傳俱文珍傳（新唐書貳佰柒宦者傳上劉貞亮傳同）略云：

〔文珍〕乃與中官劉光琦薛文珍尚衍解玉等謀，奏請立廣陵王爲皇太子，勾當軍國大事。順宗可之。及太子受内禪，盡逐〔王〕叔文之黨。

劉禹錫劉夢得外集玖子劉子自傳云：

是時太上久寢疾，（寅恪案，「太上」指順宗。）宰臣及用事者都不得召對，宫掖事秘，而建桓立順，功歸貴臣。（寅恪案，此借東漢時事爲比，詳見後漢書列傳陸捌宦者傳孫程傳曹騰傳等。）

舊唐書壹伍憲宗紀下略云：

〔元和十五年正月庚子〕上崩於大明宮之中和殿。時以暴崩，皆言内官陳弘志弒逆。史氏諱而不書。

同書壹捌肆宦官傳王守澄傳（新唐書貳佰捌宦者傳王守澄傳略同）云：

憲宗疾大漸，内官陳弘慶（志）等弑逆。憲宗英武，威德在人，内官秘之，不敢除討，但云藥發暴崩。

資治通鑑貳肆壹唐紀憲宗紀云：

〔元和十五年正月〕庚子〔憲宗〕暴崩於中和殿。時人皆言内常侍陳弘志弑逆，其黨類諱之，不敢討賊，但云藥發，外人莫能明也。

依據上引諸條綜合觀之，可知前言永貞内禪即新故君主替嬗之事變，實不過當日宮禁中閹人兩黨競争之結局，其説誠不誣矣。夫順憲二宗帝王父子且爲其犧牲品及傀儡子，何況朝臣若王伾王叔文韋執誼劉禹錫柳宗元之徒乎？韓退之與宦官俱文珍有連，此據昌黎先生外集叁送汴州監軍俱文珍序及王鳴盛蛾（蟻）術編伍柒俱文珍條，可以推證得知者，故順宗實録中關涉宮禁諸條，既傳自當日之閹宦，復經憲宗鑒定添改，則所紀者，當能得其真相，但即因是轉爲閹人所惡。蓋其黨類於永貞之末，脅迫順宗以擁立憲宗之本末，殊不欲外廷知之也。及憲宗又爲内官所弑，閹人更隱諱其事，遂令一朝國史，於此大變，若無若有，莫能詳述。然則永貞内禪及憲宗被弑之二大事變，即元和一代，其君主與宦官始終之關係，實爲穆宗以後

閹黨之深諱大忌，故凡記載之涉及者，務思芟夷改易，絕其跡象。李書此條實乃關於此事變

幸存之史料，豈得以其爲小説家言，而忽視之耶？丁丑夏日偶讀續玄怪録，因取與順宗實録等量齊觀，而論證之如此。

（原載北京大學四十周年紀念論文集乙編上）

魏志司馬芝傳跋

三國志魏志壹貳司馬芝傳云：

特進曹洪乳母當，與臨汾公主侍者共事無澗神，繫獄。卞太后遣黃門詣府傳令，芝不通，輒敕洛陽獄考竟，而上疏曰：「諸應死罪者，皆當先表須報。前制書禁絶淫祀，以正風俗。今當等所犯妖刑，辭語始定，黃門吴達詣臣，傳太皇太后令。臣不敢通，懼有救護，速聞聖聽，若不得已，以垂宿留。由事不早竟，是臣之罪，是以冒犯常科，輒敕縣考竟，擅行刑戮，伏須誅罰。」

裴松之注釋無澗神之義云：

無澗，山名，在洛陽東北。

寅恪案，「無澗神」疑本作「無間神」，無間神即地獄神，「無間」乃梵文 Avici 之意譯，音譯則爲「阿鼻」，當時意譯亦作「泰山」。裴謂無澗乃洛陽東北之山名。此山當是因天竺宗教而得名，如後來香山等之比。泰山之名漢魏六朝内典外書所習見。無澗即無間一詞，則佛藏之外，其載於史乘者，惟此傳有之，以其罕見之故，裴世期乃特加注釋，即使不誤，恐亦未能得其最初之義也。

據此可知釋迦之教頗流行於曹魏宮掖婦女間，至當時制書所指淫祀，雖今無以確定其範圍，而子華既以佛教之無間神當之，則佛教在當時民間流行之程度，亦可推見矣。

（一九四九年）

逍遥遊向郭義及支遁義探源

世説新語文學類云：

莊子逍遥篇舊是難處，諸名賢所可鑽味，而不能拔理於郭向之外。支道林在白馬寺中，將馮太常共語，因及逍遥。支卓然標新理於二家之表，立異義於衆賢之外，皆是諸名賢尋味之所不得。後遂用支理。

寅恪案，郭象莊子注今存，支遁逍遥論今得見者，僅世説此條劉孝標注所徵引之一節而已。支雖簡略，然尚可據以推論其旨要之所在及其學説之所本也。今撰此篇，止以考證向郭義及支遁義之何所從出爲範圍，其他概不涉及。兹請先論向郭義。魏晉清談出於後漢末年之清議，人所習知，不待詳考。自東漢末黨錮之後，繼以魏武父子之摧抑，其具體評議中朝人物任用之當否，如東漢末之清議，已不爲世主所容。故人倫鑒識（參晉書肆叁王戎傳及柒肆桓彝傳並世説新語政事類何驃騎作會稽條注引郭泰别傳及賞譽類下庾公爲護軍條注引徐江州本事）即清議之要旨，其一部依附於地方中正制度，以不與世主直接衝突，因得倖存。其餘則捨棄具體人物任用當否之評議，變爲假設問題抽象學理之討論。此觀於清談總彙之世說新語一書，其篇類之標目可以證明，而鍾會之才性四本論（參南齊書叁叁王僧虔傳）及劉邵人物志，又此清議變相之最著及僅存之作也。（後漢書列傳伍捌郭太傳云：「林宗雖善人倫，而不爲危言覈論，故宦官擅政而不能傷也。及黨事起，知名之士多被其害，惟林宗及汝南袁閎得免焉。」又世說新語政事類何驃騎作會稽條注引郭泰別傳略云：「泰字林宗，有人倫鑒識。自著書一卷，論取士之本。未行，遭亂亡失。」寅恪案，抱朴子外篇肆陸正郭篇云：「林宗周旋清談閭閻，無救於世道之陵遲。」然則清談之風實開自林宗，故抽象研討人倫鑒識之理論，亦由林宗啓之也。）

世說新語文學類鍾會撰四本論始畢條劉注云：

魏志曰，會論才性同異，傳於世。四本者，言才性同，才性異，才性合，才性離也。尚書傅嘏論同，中書令李豐論異，侍郎鍾會論合，屯騎校尉王廣論離。文多不載。

劉邵人物志中材能篇云：

凡所謂能大而不能小，其語出於性有寬急。性有寬急，故宜有大小。寬弘之人宜爲郡國，使下得施其功，而總成其事。急小之人宜理百里，使事辦於己。然則郡之與縣，異體之大小者也。以實理寬急論辨之，則當言大小異宜，不當言能大不能小也。若夫雞之與牛，亦異體之小大也。故鼎亦宜有大小，若以烹犢，則豈不能烹雞乎？故能治大郡，則亦能治小郡矣。推此論之，人材各有所宜，非獨大小之謂也。

寅恪案，孔才年輩先於士季。據其人物志上體別篇「偏材之性，不可移轉矣。」之語，及劉昞「固守性分，聞義不徙。」之注，則其說或與士季才性合之論略有近似處。然鍾論既佚，自不宜妄測。所可注意者，即性分才能大小宜適諸問題，皆劉書之所討論，而此諸問題本是清議中具體事實之問題，今則變爲抽象理論之問題而已。斯則清議與清談之所由分也。若持此義以觀逍遥遊郭象注中：

夫小大雖殊，而放於自得之場，則物任其性，事稱其能，各當其分。逍遥一也，豈容勝負於其間哉？

及

鵬鯤之實，吾所未詳也。夫莊子之大意，在乎逍遥遊放，無爲而自得。故極小大之致，以明性分之適。達觀之士，宜要其會歸，而遺其所寄，不足事事曲與生説，自不害其弘旨，皆可略之。

之語，則知向郭之逍遥遊義，雖不與劉氏人物才性之説相合，但其措意遣詞，實於孔才所言頗多近同之處。故疑向子期之解逍遥遊，不能不受當時人物才性論之影響。惜文籍缺略，無從確證。特標出之，以求當世研精郭注者教正。

支遁逍遥遊新義之爲佛教般若學格義，已詳湯用彤先生所著釋道安時代之般若學述略（見哲學論叢第壹集）及拙著支愍度學説考（見蔡元培先生六十五歲慶祝論文集），於此可不贅述。兹所欲論證者，即支遁新義其所依據之佛經確爲何經，及此新義是否果爲林公之所創發二事而已。

高僧傳肆支遁傳略云：

支遁字道林，本姓關氏。陳留人，或云河東林慮人。家世事佛，早悟非常之理，隱居餘杭山。沉思道行之品，委曲慧印之經。遁常在白馬寺，與劉系之等談莊子逍遥篇云，各適性以爲逍遥。遁曰，不然，夫桀跖以殘害爲性。若適性爲得者，彼亦逍遥矣。於是退而注逍遥篇，羣儒舊學莫不嘆伏。注安般四禪諸經及即色遊玄論聖不辯知論道行旨歸學道誡等。至晉哀帝即位，頻遣兩使，徵請出都，止東安寺。講道行般若，白黑欽崇，朝野悦服。以晉太和元年閏四月四日終。春秋五十有三。

世説新語文學類略云：

有北來道人，好才理，與林公相遇於瓦官寺，講小品。于時竺法深孫興公悉共聽，此道人語，屢設疑難。林公辯答清析，辭氣俱爽。此道人每輒摧屈。

殷中軍讀小品，下二百籤，皆是精微，世之幽滯。嘗欲與支道林辯之，竟不得。今小品猶存。

于法開始與支公争名，後情漸歸支，意甚不分，遂遁跡剡下，遣弟子出都。語使過會稽，于時支公正講小品。開戒弟子，道林講比汝至，當在某品中。因示語攻難數十番。云，舊此中不可復通。弟子如言，詣支公，正值講，因謹述開意，往反多時，林公遂屈。厲聲曰，君何足復受人寄載來？

廣弘明集貳捌上王洽與林法師書云：

今道行指歸通敍色空，甚有清致。

僧祐出三藏記捌載支道林大小品對比要鈔序云：

（文多脱誤，故不迻録。）

高僧傳肆康僧淵傳云：

誦放光道行二般若，即大小品也。

寅恪案，小品疑即支讖譯道行經也。又小品乃專名。劉孝標世説新語文學類殷中軍讀小品條注云：

釋氏辨空經，有詳者焉，有略者焉。詳者爲大品，略者爲小品。

語殊空泛，不能確指。日本思田仲任世説音釋叁有北來道人條，以鳩摩羅什譯小品般若波羅蜜經當之，則又不知殷浩支遁皆不及見此鳩摩羅什譯之小品也。

據上引諸條，知林公於道行一經實爲顓門之業。其借取此經旨意以釋莊子，乃理所當然。考出三藏記集柒載道安道行經序云：

要斯法也，與進度齊軫，逍遥俱遊。

高僧傳伍僧光傳略云：

釋僧光冀州人。爲沙彌時，與道安相遇於逆旅。道安後復從之，相會欣喜，因共披文屬思，新悟尤多。安曰，先舊格義於理多違。光曰，且當分析逍遥，何容是非先達。（寅恪前作支愍度學説考時，不以此傳文之「逍遥」爲書篇之名。今細繹上文有「披文」之語，故認此爲莊子之逍遥遊。僧光意謂且務證解逍遥遊之真諦，不必非難昔日所受於先輩之逍遥遊格義舊説也。如是解釋，未知確否，附識於此，以俟詳考。）

同書陸慧遠傳云：

年二十四，便就講説。嘗有客聽講，難實相義，往復移時，彌增疑昧。遠乃引莊子義爲連類。於惑者曉然。是後安公特聽慧遠不廢俗書。

寅恪案，格義之定義，見高僧傳肆法雅傳及拙著支愍度學説考，茲不重論。但寅恪前未別於莊子逍遥遊一篇有所考釋，故今略補證之。據道安道行經序，既取道行經與逍遥遊並論，明是道安心目中有此格義也。依僧光「且當分析逍遥，何容是非先達」之語，則知先舊格義中實有以佛説解逍遥遊者矣。慧遠少時在南遊荆州之前，其講實相義，亦已引莊子義爲連類，則般若之義容可與逍遥遊義附會也。取此諸條，依其時代先後及地域南北之關係，綜錯推論之，則借用道行般若之意旨，以解釋莊子之逍遥遊，實是當日河外先舊之格義。但在江東，則爲新理耳。支遁本陳留或林慮人，復家世事佛，疑其於此種格義，本已有所薰習。據世説新語文學類王逸少作會稽條（高僧傳肆支遁傳略同）云：

因論莊子逍遥遊，支作數千言，才藻新奇，花爛映發。王遂披襟解帶，留連不能已。

可知林公標此新義，其文采辭令必非當日諸傖道人所能企及，固不僅意旨之新拔已也。又向郭舊義原出於人倫鑒識之才性論。故以「事稱其能」及「極小大之致，以明性分之適」爲言。林公窺見其隱，乃舉桀跖性惡之例，以破大小適性之説。然則其人才藻新奇，神悟機發（世説新語品藻類郗嘉賓問謝太傅條注引支遁傳），實超絶同時之流輩。此所以白黑欽崇，推爲宗匠，而逍遥新義，遂特受一世之重名歟？

（原載一九三七年四月清華學報第壹貳卷第貳期）

附記

寅恪近年撰書世説新語文學類鍾會撰四本論始畢條後一文，以爲當日主才性離異者，爲曹氏之黨，主才性同合者，爲司馬氏之黨。孔才卒於齊王芳正始中，尚在嘉平元年司馬懿殺曹爽，即曹氏與司馬氏公開決裂以前，故其生世較早，兩黨分野未甚明確，假使其持論與司馬氏黨之鍾會相似，亦不必執此目爲於魏晉兩朝皇室有所偏袒也。一九六五年。

元代漢人譯名考

治元史者，莫不知元代社會有蒙古色目漢人三階級。陶九成南村輟耕録壹氏族條，載蒙古七十二種，色目三十一種，漢人八種。其所舉漢人八種之名曰：

契丹　高麗　女直　竹因歹　朮里闊歹　竹温　竹赤歹　渤海（原注：女直同。）

陶氏此文，自來疑其譌舛。故所舉蒙古色目氏族之名，以元祕史拉施特書聖武親征録及元史等校之，頗多重複脱漏。近年日本箭内亘博士著元代社會之三階級一文（見滿鮮歷史地理報告第叁卷）。其蒙古色目氏族比較表，較之錢竹汀元史氏族表及柯蓼園學士丈新元史氏族表，尤爲詳審。其論陶氏所舉漢人八種之名曰：

輟耕録編者於漢人八種中，不舉漢人，可謂不合之極。又如後述嚴密言之，漢人亦有二種，當在金治下之支那人曰漢人，在宋治下之支那人曰南人。而從其待遇上差别言之，漢人八種，當可改爲漢人十種者也。

錢竹汀大昕十駕齋養新録玖趙世延楊朵兒只皆色目條曰：

〔元史〕列傳第五卷至三十二卷，皆蒙古色目人。第三十三卷至七十五卷，皆漢人南人也。趙世延雍古部人，即按竺邇之孫，蓋色目人也，而與漢人同列，誤矣。楊朵兒只西夏人。元時稱夏人爲唐兀氏。唐兀亦色目三十一種之一。其人各自有姓，如李恒高智耀來阿八赤，皆列於色目，則朵兒只亦當爲色目人矣。耶律石抹完顔粘合烏古論，皆遼金舊族，元時謂之漢人。漢人有官至宰執者，而南人不得入臺省。順帝時稍用南人，而入參政者，僅危素一人耳。漢人南人之分，以宋金疆域爲斷，江浙湖廣江西三行省爲南人。河南省唯江北淮南諸路爲南人。

又錢氏元史氏族表序曰：

耶律石抹粘朮合孛魯之倫，出自遼金，當時所謂漢人也。

寅恪案，錢氏言遼金舊族，元時謂之漢人，其説是也。然元代遼金舊族，何以俱稱漢人，而陶九成以黄巖人著書，列舉漢人氏族八種之名，轉遺漢族本身而不載。陶氏縱極疏忽，亦何至謬如此。蓋元代漢人之名，必有待發之覆。今爲考證當日漢人之名，其譯語本爲何字，兼采近年外國成説，覈以蒙古波斯舊史之文，依其界説之變遷及涵義之廣狹，立一假定之説，以解釋之。

明火源潔華夷譯語蒙文編人物門，漢人曰乞塔。乞塔固爲中國人之通稱。然元初所謂漢人，疑尚有他譯名也。海鹽朱教授希祖所藏日本元禄十二年翻刻元泰定本陳元靚事林廣記庚集卷拾至元譯語人事門，漢兒曰托忽歹。蠻子曰囊家歹。今取舊史校之，知托忽歹爲札忽歹之譌，而囊家歹之語，則本之金人故稱也。兹以舊史之文證之。

拉施特論中國之一節（見 Blochet 校本拉施特蒙古史波斯原文第貳册第叁貳捌頁及 Quatre-mère 拉施特蒙古史波斯法文對譯本第捌伍頁至玖陸頁）云：

Khatai 國者，蒙古人称爲 Djavkout，支那語謂之 Khanzi。以 Kara-monan（黄河）與 Matchin 國即支那人所謂 manzi（蠻子）者爲界。又與 Tchourtcheh 及游牧人所居 Kara-Khatai 荒漠之地接界。蒙古語 Tchourtcheh 之名，蓋因支那人稱此國人爲 Nangias。與 Khatai 以黄河爲界。此水源出吐蕃及迦濕彌羅，常不可渡。其國都名 Khingsai。（即臨安，殆行在之音譯。）距 Khan-balik（大都）四十日程。

又波斯文舊題 Abd-allah-Bedawi 所著 Nizam-altawarikh（譯言史貫）第捌篇論中國一節，與拉施特書同。（見 André müller Historia Cathaica 第捌頁至第壹壹頁。原書未見，僅據 Quatre-mère 本拉施特書第捌陸頁所引，並可參 Blochet 本拉施特書第貳册第叁貳捌頁。）其文略云：

Khatai 分爲數國。其名隨各種語言而不同。支那語謂 Khanjo-tchou（tchi）Tchoun-Koné。

蒙古語謂之 Djavkout。印度人謂之 Tchin。吾等（波斯人）謂之 Khatai。

寅恪案，兩書所述，俱出一源。是 Djavkout 一語，究爲何字轉譯，雖無定論，要爲當時蒙古語中國之通稱，則無疑義。故至元譯語人事門，漢兒曰托忽歹。正記録當時習俗之通稱。托字當爲札字之譌也。

拉施特書記憲宗伐宋事（見 Blochet 本第貳册第叁貳叁頁所引）云：

蒙哥令支那未來皇帝領蒙古及 Djavkout 攻宋。

元史叁憲宗本紀云：

〔八年戊午十一月〕命忽必烈統諸路蒙古漢軍伐宋。

兩書所記，實爲一事。此 Djavkout 爲漢軍譯語之確據也。又拉施特書（Vol. 241, Quatre-mère 本第玖壹頁注）以 Djavkout 之名包括 Khatai，Tchourtcheh，Tangut 及 Solangah（高麗即元史之肅良合祕史之莎郎合思。）諸地。此廣義之泛稱，與輟耕録所舉可互證也。

又元祕史（見葉氏觀古堂刊本續集卷貳第伍肆頁下至伍伍頁上及伍捌頁上）云：

名	皇帝	說	父 自的行	大	位	裏	坐着	皇帝
斡歌歹	合罕	嗚詁列論	額赤格余延	也客	斡欒	突兒	撒兀周	合罕
	中	舌			舌	舌		中

父的	後	做了的勾當	我的	金人的	百姓行	征進着
額赤格因	豁亦納	委亦列都克先	米納	札忽敦	亦兒堅突兒	阿牙剌周
	中			中	舌 舌	

金人每百姓	窮絕了	我
札忽惕亦兒堅	木忽惕合罷	必
中 舌	中 中	

斡歌歹皇帝說：「自坐我父親大位之後，添了四件勾當。一件平了金國。」

此札忽惕即拉施特書之 Djavkout。至元譯語之托忽歹之托字爲札字之譌，可據此證明。至蒙古之稱金人，姑就元祕史而論，札忽惕之外，或曰阿勒壇，即蒙文金字之意譯。或曰主兒扯惕，即女直之對音。或曰乞塔惕，即與華夷譯語之乞塔同一字也。

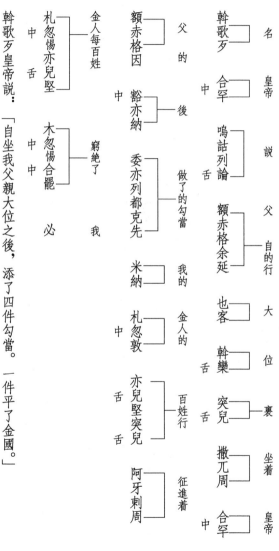

又至元譯語人事門，蠻子曰囊家歹。囊家即拉施特之 Nangias。法蘭西伯希和教授 Prof. Paul Pelliot 謂即華語南家二字之音譯。（見一千九百十三年巴黎亞細亞學會雜誌第壹壹集第壹期）而南字以與家字聯接，故譯音稍變。並引三朝北盟會編貳貳馬擴茆齋自敍云：

粘罕云：「你説得也煞好，祇是你南家説話多捎空。」

金人稱宋爲南家，蒙古亦承用之。後遂爲中國之通稱。不僅如拉施特書，限於支那之南部。如蒙古源流陸（參一千九百十三年巴黎亞細亞學會雜誌第壹壹集第壹期伯希和君論文）云：

〔阿勒坦汗〕行兵中國，侵凌騷擾。

此文中國二字，據蒙文原本（見 Schmidt 本第貳壹拾頁第貳行）作 Nangiad-ulus。今蒙文彙書（卷肆第捌陸頁）及滿蒙漢藏四體文鑑人類門華文漢人二字，蒙文均作囊家之音。雖其界説與至元譯語不同，而此舊名尚存於近代書籍。然則 Blochet 君謂今日蒙文已無此字者殆非也（見 Blochet 本拉施特書第貳册第叁貳肆頁注）。

又元典章貳貳户部鹽法通例條云：

今各路官司依例斷遣漢兒人蠻子人申解遼陽省發付出軍。

此稱漢兒人蠻子人尤與至元譯語脗合。其他漢人南人之稱，相當於元代之官書者甚衆，如元史捌壹選舉志及元典章叄壹禮部科舉式目條所載漢人南人分配區域，尤足資參證。至其分別，則如錢氏十駕齋養新録所謂以宋金舊疆爲斷者也。

今據上述諸端，知札忽惕，乞塔惕等名，姑不論其字之原義如何，但蒙古既用以指金人，又別無他語以稱金治下之漢族。當日列舉氏族之名，其總目爲漢人，以別無他名稱金治下漢族之故，其子目遂不列漢人。此限於當日語言界説所致，殊不足爲異也。輟耕録氏族條，固多繆誤，惟此漢人八種一節，後人均視爲疏略尤甚者，寅恪則頗疑其全襲蒙古最初故籍舊題之原文，絶未增損一語，間有重複舛譌，殆爲迻譯傳鈔所致。至箭内博士又以陶氏所舉漢人八種中未列南人爲不合，殊不知蒙古語當日自有囊家歹之專名，以稱南人，實不在札忽歹即漢人總稱範圍之内。陶氏襲用蒙古最初故籍原文札忽歹舊語標目之下，固不能兼列南人，如後來界説已推廣變遷者之所爲。蓋一時代之名詞，有一時代之界説。其涵義之廣狹，隨政治社會之變遷而不同，往往鉅大之糾紛譌謬，即因兹細故而起，此尤爲治史學者所宜審慎也。

（原載前清華學校研究院一九二九年國學論叢第貳卷第壹號）

幾何原本滿文譯本跋

幾何原本滿文譯本寫本七卷，舊藏景陽宮，蓋歐幾里得書前六卷之譯本也。戊辰仲冬，寅恪始得北海圖書館影本讀之。此本不依歐氏原文迻譯，故與利泰西徐文定共譯本迥異。寅恪取數理精蘊中十二卷之幾何原本校之，其體制内容適與之相符。惟滿文本所分卷數間有不同，所列條款及其數目之多寡亦往往與數理精蘊本不合。如滿文本之第陸卷即數理精蘊本之第陸卷至第拾卷。然數理精蘊本第陸卷至第拾卷共爲六十四條，而滿文本之第陸卷則爲九十條。又滿文本之文復有軼出數理精蘊本之外者，如滿文本之第壹卷卷首序論即不載數理精蘊本中，此二本之互異者也。二本之文字詳略及各卷所附圖式，則大抵符合，此二本之相同者也。今綜校二本之異同，姑不論滿文本譯自數理精蘊本，抑數理精蘊本譯自滿文本，要之此二本同出於一源，則無疑義。嘗讀數理精蘊本，怪其與利徐共譯本體裁絶異。復與清初杜臨甫之幾何論約及方位伯之數度衍所附幾何約諸書，僅就利徐共譯本删節者，皆不相類，頗致疑於清聖祖及諸臣删改之説。往歲游學海外，偶於圖書館檢夏鳥氏（Sommer Vogel）耶穌教會著述目録見有滿文幾何原本之名。考法蘭西人支那學書目（H. Cordier：Bibliotheca Sinica Vol. II P. 1092），天學初函於乾隆二十三年譯爲滿文，但彼爲利徐共譯本，非此景陽宮七卷本也。今此七卷本既非利徐共譯本，又不似利徐共譯本之刪節本，殊不知其所從出。然數理精蘊中之割圓術，本西説也，而詭稱御製（據李儼君所言）。數理精蘊中之幾何原本與景陽宮之幾何原本滿文譯本原爲一書，殆出於耶穌教會諸子之手，而夏鳥氏目録所載者，當亦即此書也。夫歐幾里得之書，條理統系，精密絶倫，非僅論數論象之書，實爲希臘民族精神之所表現。此滿文譯本及數理精蘊本皆經刪改，意在取便實施，而不知轉以是失其精意。耶穌教會諸子號稱通達權變，折衷中西，雖於東土舊傳拜死敬天之禮，亦有不妨寬假之意。然顓門名家之學，與應世之術不同，若一無依據，未必能盡易原書體裁。考歐邏巴洲十六七世紀時，歐幾里得之書，屢經編校刊行，頗有纂譯簡易之本，以資淺學實習之用者，如德意志人浩爾資曼 Wilhelm Holtzmann 所譯德文幾何原本前六卷之本，其自序略謂：「此本爲實用者而作。實用者僅知當然已足，不必更示以所以然之理。故凡關於證明之文，概從芟略云云。」（見 Thomas L. Heath 英譯幾何原本第貳版第壹册第壹佰柒頁）即其一例也。寅恪因之疑此滿文譯本及數理精蘊本皆間接直接出於浩氏相類似之本，而數理精蘊本恐非僅就利徐共譯本所能刪改而成者。惜局處中土，無從廣徵歐書舊刊，爲之證明耳。然則此七卷之滿文譯本者，蓋景陵當日幾暇格物之書，西海疇人重譯顓門之業，迄乎兹世，猶在人間，即此一段因緣，已足特加珍護。況復藉以得知歐幾里得前六卷之書，赤縣神州自萬曆至康熙百年之間，已一譯再譯，則其事之關係於我國近世學術史及中西交通史者至大，尤不可以尋常滿文譯籍等視之矣。

（原載一九三一年歷史語言研究所集刊第貳本第叁分）

吐蕃彝泰贊普名號年代考（蒙古源流研究之一）

薩納囊徹辰洪台吉著蒙古源流（四庫全書總目伍壹史部雜史類蒙古源流條提要稱作者之名爲小徹辰薩囊台吉），其所紀土伯特事，蓋本之西藏舊史。然取新舊唐書吐蕃傳校其書，則贊普之名號，往往不同，而年代之後先，相差尤甚。夫中國史書述吐蕃事，固出於唐室當時故籍，西藏志乘，雖間雜以宗教神話，但歷代贊普之名號世系，亦必有相傳之舊説，決不盡爲臆造。今唐蕃兩地載籍互相差異，非得書册以外之實物以資考證，則無以判別二者之是非，兼解釋其差異之所由來也。

蒙古源流貳略云：

穆迪子藏瑪，（寅恪案，坊刊本藏作減，誤。）達爾瑪，持松壘，（寅恪案，坊刊本持作特，誤。）羅壘，倫多卜等，兄弟五人。長子藏瑪出家爲僧（句）次子達爾瑪（句）持松（寅恪案，松下略一壘字，滿文本已如是。）自前戊子紀二千九百九十九年之丙戌年所生。歲次戊戌，年十三歲，衆大臣會議輔立即位。在位二十四年，歲次辛酉，年三十六歲，殁。汗無子，其兄達爾瑪即位。

寅恪案，薩納囊徹辰洪台吉以釋迦牟尼佛涅般後一歲爲紀元。據其所推算，佛滅度之年，爲西曆紀元前二千一百三十四年。故其紀元前之戊子元年，爲西曆紀元前二千一百三十三年。其所謂「自前戊子紀二千九百九十九年之丙戌年」，即西曆紀元後八百六十六年，唐懿宗咸通七年。戊戌年即西曆紀元後八百七十八年，唐僖宗乾符五年。辛酉年即西曆紀元後九百零一年，唐昭宗天復元年。惟蒙古源流此節所紀達爾瑪，持松壘贊普之名號年代，皆有錯誤。玆先辨正其名號，兼解釋其差異之所由來，然後詳稽其年代之先後，以訂正唐蕃兩地舊史相傳之譌誤，或可爲治唐史者之一助歟？

名號之譌誤有二：一爲誤聯二名爲一名。一爲承襲蒙古文舊本字形之譌，而誤讀其音。何謂誤聯二名爲一名？檢新唐書貳壹陸下吐蕃傳略云：

贊普（寅恪案，此指可黎可足，即彝泰贊普。）立幾三十年。死。以弟達磨嗣。

資治通鑑考異貳壹唐紀壹叁文宗開成三年吐蕃彝泰贊普卒，弟達磨立。條云：

彝泰卒及達磨立，實録不書。舊傳續會要皆無之。今據補國史。

坊刊本蒙古源流貳云：

汗（寅恪案，此指持松壘。）無子，其兄達爾瑪，癸未年所生，歲壬戌，年四十歲，即位。因其從前在世爲象時，曾設惡愿，二十四年之間，惡習相沿，遂傳稱爲天生邪妄之郎達爾瑪。（寅恪案，藏語謂象爲朗 glaṅ。）汗將大乘三藏以下，下乘以上之三乘及四項僧人，俱行殄滅，殘毀禪教。

清高宗御製文初集壹貳翻譯四體楞嚴經序略云：

今所譯之漢經，藏地無不有，而獨無楞嚴，其故以藏地中葉，有所謂狼達爾嗎汗者，毀滅佛教。焚瘞經典時，是經已散失不全。其後雖高僧輩補苴編葺，以無正本，莫敢妄增。獨補敦祖師曾授記是經當於後五百年，仍自中國譯至藏地。此語乃章嘉國師所誦梵典，炳炳可據。且曰，〔楞嚴經〕若得由漢而譯清，由清而譯蒙古，由蒙古而譯土伯忒，則適合補敦祖師所授記。雖無似也，而實不敢不勉力焉。因命莊親王〔等〕董其事。蓋始事自乾隆〔十七年〕壬申，而譯成於〔二十八年〕癸未。

又藏文嘉喇卜經 Rgyal-rabs 者，（聞中國有蒙文刊本，寅恪未見。）蒙古源流譯本子注及四庫總目提要，皆言其與薩納囊徹辰洪台吉所紀述多相符合。今據 Emil Schlagintweit 本嘉喇卜經藏語原文第壹貳頁第壹貳行，其名亦爲 Glaṅdarma，即蒙古源流之朗達爾瑪及清高宗文中之狼達爾嗎，亦即新唐書及通鑑考異之達磨，而蒙古源流之持松壘，在嘉喇卜經則稱爲 Ral-pa-can，與朗達爾瑪非爲一人，彰彰明甚。至於持松壘與達爾瑪孰爲兄弟及朗達爾瑪汗時，楞嚴經有無藏文譯本，皆不必論。惟持松壘與達爾瑪之爲二人，則中國史籍，蒙古源流及西藏歷世相傳之舊説，無不如是也。今故宫博物院景陽宫所藏蒙古源流滿文譯本，誤聯達爾瑪、持松壘二名爲一名，此必當日滿文譯者所據喀爾喀親王成衮札布進呈之蒙文本，已有斯誤，以致輾轉傳譌，中文譯本，遂因而不改。即彭楚克林沁所校之中文譯本（曾見江安傅氏轉録本），亦誤其句讀。以寅恪所見諸本言之，惟施密德氏 Isaac Jacob Schmidt 之蒙文校譯本，二名分列，又未消略，實較成衮札布之本爲佳也。

何謂承襲蒙文舊本字形之譌，而誤讀其音？此彝泰贊普名號，諸書皆差異。今據最正確之實物，即拉薩長慶唐蕃會盟碑碑陰吐蕃文，（據前北京大學研究所國學門所藏繆氏藝風堂拓本）補正其消略譌誤，並解釋其差異之所由來焉。據長慶唐蕃會盟碑碑陰吐蕃文，首列贊普名號，末書唐長慶及蕃彝泰紀元。其所載贊普之名號爲 Khri-gtsug lde-brtsan。近年發見之藏文寫本亦同。（見 F. W. Thomas: Tibetan Documents Concerning Chinese Turkestan pp. 71. 72. 76. Journal of the Royal Asiatic Society of Great Britain and Ireland, Jan. 1928.）

新唐書貳壹陸下吐蕃傳略云：

〔元和〕十二年贊普死。可黎可足立爲贊普。

寅恪案，可黎可足即碑文之 Khri-gtsug，其下之 ldebrtsan，則從消略。且據此可知當時實據藏文之複輔音而對音也。

資治通鑑貳叁玖唐紀伍伍云：

〔憲宗元和十一年〕二月西川奏，吐蕃贊普卒。新贊普可黎可足立。

同書貳肆陸唐紀陸貳云：

〔文宗開成三年〕吐蕃彝泰贊普卒，弟達磨立。

寅恪案，會盟碑碑陰末數行，吐蕃年號爲 Skyid-rtag，即彝泰之義。然則可黎可足之號爲彝泰贊普者，實以年號稱之也。兹取此碑碑陰蕃文徧校諸書，列其異同於左：

菩提末 Bodhimör　此書紀贊普世系，實出於藏文之嘉喇卜經（據施密德氏蒙文蒙古源流校譯本第叁陸拾頁所引菩提末之文）。贊普之名爲 Thi-a Tsong-lTe-bDsan。此書原文寅恪未見，僅據施密德氏所轉寫之拉丁字而言，Thi 者，藏文爲 Khri。以西藏口語讀之之對音，嚴格言之，當作 Thi 也。lTe 者，據會盟碑蕃文應作 lDe，蒙文 dt 皆作 ᠳ 形無分別。bDsan 者，即碑文及西北發見藏文寫本之 brTsan，此乃施密德氏轉寫拉丁字之不同（藏文古寫僅多一 r），非原文之有差異也。惟 aTsong 一字，則因蒙文字形近似而譌。蓋此字會盟碑蕃文本及西北發見之藏文寫本，應作 gtsug，蒙文轉寫藏文之 ག（g）作 ᠭ 形，轉寫藏文之 འ（a）或作 ḥ，作

[glyph]形，ug，ük作[glyph]形，ung或ong作[glyph]形，字體極相近似，故致譌。或菩提末原書本不誤，而譯讀者之誤，亦未可知也。

蒙古源流施密德校譯本　　據是本，此贊普之名作Thi-btsong-lte，略去名末之brtsan。至於btsong者，乃gtsug之譌讀。藏文[glyph]（g）字，蒙文作[glyph]，與蒙文[glyph]（b）字形近故誤。蒙文之ug，轉爲ük亦以形近，誤爲ong。見上文菩提末條。

蒙古源流滿文譯本　　蒙古源流中文譯本非譯自蒙文，乃由滿文而轉譯者。今成衮札布進呈之蒙文原本，雖不可得見，幸景陽宮尚藏有滿文譯本，猶可據以校正中文譯本也。據滿文本，此贊普名凡二見，一作Darmakriltsung Lui，一作Darmakribtsung，皆略去Brtsan字。此名誤與達爾瑪之名聯讀，已詳上文。惟藏文之Khri，滿文或依藏文複輔音轉寫，如此名之Kri即是其例。或依西藏口語讀音轉寫，如持蘇隴德燦Cysurong tetsan之Cy（滿文[glyph]），即是其例。蓋其書之對音，先後殊不一致也。ung乃ug轉爲ük之誤，見上文菩提末條。又藏文lde所以譌成壘者，以蒙文t字d字皆作d形，o字u字亦皆作d形。又e字及i字結尾之形作[glyph]及[glyph]俱極相似，頗易淆混。故藏文之lde，遂譌爲滿文之lui矣。或者成衮札布之蒙文原本，亦已譌誤，滿文譯本遂因襲而不知改也。

文津閣本及坊刊本漢譯蒙古源流　中文蒙古源流既譯自滿文，故滿文譯本之誤，中文譯本亦因襲不改。二本中此贊普名一作達爾瑪持松壘，一作達爾瑪持松。滿文 kri 作持者，依藏文口語讀之也。考義浄以中文詫爲梵文之 ṭha 字對音，則 thi 字固可以滿文之 ᠴ（Cy）字，中文之持字對音。（梵文名詞以 a 字爲語尾者，中亞文則改作 i 字，蒙文佛典中亦與中亞文相同。如阿難陀及難陀等，蒙文語尾 a 字，易作 i 字。蓋承襲中亞文，而非承襲梵文也。此問題頗複雜，因與本文無大關係，故不多論。）又此二本持字俱作特，乃誤字，而先後校此書者，皆未改正。松字乃滿文 Tsung 之對音，其誤見上文菩提末條。

蒙文書社本漢譯蒙古源流　是本此贊普名一作達爾瑪哩卜崇壘，一作達爾瑪持松哩卜崇。第一名稱作哩者，依滿文 Kri 而對哩音。其作卜者，滿文譯本固有 b 字音也。第二名稱則持哩二字重聲，松崇二字亦壘音。殆當時譯者並列依原字及依口語兩種對音，而傳寫者雜糅爲一，遂至此誤歟？餘見上文所論。

此贊普之名號既已辨正，其年代亦可考定焉。諸書之文，前多已徵引，茲再録之，以便省覽，而資比較。

唐會要玖柒云：

元和十一年西川奏吐蕃贊普卒。十二年吐蕃告哀使論乞冉獻馬十匹，玉帶金器等。

舊唐書壹玖陸下吐蕃傳云：

〔憲宗元和〕十二年四月吐蕃以贊普卒，來告。

新唐書貳壹陸下吐蕃傳略云：

〔憲宗元和〕十二年贊普死，使者論乞髯來〔告喪〕。可黎可足立爲贊普。

資治通鑑貳叁玖唐紀伍伍云：

〔憲宗元和〕十一年二月西川奏，吐蕃贊普卒。新贊普可黎可足立。

新唐書貳壹陸下吐蕃傳略云：

贊普（寅恪案，此指可黎可足。）立幾三十年。死。以弟達磨嗣。

資治通鑑貳肆陸唐紀陸貳云：

〔文宗開成三年〕吐蕃彝泰贊普卒。弟達磨立。

資治通鑑考異貳壹唐紀壹叁會昌二年十二月吐蕃來告達磨贊普之喪條略云：

實録丁卯吐蕃贊普卒，遣使告喪，贊普立僅三十餘年。據補國史，彝泰卒後，又有達磨贊普。此年卒者，達磨也。文宗實録不書彝泰贊普卒。舊傳及續會要亦皆無達磨。新書據補國史。疑文宗實録闕略，故它書皆因而誤。彝泰以元和十一年立，至此二十七年。然開成三年已卒。達磨立，至此五年，而實録云，僅三十年。亦是誤以達磨爲彝泰也。

蒙古源流貳略云：

〔持松壘〕歲次戊戌，年十三歲。衆大臣會議輔立即位，在位二十四年。歲次辛酉，年三十六歲，歿。

寅恪於上文據薩納囊徹辰洪台吉書所用之紀元推之，戊戌爲唐僖宗乾符五年，西曆紀元後八百七十八年。辛酉年爲唐昭宗天復元年，西曆紀元後九百零一年。可知蒙古源流所載年代太晚，然此爲别一問題，姑不置論。至諸書所記彝泰贊普嗣立之年，亦無一不誤者，何以言之？唐蕃會盟碑碑陰蕃文，唐蕃年號並列。唐長慶元年，當蕃彝泰七年。長慶二年，當彝泰八年。長慶三年，當彝泰九年。又新唐書貳壹陸下吐蕃傳云：

〔長慶二年劉元鼎使吐蕃會盟還，〕虜元帥尚塔藏館客大夏川，集東方節度諸將百餘，置盟策臺上，徧曉之，且戒各保境，毋相暴犯。策署彝泰七年。

舊唐書壹玖陸下吐蕃傳下略云：

長慶元年九月吐蕃遣使請盟，上許之。乃命大理卿兼御史大夫劉元鼎〔等〕充西蕃盟會使。十月十日與吐蕃使盟，宰臣〔等〕皆預焉。其詞曰，維唐承天，撫有八紘。十有二葉，二百有四載。歲在癸丑冬十月癸酉，（寅恪案，癸丑當作辛丑。長慶元年辛丑十月甲子朔。癸酉即十日。）文武孝德皇帝詔丞相臣〔崔〕植，臣〔王〕播，臣〔杜〕元穎等與大將和蕃使禮部尚書訥羅論等會盟於京師。大臣執簡，播告秋方。大蕃贊普及宰相鉢闡布尚綺心兒等，先寄盟文要節。預盟之官十七人，皆列名焉。其劉元鼎等與論訥羅同赴吐蕃本國就盟。仍勑元鼎到彼令宰相已下，各於盟文後自書名。二年二月遣使來請定界。六月復遣使來朝。是月劉元鼎自吐蕃使迴。奏云，去四月二十四日到吐蕃牙帳，以五月六日會盟訖。

關於唐蕃會盟事，舊唐書所記，雖其間不免有所脱誤，但終較新唐書、通鑑等爲詳悉。盟文中十有二葉之語，指自高祖至穆宗爲十二帝，而二百有四載，蓋從武德元年，即西曆六百十八年，至長慶元年，即西曆八百二十一年也。然則劉元鼎長慶二年所見虜帥徧曉諸將之盟策，即前歲長慶元年之盟策，故彝泰七年即長慶元年，而非長慶二年。梁曜北玉繩元號略及羅雪堂振玉丈重校訂紀元編，皆據此推算，今證以會盟碑碑陰蕃文，益見其可信。故吐蕃可黎可足贊普之彝泰元年，實當唐憲宗元和十年，然則其即贊普之位，至遲亦必在是年。唐會要、新舊唐書及通鑑所載年月，乃據吐蕃當日來告之年月，而非當時事實發生之真確年月也。又蒙古源流載此贊普在位二十四年，不知其説是否正確，但憲宗元和十年，即西曆紀元後八百十五年，爲彝泰元年。文宗開成三年，即西曆紀元後八百三十八年，亦即補國史所紀可黎可足贊普卒之歲，爲彝泰末年，共計二十四年，適相符合。寅恪於蒙古源流所紀年歲，固未敢盡信，獨此在位二十四年之説，與依據會盟碑等所推算之年代，不期而闇合，似非出於臆造所能也。綜校諸書所載名號年代既多譌誤，又復互相違異，無所適從。幸得會盟碑碑陰殘字數行，以資考證，千年舊史之誤書，異地譯音之譌讀，皆賴以訂正。然中外學人考證此碑之文，以寅恪所知，尚未有論及此者，故表而出之，使知此邏逤片石，實爲烏斯赤嶺（此指拉薩之赤領而言）之大玉天球，非若尋常碑碣，僅供攬古之士賞玩者可比也。

附記

（一）寅恪近發見北平故宫博物院藏有蒙古源流之蒙文本二種。一爲寫本。一爲刊本。瀋陽故宫博物館亦藏有蒙文本。蓋皆據成衮札布本鈔寫刊印者也。

（二）寅恪近檢北平圖書館所藏敦煌寫本，見八婆羅夷經附載當日吐蕃詔書。中有「今諸州坐禪人爲當今神聖贊普乞里提足贊聖壽延長祈禱」等語。考乞里提足贊即 Khri-gtsug-lde-brtsan 之音譯。此乃關於彝泰贊普之新史料，可與兹篇互證者也。

（原載一九三〇年歷史語言研究所集刊第貳本第壹分）

靈州寧夏榆林三城譯名考（蒙古源流研究之二）

歷史上往往有地名因其距離不遠，事實相關，復經數種民族之語言輾轉迻譯，以致名稱淆混，雖治史學之專家，亦不能不爲其所誤者，如蒙古源流之靈州寧夏榆林等地名，是其一例。寅恪近校此書，獲讀昔人所未見之本，故得藉以釋其疑而正其誤，此蓋機會使然，非寅恪之慵鄙不學，轉能勝於前賢也。

施密德氏 Isaac Jacob Schmidt 蒙古源流校譯本第肆篇 Turmegei 城附注云：

本書著者以爲西夏之都城。

又第玖篇 Temegetu 城附注云：

此城或即本書著者所稱爲成吉思汗所攻取，而西夏末主所居之 Turmegei 城，殊未敢決言。

王觀堂國維先生蒙古源流校本肆圖默格依城旁注云：

友爾馬哥波羅游記注謂撒囊徹辰屢説西夏之衣兒格依城 Irghai。此書紀西夏城邑，僅兩舉圖默格依城，而無衣兒格依城，不知漢譯與西譯何以互異？衣兒格依城，元史太祖本紀作斡羅孩城，地理志作兀剌海城，元秘史作額里合牙（旁注寧夏二字），又作兀剌孩。

寅恪案，施氏未見蒙古源流之滿文及中文譯本。觀堂先生未見蒙文原本及滿文譯本，故其言如此。日本那珂通世成吉思汗實録壹貳所考靈州寧夏地名頗精審，然彼書爲元秘史之日文譯本，故不及榆林之名，且其所徵引，猶未完備。兹更詳稽蒙古源流諸譯本之異同，證以元明舊史之文，庶幾得以釋正施王之疑誤，并可補那珂氏所考之未備。凡前賢之説，其是者固不敢掠美，其非者亦不爲曲諱，惟知求真而已。

施密德氏蒙古源流蒙文本 Temegetu 之名凡五見，Turmegei 之名凡兩見，Irgai 之名凡五見。滿文及中文譯本 Temegetu 及 Irgai 之名以中國舊名譯之。於 Turmegei 以對音譯之。兹先論 Temegetu 及 Irgai 之名，然後再及 Turmegei 之名。

滿文譯本 Temegetu 作 Iui Lin，即中文本之榆林。譯 Irgai 作 Ning Hiya，即中文本之寧夏。以常理而言，滿文本譯者，當爲蒙人或滿人之精通蒙文者，其譯此二城之名，以中國舊名當之，而不用對音，非憑虚臆造，必有所依據，固無可疑。兹復取中國舊史所紀，與蒙古源流所載爲同一之史實，而有關於此二城之名者，參互校覈之，益可以證明其所譯之不誤也。

蒙古源流柒紀往迎達賴喇嘛事云：

於是寧夏城之王爲首，都堂總兵大小各官，以次延請，頗著恭敬。

寅恪案，此節蒙文本寧夏作 Irgai，其王之名作 Tsching Wang。明史壹壹柒諸王傳貳云：

慶靖王㮵，太祖第十六子。洪武二十四年封。二十六年就藩寧夏。

同書肆貳地理志寧夏衛下注云：

洪武二十六年慶王府自慶陽府遷此。

同書壹佰貳諸王世表叁略云：

慶端王倪爌，萬曆五年襲封。十六年薨。

據此，Tsching Wang 者，慶王之對音，蒙古源流紀此事於甲申年，即萬曆十二年。此慶王當爲倪爌。此時之王既爲慶王，則其建邸之城，非寧夏莫屬。然則 Irgai 之爲寧夏，可無疑矣。

又蒙古源流柒云：

歲次甲午徹辰濟農年三十歲，復行兵明地，由阿拉善前往，榆林城之馬姓總兵追至。

寅恪案，蒙文本徹辰濟農上有博碩克圖 Buschuktu 一詞，即明史之卜失兔。甲午爲明萬曆二十二年。明史貳叁捌麻貴傳云：

貴以功增秩予廕。尋擢總兵官，鎮守延綏。〔萬曆〕二十二年七月卜失兔糾諸部深入定邊，輋張春井。貴乘虛擣其帳於套中，斬首二百五十有奇，還自寧塞，復邀其零騎。會寇留内地久，轉掠至下馬關，寧夏總兵蕭如薰不能禦，總督葉夢熊急檄貴赴援，督副將蕭如蘭等連戰曬馬臺薛家窪，斬首二百三十有奇，獲畜産萬五千。

又同書玖壹兵志及壹柒捌余子俊傳紀延綏徙治事相同，今竝録之。兵志略云：

成化七年延綏巡撫余子俊大築邊城。先是，東勝設衛守在河外，榆林治綏德。後東勝内遷，失險，捐米脂魚河地幾三百里。正統間，鎮守都督王禎始築榆林城。至是〔延綏巡撫余〕子俊乃徙治榆林。

余子俊傳云：

初延綏鎮治綏德州，屬縣米脂、吴堡悉在其外，寇以輕騎入掠，鎮兵覺而追之，輒不及，往往得利去。自子俊徙鎮榆林，增衛益兵，拓城置戍，攻守器畢具，遂爲重鎮。

施氏蒙古源流蒙文本榆林作 Temegetu，總兵之姓名作 Magha，當即麻貴之對音，而轉寫微譌。成衮札布蒙文本編校者，或滿文本譯者，以其不類漢姓，故略去下一音，僅餘 Ma 音，中文本遂譯爲馬姓耳。明憲宗成化七年以後，延綏徙治榆林，蒙古源流所稱榆林總兵，亦猶西人習稱清代兩江總督爲南京總督之例。當萬曆二十二年之秋，寧夏鎮總兵爲蕭如薰，延綏鎮總兵爲麻貴。則蒙古源流蒙文本之 Magha 必爲麻貴，Magha 既爲麻貴，則 Temegetu 城非榆林莫屬。是 Temegetu 之應譯爲榆林，又可無疑矣。Irgai 之爲寧夏，Temegetu 之爲榆林，既已證明，則音譯之圖默格依 Turmegei，即元秘史壹貳之朶兒篾該，對音適切，其爲一地，自無疑義。拉施特書亦有此城名，多桑 D'Ohsson 讀爲 Derssekai 額爾篤曼 Erdmann 讀爲 Deresgai，其中 s 之音疑爲傳寫之譌。鄙意秘史載狗兒年攻靈州一節，其蒙文音譯朶兒篾該旁注靈州二字，與元史壹太祖本紀二十一年丙戌冬十一月庚申帝攻靈州同一事，則靈州之爲朶兒篾該，無待再爲之證明。故中文圖默格依，即蒙文滿文本之 Turmegei，亦即元秘史之朶兒篾該。然則蒙古源流之圖默格依，準 Temegetu 及 Irgai 之例，不以對音譯，而以中國舊名譯，當爲靈州二字無疑也。

三城之譯名皆已考定，然後可以辨昔賢舊説之是非。觀堂先生謂衣兒格依城 Irgai 即元秘史之額里合牙，其説是也。所以知其是者，元秘史續集貳額里合牙旁注寧夏二字，如朶兒篾該旁注靈州二字者相同。多桑 D'Ohsson 引拉施特書謂西夏國都名 Irghai；蒙古人謂之 Ircaya，Ircaya 與額里合牙對音適符，而西夏國都即寧夏，又與旁注脗合，故衣兒格依 Irghai 即元秘史之額里合牙無疑也。惟先生又謂衣兒格依城即斡羅孩，兀剌海，兀剌孩，其説非也。所以知其非者，元秘史續集貳，額里合牙與兀剌孩同列一卷中，對音既異，一則旁注寧夏，一則否。又元史陸拾地理志叁甘肅等處行中書省所屬寧夏府路與兀剌海路竝列。其爲二地可知。且地理志兀剌海路下注云：

太祖四年由黑水城北兀剌海西關口入河西，獲西夏將高令公，克兀剌海城。

與元史壹太祖本紀略云：

四年己巳帝入河西，夏主李安全遣其世子率師來戰，敗之，獲其副元帥高令公，克兀剌海城，薄中興府，引河水灌之，堤決，水外潰，遂撤圍還。

所載適符。據此可知是役僅克兀剌海，而未克中興府。元史陸拾地理志叁寧夏府路云：

自唐末有拓拔思恭者，鎮夏州。世有銀夏綏宥静五州之地。宋天禧間，傳至其孫德明，城懷遠鎮爲興州以居，後升興慶府，又改中興府。

夫中興府即寧夏，亦即衣兒格依 Irgai，然則衣兒格依與兀剌海決不得爲一地明矣。又元史壹太祖本紀略云：

〔二年〕丁卯秋再征西夏，克斡羅孩城。四年己巳帝入河西，克兀剌海城。

聖武親征録云：

〔丁卯〕秋再征西夏，冬克斡羅孩城。

斡羅孩與兀剌海對音適合，故史家皆以爲一地。如柯蓼園劭忞丈新元史叁太祖本紀下略云：

二年丁卯秋，帝親征西夏，入兀剌海城。五年庚午秋，帝再伐西夏，復入兀剌海城。

柯氏以斡羅孩即兀剌海，故第一役亦作兀剌海，第二役則言復入。（柯氏繫第二役於五年庚午，而不繫於四年己巳者，蓋從拉施特書及聖武親征録。屠敬山寄丈蒙兀兒史記叁成吉思可汗本紀貳下亦與新元史同。惟觀堂先生聖武親征録校注庚午西夏獻女爲好條，有「此年事拉施特書繫於蛇年」之語。寅恪案，元史譯文證補壹下太祖本紀譯證略云：「馬年秋又征合申，納女而回。」觀堂先生所云，當即指此。然此事拉施特氏實繫於馬年，而非蛇年。徧檢上年即蛇年，並無類似之事，不知所出，待考。）若斡羅孩與兀剌海爲一地，則據上文所述，與衣兒格依Irgai（即寧夏）絶無關涉，焉得謂衣兒格依即斡羅孩乎？又屠氏於蒙兀兒史記叁成吉思可汗本紀貳下二年丁卯條，謂兀剌孩即元史壹貳玖李恒傳之兀納剌。又於同書二十有一年丙戌條，謂姚〔燧〕牧庵集中書左丞李公家廟碑之兀納，亦即兀剌城。（寅恪案，今武英殿聚珍本姚牧菴集壹貳此文不作「兀納城」，僅作「某某城」。當出於屠氏之推想，未必別見他本也。）然兀納剌與兀剌孩對音殊不相近，如無他證，似不能合爲一地也。

王觀堂先生前數年校蒙古源流時，未見蒙文滿文諸本，故不知Irghai即寧夏，謂此書紀西夏城邑，僅兩舉圖默格依，而友爾馬哥波羅游記所引之Irghai，不見於中文本，因不解漢譯與西譯何以互異？今寅恪以機緣獲見先生當日所未見之本，遂得釋此疑。若先生有知，亦當爲之一快也。

至施密德氏疑 Temegetu 或與 Turmegei 同爲一地。據上文所述，Temegetu 爲榆林，Turmegei 爲靈州，既已證明爲兩地，實無牽合爲一之理。且蒙古源流著者，亦未顯稱圖默格依爲西夏國都，惟言其爲末主錫都爾固汗所居耳。（靈州爲夏人先世繼遷舊都，蒙古源流著者容有誤會。）然則施氏所疑之不當，又不待言也。

今綜合上文所述，除中國近日如洪鈞王國維諸家所譯之對音不計外，得以證明四端：

（一）Turmegei 圖默格依，朵兒篾該，靈州 Derssekai Deresgai 等名，同屬一地。

（二）Irgai，（Irghai），寧夏，中興府，夏王城（見元史太祖本紀二十一年）等名，同屬一地。

（三）Temegetu，榆林等名，同屬一地。

（四）兀剌海，兀剌孩，斡羅孩等名與 Irgai 非屬一地。至其當今日之何地及友爾 Henry Yule 馬哥波羅游記注誤以西涼府之 Egrigaia 當寧夏等問題，以其不在本文範圍之內，姑不具論。

茲僅就此關於蒙古源流之三城，考定其譯名，或亦讀是書者之一助歟？

（原載一九三〇年歷史語言研究所集刊第壹本第貳分）

彰所知論與蒙古源流（蒙古源流研究之三）

元帝師八思巴爲忽必烈製蒙古國書。元亡而其所製之國書亦廢不用。彰所知論者，帝師爲忽必烈太子真金所造。其書依仿立世阿毘曇之體，捃摭吐蕃舊譯佛藏而成。於佛教之教義固無所發明，然與蒙古民族以歷史之新觀念及方法，其影響至深且久。故蒙古源流之作，在元亡之後將三百年，而其書之基本觀念及編製體裁，實取之於彰所知論。今日和林故壤，至元國字難逢通習之人。而蒙古源流自乾隆以來，屢經東西文字之迻譯（滿文漢文及德文），至今猶爲東洋史學之要籍。然則蒙古民族其文化精神之所受於八思巴者，或轉在此而不在彼，殆亦當日所不及知者歟！

考東西文字之蒙古舊史，其世界創造及民族起源之觀念，凡有四類。最初者，爲與夫餘鮮卑諸民族相似之感生説。稍後乃取之於高車突厥等民族之神話。迨受阿剌伯波斯諸國之文化，則附益以天方教之言。而蒙古民族之皈依佛教者，以間接受之於西藏之故，其史書則掇採天竺吐蕃二國之舊載，與其本來近於夫餘鮮卑等民族之感生説，及其所受於高車突厥諸民族之神話，追加而混合之。夫蒙古民族最初之時敍述其起源，而冠以感生之說。譬諸棟宇，既加以覆蓋，本已成一完整之建築，若更於其上施以樓閣之工，未嘗不可因是益臻美備而壯觀瞻。然自建築方面言之，是謂重疊之工事。有如九成之臺，累土而起，七級之塔，歷階而登，其構造之愈高而愈上者，其時代轉較後而較新者也。今日所存之阿剌伯文波斯文土耳其文等蒙古舊史，大抵屬於第三類之回教化者，與蒙古源流無涉，於此可不論。至第一類與夫餘鮮卑等民族之感生説相似者，則日本内藤虎次郎博士之蒙古開國之傳説（見内藤氏讀史叢録。）並今西龍博士之朱蒙傳説及老獺稚傳説（見内藤博士頌壽紀念史學論叢。）諸論文中已詳言之。亦無庸贅述。茲僅就第二第四兩類略徵舊史之文，闡明其義，以見帝師與蒙古史之關係，及其後來之影響。并取彰所知論卷上情世界品中吐蕃蒙古王族之譯名，與許氏本嘉喇卜經（Rgyal-rabs, ed. Schlagintweit），蒙古源流諸書互證，以備治蒙古史者之參考。其天竺諸王名字，則皆見於佛乘，非難推知，故不多及焉。

元朝秘史壹略云：

當初元朝的人祖，是天生一個蒼色的狼，（蒙文音譯孛兒帖赤那，蒙古源流作布爾特齊諾。）與一個慘白色的鹿（蒙文音譯豁埃馬闌勒，蒙古源流作郭斡瑪喇勒。）相配了，同渡過騰汲（吉）思名字的水，來到於斡難名字的河源頭，不兒罕名字的山（蒙文音譯不屼罕哈勒敦納，蒙古源流作布爾干噶勒圖納。）前住着。産了一個人，名字唤作巴塔赤罕。朵奔篾兒干（元史太祖本紀、宗室世系表、陶宗儀輟耕録作脱奔咩哩犍，蒙古源流作多博墨爾根。）死了的後頭，他的妻阿闌豁阿（元史太祖本紀、宗室世系表、輟耕録作阿蘭果火，蒙古源流作阿掄郭斡。）又生了三個孩兒。一個名不忽合答吉，（元史太祖本紀、宗室世系表、輟耕録作博寒葛答黑。蒙古源流作布固哈塔吉。）一個名不合秃撒勒只，（元史太祖本紀、宗室世系表、輟耕録作博合覩撒里直，蒙古源流作博克多薩勒濟固。）一個名孛端察兒。（元史太祖本紀、宗室世系表、輟耕録作孛端叉兒，蒙古源流作勃端察爾。）朵奔篾兒干在時生的别勒古訥台（蒙古源流作伯勒格特依）不古訥台（蒙古源流作伯袞德依）兩個兒子背處共説：俺這母親無房親兄弟，又無丈夫，生了這三個兒子，家内獨有馬阿里黑伯牙兀歹（蒙古源流作瑪哈賚）家人，莫不是他生的麽？道説間，他母親知覺了。因那般他母親阿闌豁阿説：别勒古訥台，不古訥台！您兩個兒子疑惑我這三個兒子是誰生的，你疑惑的也是。您不知道每夜有黄白色人自天窗門額明處入來，將我肚皮摩挲。他的光明透入肚裏去時節，隨日月的光，恰似黄狗般爬出去了。您休造次説。這般看來，顯是天的兒子，不可比做凡人。久後他每做帝王呵，那時纔知道也者。

又拉施特集史（節録洪鈞元史譯文證補壹上太祖本紀譯證上）略云：

相傳古時蒙兀與他族戰，全軍覆没，僅遺男女各二人，遁入一山，斗絶險巇，惟一徑通出入。而山中壤地寬平，水草茂美，乃攜牲畜輜重往居，名其山曰阿兒格乃衮。二男一名腦古，一名乞顏。乞顏義爲奔瀑急流，以其膂力邁衆，一往無前，故以稱名。乞顏後裔繁盛。後世地狹人稠，乃謀出山，而舊徑蕪塞，且苦艱險。繼得鐵礦，洞穴深邃。爰伐木熾炭，篝火穴中，鼓風助火，鐵石盡鎔，衢路遂闢。後裔於元旦鍛鐵於爐，君與宗親次第捶之，著爲典禮。蒙兀之出阿兒格乃衮，其後人最著稱者，曰孛兒特赤那（祕史作孛兒帖赤那）。妻子甚多，長妻曰郭斡馬特兒（祕史作豁埃馬闌勒），生必特赤干（祕史作巴塔赤罕）。朵本巴延（祕史作朵奔篾兒干）早卒，阿闌郭斡（祕史作阿闌豁阿）寡居而孕，夫弟及親族疑其有私。阿闌郭斡曰，天未曉時，有白光入自帳頂孔中，化爲男子，與同寢，故有孕。且曰，我如不耐寡居，曷不再醮，而爲此曖昧事乎？斯蓋天帝降靈，欲生異人也。不信，請伺察數夕，以證我言。衆曰，諾。黎明時，果見有光入帳，片刻復出。衆疑乃釋。

考魏書卷壹佰叁高車傳（參北史玖捌高車傳及通典壹玖柒邊防典壹叁高車傳）云：

俗云，匈奴單于生二女，姿容甚美，國人皆以爲神。單于曰，吾有此女，安可配人，將以與天。乃於國北無人之地，築高臺，置二女其上。曰，請天自迎之。經三年，其母欲迎之，單于曰，不可，未徹之間耳。復一年，乃有一老狼，晝夜守臺嘷呼，因穿臺下爲空穴，經時不去。其小女曰，吾父處我於此，欲以與天，而今狼來，或是神物，天使之然。將下就之。其姊大驚，曰，此是畜生，無乃辱父母也！妹不從，下爲狼妻而産子。後遂滋繁成國。

又周書伍拾異域傳下（參隋書捌肆及北史玖玖突厥傳并通典壹玖柒邊防典壹叁突厥上及册府元龜玖伍陸外臣部種族門突厥條）略云：

突厥者，蓋匈奴之别種，姓阿史那氏。别爲部落。後爲鄰國所破，盡滅其族。有一兒，年且十歲，兵人見其小，不忍殺之，乃刖其足，棄草澤中。有牝狼以肉飼之。及長，與狼合，遂有孕焉。彼王聞此兒尚在，重遣殺之。使者見狼在側，并欲殺狼。狼遂逃於高昌國之北山。（寅恪案，通典作「負於西海之東，止於山上。其山在高昌西北。」其意似謂狼負此子逃於高昌。疑周書有脱文。俟考。）山有洞穴，穴内有平壤茂草，周回數百里，四面俱山。狼匿其中，遂生十男。十男長大，外託妻孕，其後各有一姓，阿史那即一也。子孫繁育，漸至數百家。經數世，相與出穴，臣於茹茹。居金山之陽，爲茹茹鐵工。〔土門〕恃其强盛，乃求婚於茹茹。茹茹主阿那瓌大怒，使人辱罵之。曰，爾是我鍛奴，何敢發是言也。

據此，則狼祖及鍛鐵事，皆高車突厥之民族起源神話，而蒙古人襲取之無疑也。

考元史壹太祖本紀云：

太祖法天啓運聖武皇帝諱鐵木真，姓奇渥温氏，蒙古部人。其十世祖孛端叉兒，母曰阿蘭果火，嫁脱奔咩哩犍，生二子，長曰博寒葛答黑，次曰博合覩撒里直。既而夫亡，阿蘭寡居，夜寢帳中，夢白光自天窗中入，化爲金色神人，來趨臥榻。阿蘭驚覺，遂有娠，産一子，即孛端叉兒也。孛端叉兒狀貌奇異，沉默寡言，家人謂之癡。獨阿蘭語人曰，此兒非癡，後世子孫必有大貴者。

又拉施特集史（依洪鈞元史譯文證補壹上太祖本紀譯證上所載）云：

蒙兀先無文字，世系事迹，口相傳述，無史記以爲定論。自朵本巴延至成吉思汗約近四百載。據庫藏國史及知掌故者，參訪合徵之焉。

洪氏注云：

朵本巴延即元史之脱奔咩哩犍。本紀敍帝先系，始於此人。據此數語觀之，當是蒙古國史亦始此人，而元史本之也。自此以上世系，當是傳述得之。故元史之世系少，而祕史蒙古源流之世系多。

寅恪案，洪氏之説極是，而阮元撰四庫未收書目元祕史提要云：

是編所載元初世系，孛端叉兒之前，尚有一十一世。太祖本紀述其先世，僅從孛端叉兒始。諸如此類，並足補正史之紕漏。

寅恪案，元史所記阿蘭果火不夫而孕事，乃民族起源之感生說。此種感生說，與夫餘高勾麗百濟鮮卑契丹日本滿洲等民族所傳者極相近似（詳見内藤虎次郎今西龍兩博士論文），或者即爲蒙古民族最初所固有者，亦未可知。今之元史記蒙古民族起源，僅述此感生說，不更追述此前之神話。如元祕史及拉施特集史之所載者，姑不論其經後世史官删削與否，要爲尚不盡失其簡單之原始形式。而祕史所記世系較元史爲多者，乃由采用突厥等民族神話，追加附益於其本來固有者之所致。故孛端叉兒以前一十一世之事蹟，乃蒙古民族起源史後來向上增建之一新層級，較元史之簡單感生說，恐尤荒誕不可徵信。烏能補正其紕漏乎？阮氏殆失言矣。

蒙古源流卷壹卷貳敍天地剖判及天竺吐蕃二國歷代事迹。其卷壹云：

〔土伯特〕色哩持贊博汗之子曰智固木贊博汗，爲奸臣隆納木簒弒。其三子皆出亡。長子置持逃往寧博地方，次子博囉咱逃往包博地方，第三子布爾特齊諾（祕史音譯作孛兒帖赤那。義爲蒼色的狼。）逃往恭布（卷叁作恭博）地方。

其卷叁續敍略云：

古土伯特地方尼雅持贊博汗之七世孫色爾（哩）持贊博汗〔之子智固木贊博汗〕爲其臣隆納木篡奪汗位，其子博囉咱置持布爾特齊諾等兄弟三人俱各出亡。季子布爾特齊諾出之恭博地方，即娶恭博地方之女郭斡瑪喇勒（祕史音譯作豁埃馬闌勒，義爲慘白色的鹿。）爲妻，往渡騰吉思海。東行至拜噶勒江所屬布爾干噶勒圖那（祕史作不峏罕哈勒敦納）山下，遇必塔地方人衆，詢其故，遂援引古額訥特珂克（天竺）人衆所推尊之土伯特地方之尼雅持贊博以語之。必塔地方人衆議云，此子有根基，我等無主，應立伊爲君。遂尊爲君長，諸惟遵旨行事。生子必塔斯干必塔察干（祕史作巴塔赤罕）二人。多博墨爾根（祕史作朵奔篾兒干）卒後，阿掄郭斡哈屯（祕史作阿蘭豁阿）每夜夢一奇偉男子與之共寢。天將明，即起去。因告伊妯娌及侍婢知之。如是者久之，遂生布固哈塔吉（祕史作不忽合答吉）博克多薩勒濟固（祕史作不合禿撒勒只）勃端察爾（祕史作孛端察兒）等三子。後漸長成。有好事者譖之云，從無寡婦生子之理。其夫之連襟瑪哈賚（祕史作馬阿里黑伯牙兀歹）常往來其家，疑即此人。伯勒格特伊（祕史作別勒古訥台）伯衮德依（祕史作不古訥台）二人遂疑其母。其母云，爾等二人誤聽旁人之言疑我。因語以夢中情事，且云，爾等此三弟殆天降之子也。

據此，可知蒙古源流於祕史所追加之史層上，更增建天竺吐蕃二重新建築，采取竝行獨立之

材料，列爲直貫一系之事蹟。換言之，即糅合數民族之神話，以爲一民族之歷史。故時代以愈推而愈久，事蹟亦因愈演而愈繁。吾人今日治史者之職責，在逐層削除此種後加之虛僞材料，庶幾可略得一近似之真。然近日學人猶有謂「吐蕃蒙兀實一類也。〔蒙古〕源流之説，未可厚非」者（見屠寄蒙兀兒史記世紀第一），豈不異哉！

夫逐層向上增建之歷史，其例自不限於蒙古史。其他民族相傳之上古史，何獨不然。今就小徹辰撒囊之蒙古源流一書而論，推究其所以致此疊累式之原因，則不得不泝源於彰所知論。此論論主既採仿梵文所製之吐蕃字母，以爲至元國書，於是至元國書遂爲由吐蕃而再傳之梵天文字。其造論亦取天竺吐蕃事蹟，聯接於蒙兀兒史。於是蒙兀兒史遂爲由西藏而上續印度之通史。後來蒙古民族實從此傳受一歷史之新觀念及方法。蒙古源流即依此觀念，以此方法，採集材料，而成書者。然則帝師此論與蒙古史之關係深切若是，雖非乙部之專著，治史者固不可以其爲佛藏之附庸而忽視之也。茲取彰所知論卷上情世界品中吐蕃蒙古王族名字，以舊史校之，條列於下。

論云：

如來滅度後千餘年，西番國有王曰呀乞㗚贊普。

寅恪案，此王即藏文嘉喇卜經之吐蕃第一贊普 Gnya-khri btsan-po。亦即蒙古源流卷壹卷叁之尼雅赤（卷壹作赤卷叁作持）贊。

論云：

二十六代有王曰祫朵陀喋思顏贊。

寅恪案，此王即嘉喇卜經之二十五代王Lha-tho-tho-ri-snyen-(snyan) -btsan。亦即蒙古源流壹之拉托托里年贊。彰所知論譯地名「拉薩」作「祫薩」，故此王名之「祫」字，亦爲 Lha 之對音。

論云：

後至第五王，名曰雙贊思甘普。

寅恪案，此王即嘉喇卜經之 Srong-btsan-sgam-po，亦即蒙古源流貳之蘇隆贊堪布。此王亦稱 Khri-ldan-srong-btsan，即蒙古源流貳之持勒德蘇隆贊。（蒙文書社本蒙古源流作哩勒丹蘇隆贊。）亦即舊唐書壹玖陸吐蕃傳之棄宗弄贊，新唐書貳壹陸吐蕃傳之棄宗弄贊及棄蘇農。

論云：

後第五代有王名曰乞喋雙提贊。

寅恪案，此王即嘉喇卜經之 Khri-srong-lde-btsan。亦即蒙古源流貳之持蘇隴德燦。舊唐書壹玖陸，新唐書貳壹陸吐蕃傳之乞黎蘇籠獵贊，皆指此人也。

論云：

　　後第三代有王名曰乞嘌倈巴瞻。

寅恪案，此王即嘉喇卜經之 Ral-pa-can，長慶唐蕃會盟碑陰及敦煌發見藏文寫本之 khri-gtsug-lde-btsan，敦煌中文八波羅夷經寫本之乞里提足（足提）贊，亦即蒙古源流貳之持松壘，新唐書貳壹陸吐蕃傳之可黎可足。詳見拙著吐蕃彝泰贊普名號年代考（前中央研究院歷史語言研究所集刊第貳本第壹分）。

論云：

　　始成吉思從北方多音國如鐵輪王。

寅恪案，藏文多爲 Mang-po，音爲 Krol。故以多音爲蒙兀兒之譯名。取其對音相近也。

論云：

　　其子名曰斡果戴，時稱可汗，紹帝王位。

寅恪案，此名即元史太宗窩闊台之異譯。

論云：

　　有子曰古偉，紹帝位。

寅恪案，此名即元史定宗貴由之異譯。

論云：

成吉思次子名朵羅。

寅恪案，此名即元史睿宗拖雷之異譯。

論云：

朵羅長子名曰蒙哥，亦紹王位。

寅恪案，此名與元史憲宗之譯名相同。

論云：

王弟忽必烈紹帝王位。

寅恪案，此名與元史世祖之譯名相同。

論云：

帝有三子，長曰真金。

寅恪案，此名與元史裕宗之譯名相同。

論云：

二曰厖各剌。

寅恪案，此名即元史安西王忙哥剌之異譯。

論云：

三曰納麻賀。

寅恪案，此名即元史安北王那木罕之異譯。

（原載一九三一年歷史語言研究所集刊第貳本第叁分）

蒙古源流作者世系考（蒙古源流研究之四）

蒙古源流作者於其書第捌卷自述其世系（文津閣本蒙古源流捌第叁頁。以下徵引此書，頁數悉依文津閣本，不別注明。）云：

右翼之庫圖克台徹辰洪台吉之長姪巴圖洪台吉之子薩納囊台吉甲辰年生。（即明萬曆三十二年。西曆一千六百零四年。）年十一歲，因係六國肇興道教人之後裔，指伊始祖名號，給與薩納囊徹辰洪台吉之號。

寅恪案，蒙古源流漢文本，原從滿文本譯出。故滿文本卷捌第肆頁所載此節文義，與漢文本悉合，而成衮札布及施密德二蒙文本，（成本卷捌第肆頁。施本卷玖第貳陸肆頁。）則與滿文漢文二本不同。其最顯著者，即滿漢文本「長姪」二字，蒙文本俱作「曾孫」（可參施密德氏蒙文字典第柒頁中行及施氏本蒙古源流第貳陸伍頁德文翻譯）。夫「長姪」與「曾孫」世代相距，遠近懸殊。蒙滿漢文諸本所以致此歧異者，或由傳寫之譌，或由迻譯之誤，未易推知，姑置不論。但蒙古源流作者之世系次序，究應從滿文及漢文本作「長姪」？抑應從二蒙文本作

「曾孫」？則治此書者，所不可不知，而亟待判明也。兹就此書先後所載最有關之資料，綜合比證，求得一真確之事實，庶可決擇諸本之是非從違，以供讀此書者之參考。

蒙古源流陸第壹捌頁云：

其庫圖克圖徹辰洪台吉庚子年生。

寅恪案，「庫圖克圖」之下一「圖」字，依施氏蒙文本，當作「台」字，與諸本皆作「圖」字者不同。若施氏本不誤，則此卷陸第壹捌頁之「庫圖克圖徹辰洪台吉」即卷陸第叁頁之「庫圖克台徹辰洪台吉」也。庚子年爲明嘉靖十九年，西曆一千五百四十年。

又蒙古源流陸第貳拾頁云：

徹辰洪台吉之長子鄂勒哲依伊勒都齊，丙辰年生。

寅恪案，丙辰年爲明嘉靖三十五年，西曆一千五百五十六年。

又蒙古源流柒第壹捌頁及壹玖頁略云：

徹辰洪台吉子長子鄂勒哲依伊勒都齊之子巴圖洪台吉，庚辰年生。復以其祖巴圖爾徹辰洪台吉之號贈給，令其執政。

寅恪案，庚辰年爲明萬曆八年，西曆一千五百八十年。

兹依上列諸條所載事實，作一世系簡表於下：

曾祖父	庫圖克台徹辰洪台吉	一千五百四十年生
祖父	鄂勒哲依伊勒都齊	一千五百五十六年生
父	巴圖洪台吉	一千五百八十年生
作者	薩納囊徹辰洪台吉	一千六百零四年生

據上表，可知蒙古源流作者薩納囊徹辰洪台吉，乃庫圖克台徹辰洪台吉之曾孫。故此書卷捌第叁頁之文，應依二蒙文本，易「長姪」爲「曾孫」，而讀爲：

右翼之庫圖克台徹辰洪台吉之曾孫（逗）巴圖洪台吉之子（逗）薩納囊台吉甲辰年生（句）

此節文意謂，薩納囊台吉者，庫圖克台徹辰洪台吉之曾孫，而巴圖洪台吉之子也。蓋此書作者自述家世，不得不記其父之名，以明其所從出。復以嘉名之錫，實自肇興道教之曾祖而來，特著其曾祖之名，而不及其祖鄂勒哲依伊勒都齊一代。滿文本譯者殆誤會此文之意，以「庫圖克台徹辰洪台吉之曾孫」一語，屬下文之「巴圖洪台吉」而言，疑「庫圖克台徹辰洪台吉」與「巴圖洪台吉」二人之間，世次相距，不應若是之遠。或以蒙文字形近似之故，因改「曾孫」爲「長姪」，漢文譯本遂亦承襲其譌焉。又此節滿文及漢文本「始祖」二字，復不同於二蒙本，亦微有語病。然世系次序及血統關係既已證明，讀此書者，當不致因此別滋誤解也。

（原載一九三一年歷史語言研究所集刊第貳本第叁分）

高鴻中明清和議條陳殘本跋（原文見明清史料第壹册）

内閣大庫檔案中發見高鴻中條陳殘本一紙。僅附識「二月十一日到」及「三月十三日奏了」數字。寅恪案，清崇德七年即明崇禎十五年春清人聞明兵部尚書陳新甲遣職方郎中馬紹愉來議和，諸臣各條陳意見。此殘本乃其時所上意見書之一也。兹不廣徵舊籍。但迻録明史及清史稿所載此事本末之文，以資參證。

清史稿叁太宗本紀貳略云：

〔崇德七年〕三月乙酉，阿濟格等奏，明遣職方郎中馬紹愉來乞和，出明帝敕兵部尚書陳新甲書爲驗。上曰，明之筆札多不實，且詞意夸大，非有欲和之誠。然彼真僞不可知，而和好固朕夙願。爾等以朕意傳示之。五月己巳朔，濟爾哈朗等奏，明遣馬紹愉來議和，遣使迓之。壬午，明使馬紹愉等始至。六月辛丑，都察院參政祖可法張存仁言，明寇盜日起，兵力竭而倉廩虚，征調不前，勢如瓦解，守遼將帥喪失八九。今不得已乞和，計必南遷。宜要其納貢稱臣，以黄河爲界。上不納。以書報明帝曰，自兹以往，盡釋宿怨，尊卑之分，又奚較焉。使者往來，期以面見。吉凶大事，交相慶弔。歲各以地所産互爲餽遺。兩國逃亡亦互歸之。以寧遠雙樹堡爲貴國界，塔山爲我國界，而互市於連山適中之地。其自海中往來者，則以黄城島之東西爲界。越者各罪其下。貴國如用此言，兩君或親誓天地，或遣大臣莅盟，唯命之從。否則後勿復使矣。遂厚賚明使臣及從者，遣之。後明議中變，和事竟不成。

觀此可知鴻中所言，與祖可法張存仁之説相類，應是同時議論。瀋陽當日明室降臣，其於和議條件，所論至苛。蓋漸染中原士大夫誇誕之風習，匪獨大言快意，且欲藉此以諂諛新主，是誠無恥之尤者矣。其實崇禎季年，雖内憂外患不可終日，然究爲中華上國，名分尚存，體制仍在。朝鮮前例，豈得遽以相加？故清廷報書亦僅欲以寧遠爲界。與鴻中所陳「以山海〔關〕爲界也罷」之第二説不甚相遠。此本當時較切情事之議，自異乎外廷誇大之言也。

又明史貳伍柒陳新甲傳云：

初，新甲以南北交困，遣使與大清議和。私言於傅宗龍。宗龍出都日，以語大學士謝陞。陞後見疆事大壞，述宗龍之言於帝。帝召新甲詰責。新甲叩頭謝罪。陞進曰，倘肯議和，和亦可恃。帝默然。尋諭新甲密圖之，而外廷不知也。已，言官謁陞。陞言上意主和，諸君幸勿多言。言官駴愕，交章劾陞。陞遂斥去。帝既以和議委新甲，手詔往返者數十，皆戒以勿洩。外廷漸知之，故屢疏争，然不得左驗。一日，所遣職方郎馬紹愉以密語報，新甲視之，置几上。其家僮悮以爲塘報也，付之鈔傳。於是言路譁然。給事中方士亮首論之。帝愠甚，留疏不下。已，降嚴旨切責新甲，令自陳。新甲不引罪，反自詡其功。帝益怒。至七月，給事中馬嘉植復劾之，遂下獄。新甲從獄中上書乞宥，不許。新甲知不免，偏行金内外。給事中廖國遴楊枝起等營救於刑部侍郎徐石麒，拒不聽。大學士周延儒陳演亦於帝前力救，且曰，國法敵兵不薄城，不殺大司馬。帝曰，他且勿論，戮辱我親藩七，不甚於薄城耶？遂棄新甲於市。新甲爲楊嗣昌引用，其才品心術相似。軍書旁午，裁答無滯。帝初甚倚之，晚時惡其洩機事，且彰主過，故殺之不疑。

同書貳伍貳楊嗣昌傳略云：

當是時，流賊既大熾，朝廷又有東顧憂，嗣昌復陰主互市策。適太陰掩熒惑，帝減膳修省。嗣昌則歷引漢永平唐元和宋太平興國事，蓋爲互市地云。給事中何楷疏駁之。給事中錢增，御史林蘭友相繼論列，帝不問。嗣昌既以奪情入政府，又奪情起陳新甲總督，自是益不理於人口。我大清兵入牆子嶺青口山，京師戒嚴。召盧象昇帥師入衛。象昇主戰，嗣昌與監督中官高起潛主款，議不合，交惡。象昇陣亡。神宗末，增賦五百二十萬。崇禎初，再增百四十萬。總名遼餉。至是，復增勦餉練餉，額溢之。先後增賦千六百七十萬，民不聊生，益起爲盜矣。

據此，則楊嗣昌陳新甲等皆主和議，而新甲且奉其君之命而行事者。徒以思陵劫於外廷之論，不敢毅然自任，遂致無成。夫明之季年，外見迫於遼東，内受困於張李。養百萬之兵，糜億兆之費，財盡而兵轉增，兵多而民愈困。觀其與清人先後應對之方，則既不能力戰，又不敢言和。成一不戰不和，亦戰亦和之局，卒坐是以亡其國。此殘篇故紙，蓋三百年前廢興得失關鍵之所在，因略徵舊籍，以爲參證如此。

（原載一九三二年四月清華周刊第叁柒卷第捌期）

梁譯大乘起信論僞智愷序中之真史料

近人多疑真諦譯大乘起信論之僞，其説已爲世所習聞。最近復以爲非僞作，其所持重要之證據在續高僧傳壹捌曇遷傳。其文略云：

精研華嚴十地維摩楞伽地持起信等。逮周武平齊，逃迹金陵。

蓋真諦於陳太建元年（此年即五六九年）正月十一日遷化。太建九年（此年即五七七年。周武帝建德六年。齊幼主承光元年。）周滅齊。若起信論爲僞作，則曇遷不能於周未滅齊之前，真諦尚未遷化，或卒後未久，且遠在北朝，早已有精研僞造論本之理也。故以此論爲非僞作。其論據如何，兹非所欲辨。即使此論之真僞可定，而此論智愷序之真僞又別爲一事。真論本文可以有後加僞序，而真序亦可附於僞論，二者爲不同之問題，不可合併論之也。復次，真序之中可以有僞造之部分，而僞造之序中亦可以有真實之資料。今認智愷序爲僞撰，而僞撰之序中實含有一部分真史料，特爲標出，以明其決非後人所能僞造。至此序爲託名智愷之作，則不待論。今日中外學人考證佛典雖極精密，然其搜尋資料之範圍，尚多不能軼出釋教法藏以外。特爲擴充其研究之領域，使世之批評佛典者，所持證據，不限於貝多真實語及其流派文籍之中，斯則不佞草此短篇之微意也。

僞智愷序云：

值京邑英賢慧顯智韶智愷曇振慧旻與假黄鉞大將軍蕭公勃以大梁承聖三年歲次癸酉九月十日于衡州始興郡建興寺敬請法師敷演大乘，闡揚祕典，示導迷途，遂翻譯斯論一卷。

寅恪案，僞序中此節乃實録，非後人所能僞造者也。何以知之？請就二事以爲證明：一爲年月地理之關係，二爲官制掌故之關係。初學記肆（文苑英華壹伍捌、太平御覽叁貳同。）江總衡州九日詩云：

秋日正凄凄，茅茨復蕭瑟。姬人薦初醖，幼子問殘疾。園菊抱黄華，庭榴剖珠實。聊以著書情，暫遣他鄉日。

寅恪案，陳書貳柒江總傳（南史叁陸江夷傳附總傳略同）云：

總第九舅蕭勃先據廣州，總又自會稽往依焉。梁元帝平侯景，徵總爲明威將軍始興内史，以郡秩米八百斛給總行裝。會江陵陷，遂不行。總自此流寓嶺南積歲。

又陳書玖歐陽頠傳（南史陸陸歐陽頠傳同）云：

梁元帝承制，以始興郡爲東衡州。

據此，總持詩題之衡州，實指東衡州，即僞智愷序之衡州始興郡也。總持既曾流寓嶺南，始興爲南北交通要道，行旅之所經過。總持，南朝詞人也，自於其地不能不有所題詠。故初學記貳叁載江總經始興廣果寺題愷法師山房詩云：

息舟候香埠，悵別在寒林。竹近交枝亂，山長絶逕深。輕飛入定影，落照有疏陰。不見投雲狀，空留折桂心。

此愷法師之名雖不可確知，但必如道安之號安法師，慧遠之號遠公之比，而爲某愷。蓋僧徒皆例以其二名之下一字見稱目也。今除智愷之外，尚未發現其他適當之愷法師，得與江總會聚於始興之地，然則此愷法師豈即智愷歟？

復次，通鑑壹陸伍梁紀元帝紀承聖三年（此年即五五四年）九月條云：

帝好玄談，〔九月〕辛卯於龍光殿講老子。曲江侯〔蕭〕勃遷居始興。

據此，則承聖三年九月蕭勃實在始興。又據江總衡州九日詩及經始興廣果寺題愷法師山房詩，則智愷是時似亦在始興。可見僞序中所述智愷等與蕭勃於承聖三年九月十日請真諦翻譯大乘起信論一事之年月地理人名皆與江總詩及通鑑切合，而蕭勃此時在始興一事僅載通鑑，爲梁陳書及南史所無，司馬氏所紀之原始材料尚未檢出。其必有確據，自不待言。（今梁書貳肆蕭景傳不載勃事，南史伍壹吴平侯景傳附有勃始末，但甚簡略。）若後人妄造序中此節，何能冥會如是，斯必得有真實資料，以爲依據。至承聖三年爲甲戌而非癸酉，則記述偶差，事所恒有，毋庸置疑。此所謂年月地理之關係也。

梁書陸敬帝紀（南史捌梁本紀下同）略云：

　　太平二年（此年即五五七年）二月太保廣州刺史蕭勃舉兵反。

從來舉兵之人，無論其是非逆順，必有自行建樹之名號，否則將無以命令處置其部下，此不僅在六朝時如此也。在六朝時，此種自建之名號殊有一定之方式及稱謂，已成爲朝章國故，非後來不預政治不習掌故之佛教僧侣所能知悉而僞造者也。僞序中稱蕭勃之官銜爲：

　　假黄鉞大將軍。

考晉書拾安帝紀略云：

　　元興三年三月景戌以幽逼於〔桓〕玄，萬機虚曠，令武陵王遵依舊典承制總百官行事，加侍中。

同書陸肆武陵忠敬王遵傳云：

　　朝廷稱受密詔，使遵總攝萬機，加侍中大將軍，移入東宮，内外畢敬，遷轉百官，稱制書。

宋書壹武帝紀（南史壹宋本紀上同）云：

〔元興三年〕四月奉武陵王遵爲大將軍，承制。

南朝從此以爲故事。如南齊書捌和帝紀（南史伍齊本紀下同）云：

〔中興元年〕十二月丙寅建康城平。己巳，皇太后令，以梁王爲大司馬，録尚書事，驃騎大將軍揚州刺史。封建安郡公。依晉武陵王遵承制故事，百僚致敬。

梁書壹武帝紀（南史陸梁本紀上同）略云：

〔中興元年〕十二月丙寅，宣德皇后授高祖中書監都督揚南徐二州諸軍事大司馬録尚書驃騎大將軍揚州刺史。封建安郡公，食邑萬户。給班劍四十人。黄鉞侍中征討諸軍事並如故。依晉武陵王遵承制故事。

同書伍世祖紀（南史捌梁本紀下同）云：

〔太清〕三年三月侯景寇没京師。四月太子舍人蕭歆至江陵，宣密詔，以世祖爲侍中假黄鉞大都督中外諸軍事司徒承制，餘如故。

夫蕭勃舉兵必自立名號，其立名號必求之相傳舊典。今梁陳書及南史皆紀載勃舉兵始末至簡。僞序中所述勃之名號，乃遠依晉武陵王遵承制故事，近襲梁元帝自立成規，深切適合南朝之政治掌故。若謂後世僧徒絶無真實根據而能杜撰如此，殊於事理不通。此所謂官制掌故之關係也。

依上述二理由，故鄙意以爲此序雖是僞造，而僞序中却有真史料。至以前考證大乘起信論之僞者，多據歷代三寶記立論。其實費書所紀真諦翻譯經論之年月地址亦有問題，殊有再加檢討之必要。其例如近日刊布之日本正倉院天平藏金光明經僧隱序即與歷代三寶記壹壹所載者微有參差是也。茲以此事軼出是篇範圍，故不置論。

（原載一九四八年十二月燕京學報第叁伍期）

武曌與佛教

（甲）本文討論之範圍

李義山文集肆紀宜都内人事略云：

武后篡既久，頗放縱，耽内習，不敬宗廟。四方日有叛逆，防豫不暇。時宜都内人以唾壺進，思有以諫。后坐帷下倚檀机，與語，問四方事。宜都内人曰：大家知古女卑於男耶？后曰：知。内人曰：古有女媧，亦不正是天子，佐伏羲理九州耳。後世孃姥有越出房閣斷天下事者，皆不得其正，多是輔昏主，不然抱小兒。獨大家革天姓，改去釵釧，襲服冠冕，符瑞日至，大臣不敢動，真天子也。大家始今日能屏去男妾，獨立天下，則陽之剛亢明烈可有矣。如是過萬萬世，男子益削，女子益專。妾之願在此。后雖不能盡用，然即日下令誅作明堂者。（寅恪案，此指薛懷義。）

寅恪案，武曌在中國歷史上誠爲最奇特之人物，宜都内人之語非誇詞，皆事實也。自來論武曌者雖頗多，其實少所發明。兹篇依據舊史及近出佚籍，參校推證，設一假定之説，或於此國史上奇特人物之認識，亦一助也。但此文所討論者，僅以武曌與佛教之關係爲範圍，即其母氏家世宗教信仰之薰習及其本身政治特殊地位之證明二點。其他政治文化等問題與武曌有關者，俱不涉及，以明界限。

（乙）楊隋皇室之佛教信仰

南北朝諸皇室中與佛教關係最深切者，南朝則蕭梁，北朝則楊隋，兩家而已。兩家在唐初皆爲亡國遺裔。其昔時之政治地位，雖已喪失大半，然其世代遺傳之宗教信仰，固繼承不替，與梁隋盛日無異也。請先以蕭梁後裔蕭瑀之事證之。

舊唐書陸叁蕭瑀傳略云：

瑀字時文。高祖梁武帝。曾祖昭明太子。祖詧，後梁宣帝。父巋，明帝。好釋氏，常修梵行，每與沙門難及苦空，必詣微旨。太宗以瑀好佛道，嘗賚繡佛像一軀，並繡瑀形狀於佛像側，以爲供養之容。又賜王褒所書大品般若經一部，並賜袈裟，以充講誦之服焉。會瑀請出家，太宗謂曰：甚知公素愛桑門，今者不能違意。瑀旋踵奏曰：臣頃思量，不能出家。太宗以對羣臣吐言而取捨相違，心不能平。瑀尋稱足疾，時詣朝堂，又不入見。太宗謂侍臣曰：瑀豈不得其所乎？而自慊如此。遂手詔曰：至於佛教，非意所遵。雖有國之常經，固弊俗之虛術。何則？求其道者，未驗福於將來。修其教者，翻受辜於既往。至若梁武窮心於釋氏，簡文鋭意於法門，傾帑藏以給僧祇，殫人力以供塔廟。及乎三淮沸浪，五嶺騰烟，假餘息於熊蹯，引殘魂於雀鷇。子孫覆亡而不暇，社稷俄頃而爲墟。報施之徵，何其繆也。而太子太保宋國公瑀踐覆車之餘軌，襲亡國之遺風。棄公就私，未明隱顯之際。身俗口道，莫辨邪正之心。修累葉之殃源，祈一躬之福本。上以違忤君主，下則扇習浮華。往前朕謂張亮云：卿既事佛，何不出家？瑀乃端然自應，請先入道。朕即許之，尋復不用。一迴一惑，在於瞬息之間，自可自否，變於帷扆之所。乖棟梁之大體，豈具瞻之量乎？朕猶隱忍至今，瑀尚全無悛改。宜即去兹朝闕，出牧小藩。可商州刺史，仍除其封。

唐釋彦悰護法沙門法琳别傳中載貞觀十一年正月（適園叢書本唐大詔令集壹壹叁作二月）道士女冠在僧尼之上詔略云：

至於佛教之興，基於西域。爰自東漢，方被中華。神變之理多方，報應之緣匪一。暨乎近世，崇信滋深。人冀當年之福，家懼來生之禍。由是滯俗者聞玄宗而大笑，好異者望眞諦而争歸。始波湧於閭里，終風靡於朝廷。遂使殊俗之典，鬱爲衆妙之先。諸夏之教，翻居一乘之後。流遯忘反，於兹累代。朕夙夜寅畏，緬惟至道。思革前弊，納諸軌物。況朕之本系，出自柱下。鼎祚克昌，既憑上德之慶。天下大定，亦賴無爲之功。宜有解張，闡兹玄化。自今已後，齋供行立。至於講論，道士女冠宜在僧尼之前。庶敦本系之化，暢於九有。尊祖宗之風，貽諸萬葉。

觀上録唐太宗兩詔，知佛教自隋文帝踐祚復興以來，至唐太宗貞觀十一年，始遭一嚴重之壓迫。前此十年，即唐高祖武德九年五月雖有沙汰僧尼道士女冠之詔，其實並未實行。（詳見舊唐書壹高祖紀及通鑑壹玖壹武德九年五月辛巳下詔命有司沙汰天下僧尼道士女冠條。）且彼時詔書，兼涉道士女冠，非專爲僧尼而發也。蓋佛教自北周武帝廢滅以後，因隋文帝之革周命而復興。唐又代隋，以李氏爲唐國姓之故，本易爲道士所利用。而太宗英主，其對佛教，雖偶一褒揚，似亦崇奉者。如貞觀三年閏十二月癸丑爲殞身戎陣者建立寺刹（見舊唐書貳及新唐書貳太宗紀），及優禮玄奘等（詳見慈恩大師傳陸），皆其顯著之例。其實太宗於此等事皆別有政治作用。若推其本心，則誠如其責蕭瑀詔書所謂「至於佛教，非意所遵」者也。當日佛教處此新朝不利環境之中，惟有利用政局之變遷，以恢復其喪失之地位。而不意竟於「襲亡國遺風」之舊朝別系中，覓得一中興教法之宗主。今欲論此中興教法之宗主之武曌與佛教之關係，請先略述其外家楊隋皇室崇奉釋氏之事實於下：

唐釋道宣集古今佛道論衡實録貳隋兩帝重佛宗法俱受歸戒事條云：

案隋著作郎王邵述隋祖起居注云：帝以後魏大統七年六月十三日生於同州般若尼寺。於時赤光照室，流溢户外，紫氣滿庭，狀如樓閣，色染人衣，内外驚異。帝母以時炎熱，就而扇之，寒甚幾絶，因不能啼。有神尼名曰智仙，河東劉氏女也。少出家，有戒行。和尚失之，恐墮井，乃在佛屋，儼然坐定，遂以禪觀爲業。及帝誕日，無因而至。語太祖曰：兒天佛所佑，勿憂也。尼遂名帝爲那羅延，言如金剛不可壞也。又曰：兒來處異倫，俗家穢雜，自爲養之。太祖乃割宅爲寺，以兒委尼，不敢召問。後皇妣來抱，忽化爲龍，驚惶墮地。尼曰：何因妄觸我兒，遂令晚得天下。及年七歲，告帝曰：兒當大貴，從東國來。佛法當滅，由兒興之。尼沈静寡言，時道吉凶，莫不符驗。初在寺養帝，年至十三，方始還家。及周滅二教，尼隱皇家。帝後果自山東入爲天子，重興佛法，皆如尼言。及登位後，每顧羣臣，追念阿闍黎，以爲口實。又云：我興由佛法，而好食麻豆，前身似從道人中來。由小時在寺，至今樂聞鐘聲。乃命史官爲尼作傳。帝昔龍潛所經四十五州，及登極後，悉皆同時起大興國寺。仁壽元年帝及後宫同感舍利，竝放光明，以槌試之，宛然無損。遂前後置塔諸州百有餘所。皆置銘勒，隱於地府。感發神端，充牣耳目。具如王邵所撰感應傳。所以周祖竊忌黑衣當王，便摧滅佛法。莫識隋祖元養佛家。王者不死，何由可識。（參考道宣續高僧傳貳陸感通篇隋釋道密傳。）

隋書壹高祖紀（北史壹壹隋本紀同）云：

皇妣吕氏，以大統七年六月癸丑夜，生高祖於馮翊般若寺，紫氣充庭。有尼來自河東，謂皇妣曰：「此兒所從來甚異，不可於俗間處之。」尼將高祖舍於别館，躬自撫養。皇妣嘗抱高祖，忽見頭上角出，徧體鱗起。皇妣大駭，墜高祖於地。尼自外入，見曰：「已驚我兒，致令晚得天下。」

道宣廣弘明集壹柒隋安德王雄百官等慶舍利感應表云：

其〔蒲州〕栖巖寺者，即是太祖武元皇帝之所建造。

寅恪案，帝王創業，史臣記述，例有符瑞附會之語，楊隋之興，何得獨異？但除去此類附會例語之外，有可注意者二事：一爲隋高祖父母之佛教信仰，一爲隋高祖本身幼時之佛教環境。夫楊氏爲北周勳戚，當北周滅佛之時，而智仙潛匿其家，則楊氏一門之爲佛教堅實信徒，不隨時主之好惡轉移，於此益可以證明也。

隋書叁伍經籍志道佛經類云：

開皇元年，高祖普詔天下，任聽出家。仍令計口出錢，營造經像。而京師及并州相州洛州等諸大都邑之處，並官寫一切經，置於寺內，而又別寫藏於秘閣。天下之人從風而靡，競相景慕。民間佛經多於六經數十百倍。（參閱通鑑壹柒伍陳紀宣帝太建十三年隋主詔境內之民任聽出家條。）

續高僧傳捌隋釋曇延傳略云：

隋文創業，未展度僧。延初聞改政，即事剃落。法服執錫，來至王庭。帝奉聞雅度，欣泰本懷。共論開化之模，孚化之本。延以寺宇未廣，教法方隆。奏請度僧，以應千二百五十比丘五百童子之數。敕遂總度一千餘人，以副延請。此皇隋釋化之開業也。爾後遂多，凡前後別請度者，應有四千餘僧。周廢伽藍並請興復。三寶再弘，功兼初運者，又延之力矣。

寅恪案，周武帝廢滅佛教。隋文帝代周自立，其開國首政即爲恢復佛教。此固別有政治上之作用，而其家世及本身幼時之信仰，要爲一重要之原因，則無疑也。至於煬帝，在中國歷史上通常認爲弒父弒君荒淫暴虐之主，與桀紂幽厲同科，或更不如者。然因其崇奉佛教，尤與天台宗創造者智者大師有深切之關係之故，其在佛教中之地位，適與其在儒家教義中者相反，此乃吾國二種不同文化價值論上之問題，不止若唐代改易漢書古今人表中老子等級之比也。此問題非兹篇所能詳論，今但擇録天台宗著述中與此問題有關之文，略附詮釋，以供參證。

南宋天台宗僧徒志磐撰佛祖統紀叁玖開皇十一年晉王廣受菩薩戒於智者大師條述曰：

世謂煬帝稟戒學慧，而弑父代立。何智者不知預鑑耶？然能借闍王之事以比決之，則此滯自銷。故觀經疏釋之，（寅恪案，此指智者大師之觀無量壽佛經疏。）則有二義：一者事屬前因，由彼宿怨，來爲父子。故阿闍世此云：「未生怨。」二者大權現逆，非同俗間惡逆之比。故佛言：「闍王昔於毘婆尸佛發菩提心，未嘗墮於地獄。」（原注：「涅槃經云。」寅恪案，此語出北本大涅槃經貳拾梵行品第捌之柒末段。）又佛爲授記，却作後佛，號「淨身」。（原注：「闍王受決經。」寅恪案，今此經文作「淨其所部」。志磐所據本「其」作「身」字，故云「淨身」。）又「闍王未受果而求懺，令無量人發菩提心」。（寅恪案，原本此處有「垂裕記」三字。今移置下文「孤山」二字之下。）有能熟思此等文意，則知智者之於煬帝，鑒之深矣。故智者自云：「我與晉王深有緣契。」今觀其始則護廬山主玉泉，終則創國清，保龕壟。而章安結集，十年送供。（原注：「事見智者本紀。」寅恪案，見佛祖統紀陸智者紀。原注本在篇末，今移於此。）以此比知，則煬帝之事，亦應有前因現逆二者之義。孤山（垂裕記）云：「菩薩住首楞嚴定者或現無道，所以爲百王之監也。」（寅恪案，此語見孤山即智圓維摩經略疏垂裕記壹。）

寅恪案，阿闍世王爲弑父弑君之惡主。然佛教經典如大涅槃經梵行品則列舉多種理由，以明其無罪。非但無罪，如阿闍世王受決經且載其未來成佛之預言。智圓之書，成於北宋初期，志磐之書，成於南宋季世，雖皆較晚，疑其所論俱出於唐代天台宗相承之微言，而非二人之臆説也。夫中國佛教徒以隋煬帝比於阿闍世王，則隋煬在佛教中，其地位之尊，遠非其他中國歷代帝王所能竝論。此點與儒家之評價適得其反。二種文化之同異是非，於此不必討論。但隋文帝重興釋氏於周武滅法之後，隋煬帝又隆禮台宗於智者闡教之時，其家世之宗教信仰，固可以推測得知。而武曌之母楊氏既爲隋之宗室子孫，則其人之篤信佛教，亦不足爲異矣。

兹節録舊史及佛藏之文於後，以資證明。

舊唐書壹捌叁外戚傳（新唐書貳零陸外戚傳同）略云：

初〔武〕士彠娶相里氏，又娶楊氏，生三女。長適越王府功曹賀蘭越石，次則天，次適郭氏。則天立爲皇后，追贈士彠爲司徒周忠孝王，封楊氏代國夫人。賀蘭越石早卒，封其妻爲韓國夫人。尋楊氏改封爲榮國夫人。咸亨二年榮國夫人卒。

新唐書壹佰楊恭仁傳（舊唐書陸貳楊恭仁傳略同）略云：

楊恭仁，隋〔司空〕觀王雄子也。執柔，恭仁從孫，歷地官尚書。武后母即恭仁叔父達之女。及臨朝，武承嗣攸寧相繼用事。后曰：「要欲我家及外氏常一人爲宰相。」乃以執柔同中書門下三品。

新唐書柒壹下宰相世系表楊氏觀王條云：

達字士達。隋納言，始安泰侯。（寅恪案，隋書肆叁、北史陸捌楊達傳「泰」作「恭」，應據改。）

舊唐書伍貳后妃傳下玄宗元獻皇后楊氏傳（新唐書柒陸后妃傳上同）云：

玄宗元獻皇后楊氏，弘農華陰人。曾祖士達。隋納言。天授中以則天母族，追封士達爲鄭王，贈太尉。

錢易南部新書甲云：

龍朔中楊思玄恃外戚典選，多排斥選士。

新唐書柒壹下宰相世系表楊氏觀王房條云：

思玄，吏部侍郎。

寅恪案，依據上述，可知武曌之母楊氏爲隋宗室觀王雄弟始安侯達之女。觀王雄者，即前引廣弘明集壹柒隋安德王雄百官等度舍利感應表之安德王雄。雄及其弟達事蹟，詳見周書貳玖、隋書肆叁及北史陸捌等本傳，兹不備録。此武曌血統與楊隋關係之可推尋者。自來論史者多不及此事，其實此點甚可注意也。

唐釋彦悰所編之沙門不應拜俗等事叁載龍朔二年四月二十七日西明寺僧道宣等上榮國夫人楊

氏請論沙門不合拜俗啓一首，下注云：

夫人帝后之母也。敬崇正化，大建福門，造像書經，架築相續。出入宮禁，榮問莫加。

僧等詣門致書云爾。

又彦悰書陸尚載有龍朔二年八月十三日西明寺僧道宣等重上榮國夫人楊氏請論不合拜親啓一首。據此可知武曌之母楊氏必爲篤信佛教之人，故僧徒欲藉其力以保存不拜俗之教規。至楊氏所以篤信佛教之由，今以史料缺乏，雖不能確言，但就南北朝人士其道教之信仰，多因於家世遺傳之事實推測之，（參閲拙著天師道與濱海地域之關係。）則榮國夫人之篤信佛教，亦必由楊隋宗室家世遺傳所致。榮國夫人既篤信佛教，武曌幼時受其家庭環境佛教之薰習，自不待言。又據倫敦博物館藏敦煌寫本大雲經疏（見羅福萇沙州文録補）中：

伏承神皇幼小時已被緇服

之語，則武曌必在入宮以前，已有一度正式或非正式爲沙彌尼之事。所以知者，據通鑑考異拾貞觀十一年武士彠女年十四入宮條云：

舊則天本紀：崩時年八十二。唐曆、焦璐唐朝年代記、統記、馬總唐年小録、聖運圖、會要皆云八十一。唐録政要：貞觀十三年入宮。據武氏入宮年十四。今從吴兢則天實録爲八十二。故置此年。

若依君實之考定，武曌既於貞觀十一年年十四歲入宮，則貞觀二十三年太宗崩後，出宮居感業寺爲尼時，其年已二十六歲。以二十六歲之年，古人決不以爲幼小。故幼小之語，顯指武曌年十四歲未入宮以前而言。然則武曌幼時，即已一度正式或非正式爲沙彌尼。其受母氏佛教信仰影響之深切，得此一事更可證明矣。後來僧徒即藉武曌家庭傳統之信仰，以恢復其自李唐開國以來所喪失之權勢。而武曌復轉借佛教經典之教義，以證明其政治上所享之特殊地位。二者之所以能彼此互相利用，實有長久之因緣，非一朝一夕偶然所可致者，此本篇所討論問題之第一點也。

（丙）武曌與佛教符讖之關係

儒家經典不許婦人與聞國政。其顯著之例如尚書牧誓云：

牝雞無晨。牝雞之晨，惟家之索。

僞孔傳云：

雌代雄鳴則家盡；婦奪夫政則國亡。

詩大雅瞻卬云：

如賈三倍。君子是識。婦無公事。休其蠶織。

毛傳云：

婦人無與外政，雖王后猶以蠶織爲事。

鄭箋云：

賈物而有三倍之利者，小人所宜知也。君子反知之，非其宜也。今婦人休其蠶桑織紝之職，而與朝庭之事，其非宜亦猶是也。

觀此即知武曌以女身而爲帝王，開中國政治上未有之創局。如欲證明其特殊地位之合理，決不能於儒家經典求之。此武曌革唐爲周，所以不得不假託佛教符讖之故也。考佛陀原始教義，本亦輕賤女身。如大愛道比尼經下所列舉女人之八十四態，即是其例。後來演變，漸易初旨。末流至於大乘急進派之經典，其中乃有以女身受記爲轉輪聖王成佛之教義。此誠所謂非常異義可怪之論也。武曌頒行天下以爲受命符讖之大雲經，即屬於此大乘急進派之經典。其原本實出自天竺，非支那所僞造也。

近歲敦煌石室發見大雲經疏殘卷。王國維氏爲之跋尾，考證甚確。（並見沙州文録補。）茲節録其文與本篇主旨有關者於後，並略附以詮釋。凡王氏跋中所已詳者，皆不重論。但佛典原文王跋未及備載，茲亦補録其有關者，以資參校，而便説明。

大雲經疏王氏跋云：

卷中所引經曰及經記云云，均見後涼曇無讖所譯大方等無想經。此經又有竺法念譯本，名大雲無想經。曇公譯本中亦屢見「大雲」字，故知此爲大雲經疏也。（寅恪案，竺法念應作竺佛念，蓋王氏偶爾筆誤。至曇無讖所譯，僅高麗藏本作大方等無想經，其餘宋元明等藏及日本宫内省所藏諸本俱作大方等大雲經也。）案舊唐書則天皇后本紀：「載初元年，有沙門十人僞撰大雲經，表上之，盛言神皇受命之事。制頒於天下，令諸州各置大雲寺，總度僧千人。」又薛懷義傳：「懷義與法明等造大雲經，陳符命，言則天是彌勒下生，作閻浮提主，唐氏合微。故則天革命稱周。其僞大雲經頒於天下，寺各藏一本，令昇高座講説。」新唐書后妃傳所紀略同。宋次道長安志記大雲寺經亦云：「武太后初，光明寺沙門進大雲經，經中有女主之符，因改爲大雲寺。」皆以此經爲武后時僞造。然後涼譯本之末，固詳説黑河女主之事，故贊寧僧史略謂「此經晉代已譯，舊本便曰女王，於時豈有天后」云云，頗以唐書之説爲非。志磐佛祖統紀從之，故於武后載初元年書「勅沙門法朗九人重譯大雲經」，不云僞造。今觀此卷所引經文，皆與涼譯無甚差池。豈符命之説皆在疏中，經文但稍加緣飾，不盡僞託歟？又此疏之成，蓋與僞經同頒天下。故敦煌寺中尚藏此殘卷。

寅恪案，武曌之頒行大雲經於全國，與新莽之「遣五威將軍王奇等十二人班符命四十二篇於天下」（見漢書玖玖中王莽傳）正同一政治作用。蓋革命開國之初，對於民衆宣傳及證明其新取得地位之合理也。今檢曇無讖譯大方等大雲經肆大雲初分如來涅槃健度第叁陸略云：

佛告浄光天女言：汝於彼佛暫一聞大涅槃經。以是因緣，今得天身。值我出世，復聞深義。捨是天形，即以女身當王國土，得轉輪王所統領處四分之一。（寅恪案，此武曌所以稱金輪皇帝之故。）汝於爾時實爲菩薩。爲化衆生，現受女身。

又同經陸大雲初分增長健度第叁柒之餘略云：

我涅槃已七百年後，是南天竺有一小國，名曰無明。彼國有河，名曰黑闇。南岸有城，名曰穀熟。其城有王，名曰等乘。其王夫人産育一女，名曰增長。其王未免忽然崩亡。爾時諸臣即奉此女以繼王嗣。女既承正，威伏天下。閻浮提中所有國土悉來承奉，無拒違者。

寅恪案，觀曇無讖譯大方等大雲經之原文，則知不獨史籍如舊唐書等之僞造説爲誣枉，即僧徒如志磐輩之重譯説，亦非事實。今取敦煌殘本，即當時頒行天下以爲受命符讖之原本，與今佛藏傳本參校，幾全部符合。間有一二字句差池之處，而意義亦無不同。此古來書册傳寫所習見者，殊不能據此以爲有歧異之二譯本也。又因此可知薛懷義等當時即取舊譯之本，附以新疏，巧爲傅會。其於曇本原文，則全部襲用，絶無改易。既不僞造，亦非重譯。然則王跋以爲「經文但稍加緣飾，不盡僞託」，又云：「此疏之成，蓋與僞經同頒天下。」則尚有未諦也。蓋武曌政治上特殊之地位，既不能於儒家經典中得一合理之證明，自不得不轉求之於佛教經典。而此佛教經典若爲新譯或僞造，則必假託譯主，或别撰經文。其事既不甚易作，其書更難取信於人。仍不如即取前代舊譯之原本，曲爲比附，較之僞造或重譯者，猶爲事半而功倍。由此觀之，近世學者往往以新莽篡漢之故，輒謂古文諸經及太史公書等悉爲劉歆所僞造或竄改者，其説殆不盡然。寅恪不敢觀三代兩漢之書，固不足以判決其是非。而其事亦軼出本篇範圍之外，尤不必涉及。但武曌之頒行大雲經與王莽之班符命四十二篇，其事正復相類，自可取與竝論。至若李思順解釋大雲經以爲唐興之符命一案，則又「劉秀當爲天子」之類也。（見通典壹陸玖刑典柒守正門。）此類政治與符讖關係，前人治史，多不知其重要，故特辨之如此。佛教在李唐初期爲道教所壓抑之後，所以能至武周革命而恢復其楊隋時所享之地位者，其原因固甚複雜，而其經典教義可供女主符命附會之利用，要爲一主因。兹迻録唐大詔令集壹壹叁所載武周天授二年三月釋教在道教之上制以爲證明。

朕先蒙金口之記，又承寶偈之文。歷教表於當今，本願標於曩劫。大雲闡奥，明王國之禎符，方寺（寅恪案，「寺」當作「等」，即指大方等大雲經而言。）發揚，顯自在之丕業。馭一境而敦化，弘五戒以訓人。爰開革命之階，方啓維新之命。宜協隨時之義，以申自我之規。雖實際如如，理忘於先後，而翹心懇懇，思展於勤誠。自今以後，釋教宜在道法之上，緇服處黃冠之前，庶得道有識以歸依，極羣生於迴向。布告遐邇，知朕意焉。

觀此制文，凡武曌在政治上新取得之地位，悉與佛典之教義爲證明，則知佛教符讖與武周革命之關係，其深切有如是者。此本篇所討論問題之第二點也。

（丁）結　論

自貞觀十一年（西曆六三七年）正月，（或二月，見乙章。）詔道士女冠在僧尼之上（詔文見乙章）。歷五十四年至天授二年（西曆六九一年）三月，周已革唐命，而有釋教在道法之上之制（制文見丙章）。又歷二十年唐室中興之後，景雲二年（西曆七一一年），復敕僧道齊行並進（敕文見唐大詔令集壹壹叁）。約而論之，凡有三變。若通計自隋煬帝大業之世迄於唐睿宗景雲之初，此一百年間佛教地位之升降，與當時政治之變易，實有關係。而與此百年間政治上三大怪傑即隋煬帝唐太宗及武曌尤多所關涉。故綜合前後政治之因果，依據中西文化之同異，類次舊文，間附臆説，成此短篇，以供研求國史中政治與宗教問題者之參證。

茲有間接與大雲經有關之謝靈運辨宗論中華夷分別一點，略論述之如下。但衹就此端範圍推論，其餘涉及佛教大小乘教義之演變諸問題，則概從省略，以免枝蔓。嚴可均輯全宋文叁貳謝靈運辨宗論云：

華民易於見理，難於受教，故閉其累學，而開其一極。夷人易於受教，難於見理，故閉其頓了，而開其漸悟。漸悟雖可至，昧頓了之實，一極雖知寄，絶累學之冀。良由華人悟理無漸，而誣道無學，夷人悟理有學，而誣道有漸。是故權實雖同，其用各異。

寅恪案，靈運文中所討論者，在華人主頓夷人主漸一事，專爲道生之大涅槃經而發。慧皎高僧傳柒義解肆竺道生傳略云：

又六卷泥洹先至京都，生剖析經理，洞入幽微，迺說一闡提人皆得成佛。於時大本未傳，孤明先發，獨見忤衆，於是舊學以爲邪說，譏憤滋甚，遂顯大衆擯而遣之。後涅槃大本至於南京，果稱闡提悉有佛性，與前所說合若符契。

今據同書貳曇無讖傳略云：

（讖）往罽賓齎大涅槃前分十卷。頃之，復進到姑臧，譯寫初分十卷。次譯大集，大雲，悲華，地持，優婆塞戒，金光明，海龍王菩薩戒本等六十餘萬言。讖以涅槃經本品數未足，還外國究尋。後於于闐更得經本中分，復還姑臧譯之。後又遣使于闐尋得後分，於是續譯爲三十三卷。

然則一闡提可以成佛之大涅槃經出於于闐，確有證明。

玄奘大唐西域記壹貳瞿薩旦那國：

王城東南五六里，有鹿射僧伽藍，此國先王妃所立也。昔者此國未知桑蠶，聞東國有之，命使以求。時東國君秘而不賜，嚴敕關防，無令桑蠶種出也。瞿薩旦那王乃卑辭下禮，求婚東國，國君有懷遠之志，遂允其請。瞿薩旦那王命使迎婦而誡曰，爾致辭東國君女，我國素無絲綿，桑蠶之種，可以持來，自爲裳服。女聞其言，密求其種，以桑蠶之子置帽絮中。既至關防，主者遍索，唯王女帽不敢以檢，遂入瞿薩旦那國，止鹿射伽藍故地。方備儀禮，奉迎入宫，以桑蠶種留於此地，陽春告始，乃植其桑。蠶月既臨，復事採養。初至也，尚以雜葉飼之，自時厥後，桑樹連蔭，王妃乃刻石爲制，不令傷殺，蠶蛾飛盡，乃得治繭，敢有犯違，明神不祐，遂爲先蠶，建此伽藍。數株枯桑，云是本種之樹也。故今此國有蠶不殺，竊有取絲者，來年輒不宜蠶。

及北史玖柒西域傳于闐國傳（參魏書壹佰貳西域傳）云：

自高昌以西，諸國人等，深目高鼻，唯此一國，貌不甚胡，頗類華夏。

可見于闐之地，舊爲華夏民族移居之土。大涅槃經既出于闐，又主張頓悟，靈運謂華人主頓悟，殊有根據，未可以想像之空論目之也。

歷代三寶記壹貳新合大集經條略云：

于闐東南二千餘里，有遮拘迦國，彼王純信敬重大乘。彼土又稱，此國東南二十餘里，有山甚險，其内安置大集，華嚴，方等，寶積，楞伽，方廣舍利，弗陀羅尼，華聚陀羅尼，都薩羅藏，摩訶般若，八部般若，大雲經等凡十二部，皆十萬偈。

寅恪按，歷代三寶記所引此文與澄觀大方廣佛華嚴經隨疏演義鈔壹伍所録文字略有出入，遮拘迦作遮拘槃，藏大雲經等十二部作十一部。槃與迦表面似非同一對音，但王明清揮麈後録陸云：

趙正夫〔挺之〕丞相元祐中與黄太史魯直〔庭堅〕俱在館閣，魯直以其魯人，意常輕之。每庖吏來問食次，正夫必曰：來日喫蒸餅。一日聚飯行令，魯直云：欲五字從首至尾各一字，復合成一字。正夫沈吟久之曰，禾女委鬼魏。魯直應聲曰，來力勑正整。協正夫之音。闔座大笑。

然則趙挺之讀餅爲整，乃其鄉音，可見迦與槃之對音互異，亦由當日地方之土音不同所致也。至於藏經部數，應以十一部爲是。夫大雲經雖未明言出於于闐國，但與于闐相鄰近之遮拘迦國有關，確有明證。大唐西域記壹貳斫句迦國條略云：

周千餘里，編户殷盛。臨帶兩河，頗以耕植蒲萄梨柰。文字同瞿薩旦那國，言語有異。此國中大乘經典部數尤多，佛法至處，莫斯爲盛也。十萬頌爲部者凡有十數，自兹已降，其流寔廣，從此而東，踰嶺越谷，行八百餘里，至瞿薩旦那國。

册府元龜玖陸拾外臣部土風貳云：

（于闐）國人善鑄銅器，其治曰西山城，有屋室市井，菓蓏菜蔬與中國等，尤信佛法。

可知遮拘迦國即大唐西域記中之斫句迦國。歷代三寶記所云東南一千餘里當是訛寫，與西域記等所載，此國位置，絶不能有此遼遠之里程也。此國崇尚大乘，文化雖較于闐爲低，但其人仍屬于闐之影響，據言文字與于闐國同。可證此大乘文化，實從于闐而來。寅恪昔年與鋼君和泰比較各種文字之金剛經，始知玄奘所譯之本，源出自于闐文。是以較其他譯本爲繁。惜此稿本經已不見，故無從詳加説明也。

綜合言之，大雲經雖不出于闐，但亦出自于闐相近之遮拘迦。據北史玖柒西域傳于闐國傳略云：

土宜五穀並桑麻。城東有大水北流，號樹枝水。城西十五里亦有大水名達利水，與樹枝水會，俱北流。

達利河即土耳其語言之，Kara Kachi，Kara，爲黑暗之義，與「土宜五穀並桑麻」等語，翊似皆可與大雲經所言「有一小國，名曰無明。彼國有河，名曰黑闇。南岸有城，名曰熟穀」等文相印證。由是言之，武曌所據以女身得爲帝王之教義，亦間接出自于闐，與謝靈運辨宗論及遮拘迦之華夏移民實有間接關係也。復曌因中國儒教等經典最重男輕女，不許女身得爲帝王，故不得已求之於華夏民族以外之經典，藉資宣傳。殊不知女身得爲帝王之説，實源出華夏移民所主張，此俗所謂家有祖傳之寶，苟爲子孫所忘，而别從他人求乞。斯真爲中外學説歷史之一奇事也。今述大雲經教義已畢，聊舉此端，以供好事之博雅通人一笑云爾。

附注

關於武曌與佛教符讖之問題，可參考矢吹慶輝博士著三階教之研究及湯用彤先生所作同書之跋文。（載史學雜誌第貳卷第伍陸期合刊。）總而言之，大周刊定衆經目録不著録新譯大雲經，尤足證薛懷義等無重譯或僞撰此經之事也。

讀洛陽伽藍記書後

劉知幾史通伍補注篇云：

亦有躬爲史臣，手自刊補，雖志存賅博，而才闕倫敍，除煩則意有所悋，畢載則言有所妨，遂乃定彼榛楛，列爲子注。若蕭大圜淮海亂離志，羊衒之洛陽伽藍記，宋孝王關東風俗傳，王劭齊志之類是也。

顧廣圻思適齋集壹肆洛陽伽藍記跋略云：

予嘗讀史通補注，知此書原用大小字分別書之，今一概連寫，是混注入正文也。意欲如全謝山治水經注之例，改定一本，惜牽率乏暇，汗青無日，爰標識於最後，世之通才倘依此例求之，於讀是書，思過半矣。

於是吴若準洛陽伽藍記集證即依顧氏之説，分析正文子注，羣推爲善本。吴氏自序其書云：

古本既無由見，未必一如舊觀，而綱目麤具，讀是書者，或有取乎？

然吴本正文太簡，子注過繁。其所分析疑與楊書舊觀相去甚遠，唐晏因是有洛陽伽藍記鈎沉之作。其洛陽伽藍記鈎沉自序云：

昔唐劉知幾謂洛陽伽藍記「定彼榛楛，列爲子注」。斯言已逾千歲，而世行本皆刊於明代，子注已雜入正文，無復分别，亦竟無人爲料理出之，此書遂不可讀矣。近者之江吴氏創始爲之畫分段落，正文與注，甫得眉目。然究嫌其限域未清，混淆不免，雖少勝於舊編，猶未盡夫塵障。鄙人索居海上，偶展此書，覺有會於心，乃信手鈎乙。數則以後，迎刃而解，都已盡卷，未敢謂足揆原編，然較各本則有間矣。

故唐本正文較之吴本溢出三倍，似可少糾吴氏之失。但唐氏之分别正文子注，其標準多由主觀，是否符合楊書之舊，仍甚可疑。近人張宗祥君之洛陽伽藍記合校本附録吴本及唐本所分正文，并記其後。略云：

昔顧澗蘋先生欲仿全氏治水經之例，分别此書注文而未果。吴氏聞斯言於其舅朱氏，集證本遂起而分之。然極簡略，恐非楊氏之舊。如楊氏舊文果如吴氏所述，則記文寥寥，注文繁重，作注而非作記矣。楊氏具史才，當不如此。唐氏復因吴氏之簡，起而正之。然第五卷原本注文，且誤入正文，則亦未爲盡合也。蓋此書子注之難分，實非水經注之比，苟無如隱以前之古本可以勘正，實不必泥顧氏之説，强爲分析，致蹈明人竄改古籍之覆轍也。

張君於唐氏所定第壹卷城内永寧寺條正文東西兩門皆亦如之一節下附案語云：

「東西兩門皆亦如之」者，言與「南門圖以雲氣云云」種種相同也。今「圖以雲氣」四十一字作注文，則「皆亦如之」一語，無歸宿矣。

於第伍卷城北凝圓寺條「所謂永平里也注」之「注」字下附案語云：

衒之此記本自有注，不知何時併入正文，遂至不能分別。此「注」字之幸存者，自此至下文「不可勝數」句，當是凝圓寺注文。鈎沉本以此下一句爲正文。

又於其附録之鈎沉本正文城北禪虚寺條「注即漢太上王廣處」句下附以案語，重申其説云：

此處「注」字幸存，即漢太上王廣處六字，明係注文，不得誤入正文。

寅恪案，張君之合校本最晚出，其言「不必泥顧氏之説，强爲分析，致蹈明人竄改古籍之覆轍」，可謂矜慎。於楊書第伍卷，舉出幸存之「注」字，尤足見讀書之精審，不僅可以糾正唐氏之違失已也。然竊有所不解者，吴唐二氏所分析之正文與子注，雖不與楊書原本符會，而楊書原本子注亦必甚多，自無疑義，若凡屬子注，悉冠以「注」字，則正文之與注文分别瞭然，後人傳寫楊書，轉應因此不易淆誤。今之注文混入正文者，正坐楊書原本其子注大抵不冠以「注」字，故後人傳寫牽連，不可分别，遂成今日之本。張君所舉之例，疑是楊書原本偶用「注」字，後人不復删去，實非全書子注悉以「注」字冠首也。鄙意衒之習染佛法，其書製裁乃摹擬魏晉南北朝僧徒合本子注之體，劉子玄蓋特指其書第伍卷惠生宋雲道榮等西行求法一節，以立説舉例，後代章句儒生雖精世典，而罕讀佛書，不知南北朝僧徒著作之中，實有此體，故於洛陽伽藍記一書之製裁義例，懵然未解，固無足異。寅恪昔年嘗作支愍度學説考，載於前歷史語言研究所蔡元培先生六十五歲紀念論文集中，詳考佛書合本子注之體。兹僅引梵夾數事，以比類楊書，證成鄙説，其餘不復備論。

梁僧祐出三藏記集柒支敏度合首楞嚴經記、捌支道林大小品對比要鈔序、支敏度合維摩詰經序、壹壹竺曇無蘭大比丘二百六十戒三部合異序等，俱論合本子注之體裁。兹節録一二，以見其例如下。

支敏度合維摩詰經序略云：

然斯經梵本出自維耶離，在昔漢興，始流兹土。于時有優婆塞支恭明，逮及于晉，有法護叔蘭，先後譯傳，别爲三經，同本人殊出異，或辭句出入，先後不同，或有無離合，多少各異。若其偏執一經，則失兼通之功。廣披其三，則文煩難究。余是以合兩令相附，以明所出爲本，以蘭所出爲子，分章斷句，使事類相從，令尋之者瞻上視下，讀彼案此，足以釋乖迂之勞。

竺曇無蘭大比丘二百六十戒三部合異序云：

余因閑暇，爲之三部合異，粗斷起盡，以二百六十戒爲本，二百五十者爲子，以前出常行戒全句繫之於事末，而亦有永乖不相似者，有以一爲二者，有以三爲一者，余復分合，令事相從。

比丘大戒二百六十事（原注：「三部合異二卷。」）云：

說戒者乃曰：僧和集會，未受大戒者出！僧何等作爲？衆僧和聚會，悉受無戒！於僧有何事？答：說戒。僧答言：布薩。不來者囑授清浄說！諸人者，當說當來之浄！答言：說浄。

據上所引，魏晉南北朝僧徒合本子注之體例，可以推知。洛陽伽藍記伍凝圓寺條，紀述惠生宋雲等使西域事既竟，楊氏結以數語云：

衒之按，惠生行紀事多不盡録。今依道榮傳、宋雲家紀，故並載之，以備缺文。

觀今本洛陽伽藍記楊氏紀惠生使西域一節，輒以宋雲言語行事及道榮傳所述參錯成文，其間頗嫌重複，實則楊氏之紀此事，乃合惠生行紀道榮傳及宋雲家傳三書爲一本，即僧徒「合本」之體，支敏度所謂「合令相附」及「使事類相從」者也。楊書此節之文如：

至乾陀羅城，東南七里有雀離浮圖。道榮傳云：城東四里。

即竺曇無蘭大比丘二百六十戒三部合異序後所附子注之例。其「道榮傳云：城東四里」，乃是

正文「東南七里有雀離浮圖」之子注也。又楊書此節之

〔迦尼色迦〕王更廣塔基三百餘步。道榮傳云：三百九十步。

其「道榮傳云：三百九十步」，乃是正文「三百餘步」之子注也。其餘類此者，不勝枚舉。茲僅揭一、二例，亦如顧氏之意，欲世之通才依此求之，寫成定本，以復楊書之舊觀耳。夫史通所論實指惠生等西行求法一節，而吴唐二氏俱以此節悉爲子注，張君無所糾正，其意殆同目此文全段皆是子注也。故自楊氏此書正文與子注混淆之後，顧氏雖據史通之語，知其書之有注，而未能釐定其文。吴唐張三家治此書極勤，亦未能發此久蔽之覆，因舉魏晉南北朝僧徒合本子注之例，證成鄙説，爲讀是書者進一解，并以求教於通知古今文章體製學術流變之君子。

抑更有可申論者，裴松之三國志注人所習讀，但皆不知其爲合本子注之體。劉孝標世説新語注亦同一體材，因經後人删削，其合本子注之體材，益難辨識。至水經注雖知其有子注，而不知其爲合本。前人研治者甚多，然終以不曉此義，無所發明，徒資紛擾，殊可憫惜。茲特附及之於篇末。

（原載一九三九年九月歷史語言研究所集刊第捌本第貳分）

大乘義章書後

大藏中此土撰述總詮通論之書，其最著者有三，大乘法苑義林章，宗鏡録及遠法師此書是已。宗鏡録最晚出，亦最繁博。然永明之世，支那佛教已漸衰落，故其書雖平正篤實，罕有倫比，而精采微遜，雄盛之氣，更遠不逮遠基之作，亦猶耶教聖奥古斯丁（St. Augustin）與巴士卡兒（Pascal），其欽聖之情，固無差異，而欣戚之感，則迥不相侔也。基公承慈恩一家之學，顓門絶業，今古無儔，但天竺佛教當震旦之唐代，已非復盛時，而中國六朝之世則不然。其時神州政治，雖爲紛爭之局，而思想自由，才智之士亦衆。佛教輸入，各方面皆備，不同後來之拘守一宗一家之説者。嘗論支那佛教史，要以鳩摩羅什之時爲最盛時代。中國自創之佛宗，如天台宗等，追稽其原始，莫不導源於羅什，蓋非偶然也。當六朝之季，綜貫包羅數百年間南北兩朝諸家宗派學説異同之人，實爲慧遠。遠公事蹟見道宣續高僧傳捌。其所著大乘義章一書，乃六朝佛教之總彙。道宣所謂「佛法綱要盡於此焉」者也。今取大乘義章之文，與隋唐大師如智顗玄奘諸人之説相關者數條比勘之，以見其異同。

天台智者大師妙法蓮華經玄義壹下，解「四悉檀」爲十重。其一釋名略云：

悉檀，天竺語。南岳師例，「大涅槃」梵漢兼稱。「悉」是此言，「檀」是梵語，「悉」之言「遍」，「檀」翻爲「施」。佛以四法遍施衆生，故言「悉檀」也。

大乘義章貳肆悉檀義四門分別條云：

四悉檀義，出大智論，言悉檀者，是中（外？）國語，此方義翻，其名不一。如楞伽中子注釋言，或名爲宗，或名爲成，或云理也。

寅恪案，「悉檀」乃梵語 Siddhânta 之對音，楞伽注之言是也。其字從語根 Sidh 衍出，「檀施」之「檀」，乃 dâna 之對音。其字從語根 dâ 衍出，二語絕無關涉，而中文譯者，偶以同一之「檀」字對音，遂致智者大師有此誤釋，殊可笑也。

又道宣集古今佛道論衡卷丙文帝詔令奘法師翻老子爲梵文事條云：

〔玄奘〕染翰綴文，厥初云「道」，此乃人言，梵云「末伽」，可以翻「度」。諸道士等，一時舉袂曰：「道」翻「末伽」，失於古譯。古稱「菩提」，此謂爲「道」。未聞「末伽」以爲「道」也。奘曰：今翻道德，奉敕不輕。須覈方言，乃名傳旨。「菩提」言「覺」，「末伽」言「道」，唐梵音義，確爾難乖，豈得浪翻，冒罔天聽！道士成英曰：「佛陀」言「覺」，「菩提」言「道」，由來盛談，道俗同委。今翻「末伽」，何得非妄？奘曰：傳聞濫真，良談匪惑。未達梵言，故存恒習。「佛陀」天音，唐言「覺者」。「菩提」天語，人言爲「覺」。此則人法兩異，聲采全乖。「末伽」爲道，通國齊解。如不見信，謂是妄談，請以此語，問彼西人。足所行道，彼名何物？非「末伽」者，余是罪人。非惟罔上當時，亦乃取笑天下。

寅恪案，「佛陀」梵文爲 Buddha，「菩提」梵文爲 bodhi，同自語根 Budh 衍出。然一爲具體之名，一爲抽象之名。所謂「人法兩異」者，混而同之，故慈恩以爲不可。「末伽」梵文 Márga 之對音，慈恩以爲「道」之確譯者也。

大乘義章壹捌無上菩提義七門分別條略云：

「菩提」胡語，此翻爲「道」。問曰：經説第一義諦亦名爲「道」，亦名「菩提」，亦名「涅槃」。「道」與「菩提」，義應各別。今以何故，宣説「菩提」翻名「道」乎？釋言：外國説「道」名多，亦名「菩提」，亦曰「末伽」。如四諦中，所有道諦，名「末伽」矣。此方名少，是故翻之，悉名爲「道」。與彼外國「涅槃」「毘尼」此悉名「滅」，其義相似。經中宣説第一義諦名爲「道」者，是「末伽道」。名「菩提」者，是「菩提道」。良以二種，俱名「道」故，得翻「菩提」，而爲「道」矣。

寅恪案，慧遠之書，皆本之六朝舊説。可知佛典中，「道」之一名，六朝時已有疑義，固不待慈恩之譯老子，始成問題也。蓋佛教初入中國，名詞翻譯，不得不依託較爲近似之老莊，以期易解。後知其意義不切當，而教義學説，亦漸普及，乃專用對音之「菩提」，而舍置義譯之「道」。此時代變遷所致，亦即六朝舊譯與唐代新譯（此指全部佛教翻譯事業，非僅就法相宗言。）區別之一例，而中國佛教翻譯史中此重公案，與今日尤有關係。吾人欲譯外國之書，輒有此方名少之感，斯蓋非唐以後之中國人，拘於方以内者所能知矣。

又大乘義章壹衆經教迹義三門分別條略云：

> 晉武都山隱士劉虬所云，佛教無出頓漸二門。是言不盡。如佛所説四阿含經五部戒律，當知非是頓漸所攝。所以而然，彼説被小，不得言頓。説通始終，終時所説，不爲入大，不得言漸。又設餘時所爲，衆生聞小取證，竟不入大，云何言漸？是故頓漸攝教不盡。又復五時七階之言，亦是謬浪。

寅恪案，遠師學説，多與吉藏相近。嘉祥著述如法華玄論壹所謂：

> 人秉五時之規矩，格無方之聖化，妄謂此經，猶爲半字，明因未圓，辨果不足。五時既爾，四宗亦然。廢五四之妄談，明究竟之圓旨。

及法華遊意第肆辨教意門所謂：

> 南方五時説，北土四宗論，無文傷義。昔已詳之，今略而不述也。

等語，皆是。又窺基妙法蓮華經玄贊壹顯時機條略云：

古有釋言，教有五時。乍觀可爾，理即不然。今依古義，且破二時，後餘三時。並如古人破。恐厭文繁，且略應止。

基公大乘法苑義林章壹所引菩提流支法師別傳破劉虬五時判教之説，皆略同大乘義章之説，蓋同出一源也。可知天台宗五時判教之義，本非創自天台諸祖，不過襲用舊説，而稍變易之耳。然與諸祖先後同時諸大師中，亦有不以五時之説爲然者。就吾人今日佛教智識論，則五時判教之説，絶無歷史事實之根據。其不可信，豈待詳辨？然自中國哲學史方面論，凡南北朝五時四宗之説，皆中國人思想整理之一表現，亦此土自創佛教成績之一，殆未可厚非也。嘗謂世間往往有一類學説，以歷史語言學論，固爲謬妄，而以哲學思想論，未始非進步者。如易非卜筮象數之書，王輔嗣程伊川之注傳，雖與易之本義不符，然爲一種哲學思想之書，或竟勝於正確之訓詁。以此推論，則徐健庵成容若之經解，亦未必不於阮伯元王益吾之經解外，别具優點，要在從何方面觀察評論之耳。

上所舉三事，天台悉檀之説，爲語言之錯誤。五時判教之説，爲歷史之錯誤。慈恩末伽之説，爲翻譯之問題。凡此諸端，大乘義章皆有詳明正確之解釋，足見其書之精博，或勝於大乘法苑義林章宗鏡録二書也。

又此書日本刊本，其卷壹標題下，有：

草書惑人，傷失之甚。傳者必真，慎勿草書。

等十六字。寅恪所見敦煌石室卷子佛經注疏，大抵草書。合肥張氏藏敦煌草書卷子三種，皆佛經注疏，其一即此書，惜未取以相校。觀日本刊本「慎勿草書」之語，則東國所據，最初中土寫本，似亦爲草書，殆當日傳寫佛典，經論則真書，而注疏則草書。其風尚固如是歟？因并附記之，以質博雅君子。

禪宗六祖傳法偈之分析

神秀慧能傳法偈壇經諸本及傳燈録等書所載，其字句雖間有歧異之處，而意旨則皆相符會。茲依敦煌本壇經之文，分析説明之。

神秀偈曰：

身是菩提樹。心如明鏡臺。時時勤拂拭。莫使有塵埃。

慧能偈曰：

菩提本無樹。明鏡亦非臺。佛性常清浄。何處有塵埃。

又偈曰：

心是菩提樹。身爲明鏡臺。明鏡本清浄。何處染塵埃。

敦煌本壇經偈文較通行本即後來所修改者，語句拙質，意義重複，尚略存原始形式。至慧能第二偈中「心」「身」二字應須互易，當是傳寫之誤。諸如此類，皆顯而易見，不待贅言。茲所欲討論者，即古今讀此傳法偈者衆矣，似皆未甚注意二事：

（一）此偈之譬喻不適當。
（二）此偈之意義未完備。
請分別言之於下。

（一）

何謂譬喻不適當？考印度禪學，其觀身之法，往往比人身於芭蕉等易於解剥之植物，以説明陰蘊俱空，肉體可厭之意。此類教義爲佛藏中所習見者，無取博徵。請引一二佛典原文，以見其例：

鳩摩羅什譯摩訶般若波羅蜜經貳肆善達品第柒玖云：

行如芭蕉葉，除去不得堅實。

又玄奘譯大般若波羅蜜多經肆柒貳第貳分善達品第柒柒之貳（即前經同本異譯）云：

如實知如芭蕉樹，葉葉析除，實不可得。

又鳩摩羅什等譯禪秘要法經中云：

先自觀身，使皮皮相裹，猶如芭蕉，然後安心。

又沮渠京聲譯治禪病秘要經略云：

次觀厚皮九十九重，猶如芭蕉。次復觀肉，亦九十九重，如芭蕉葉。中間有蟲，細於秋毫。蟲各四頭四口九十九尾。次當觀骨，見骨皎白，如白瑠璃。九十八重，四百四脈入其骨間，流注上下，猶如芭蕉。

據此，可知天竺禪學觀身取譬之例。至於傳法偈中所謂菩提樹者，乃一樹之專稱，釋迦牟尼曾坐其下，而成正覺者。依佛陀耶舍共佛念譯長阿含經壹第壹分初大本緣經所載，先後七佛自毗婆尸至釋迦牟尼，皆坐於一定之樹下，成最正覺。其關於釋迦牟尼之文句，兹迻録於下：

我今如來至真坐鉢多樹下，成最正覺。佛時頌曰：

我今釋迦文。坐於鉢多樹。

玄奘西域記捌摩揭陀國上云：

金剛坐上菩提樹者，即畢鉢羅之樹也。昔佛在世，高數百尺。屢經殘伐，猶高四五丈。佛坐其下，成等正覺，因而謂之菩提樹焉。莖幹黄白，枝葉青翠，冬夏不凋，光鮮無變。

據此，可知菩提樹爲永久堅牢之寶樹，決不能取以比譬變滅無常之肉身，致反乎重心神而輕肉體之教義。此所謂譬喻不適當者也。

（二）

何謂意義未完備？細繹偈文，其意在身心對舉。言身則如樹，分析皆空。心則如鏡，光明普照。今偈文關於心之一方面，已將譬喻及其本體作用敘説詳盡，詞顯而意該。身之一方面，僅言及譬喻。無論其取譬不倫，即使比擬適當，亦缺少繼續之下文，是僅得文意之一半。此所謂意義不完備者也。

然則此偈文義何以致如是之乖舛及不具足乎？應之曰：此蓋襲用前人之舊文，集合爲一偈，而作者藝術未精，空疏不學，遂令傳心之語，成爲半通之文。請略考禪家故事，以資説明。此偈中關於心之部分，其比喻及其體用之説明，佛藏之文相與類似者不少。茲僅舉其直接關係此偈者一事，即神秀弟子浄覺所著楞伽師資記中宋朝三藏求那跋陀之安心法。其原文云：

> 亦如磨鏡。鏡面上塵落盡，心自明浄。

寅恪案，此即宗密禪源諸詮集都序貳敘禪宗之息妄修心宗，所謂：

> 故須依師言教，背境觀心，息滅妄念，念盡即覺悟，無所不知。如鏡昏塵，須時時拂拭，塵盡明現，即無所不照。

者是也。凡教義之傳播衍繹，必有其漸次變易之蹟象，故可依據之，以推測其淵源之所從出，及其成立之所以然。考續高僧傳貳伍習禪六曇倫傳（江北刻經處本）略云：

釋曇倫姓孫氏，汴州浚儀人。十三出家，住修福寺，依端禪師。然端學次第觀，便誡倫曰，汝繫心鼻端，可得静也。倫曰：若見有心，可繫鼻端。本來不見心相，不知何所繫也。異時〔端禪師〕告曰，令汝學坐，先净昏情。猶如剥葱，一一重重剥却，然後得净。倫曰，若見有葱，可有剥削。本來無葱，何所剥也。

據續高僧傳，曇倫卒於武德末年，年八十餘。則其生年必在魏末世。故以時代先後論，神秀慧能之偈必從此脱胎，可無疑義。芭蕉爲南方繁茂之植物，而北地不恒見。端禪師因易以北地日常服食之葱。可謂能近取譬者也。若復易以「冬夏不凋，光鮮無變」之菩提寶樹，則比擬不倫，失其本旨矣。蓋曇倫學禪故事原謂本來無葱，故無可剥。本來無心，故無可繫，身心並舉，比擬既切，語意亦完。今神秀慧能之偈僅得關於心者之一半。其關於身之一半，以文法及文意言，俱不可通。然古今傳誦，以爲絶妙好詞，更無有疑之者，豈不異哉！予因分析偈文内容，證以禪門舊載，爲之説明。使參究禪那之人，得知今日所傳唐世曹溪頓派，匪獨其教義宗風溯源於先代，即文詞故實亦莫不掇拾前修之緒餘，而此半通半不通之偈文，是其一例也。

（原載一九三二年清華學報第柒卷第貳期）

有相夫人生天因緣曲跋

（「有相」寫本多譌作「有於」）

上虞羅氏藏敦煌石室寫本佛曲三種（見敦煌零拾卷肆），其第叁種，貞松先生謂不知演何經。寅恪案，魏吉迦夜曇曜共譯之雜寶藏經卷拾，優陀羨王緣有相夫人生天事，適與此合。石室比丘尼之名亦相同。惟國王名稱異，或别有所本，未可知也。又義浄譯根本説一切有部毘奈耶卷肆伍入宫門學處第捌貳之貳仙道王及月光夫人事，亦與此同。梵文Divyavadāna第叁柒Rudrāyana品（見一九零七年通報Prof. Sylvin Lévi論文），西藏文甘珠爾律部卷玖，均載此事。寅恪曾見柏林人類學博物館土魯蕃部壁畫中有歡喜王觀有相夫人跳舞圖。可知有相夫人生天因緣，爲西北當日民間盛行之故事，歌曲畫圖，莫不於斯取材。今觀佛曲體裁，殆童受喻鬘論，即所謂馬鳴大莊嚴經論之支流，近世彈詞一體，或由是演譯而成。此亦治文化史者，所不可不知者也。

（原載前清華學校研究院國學論叢第壹卷第貳號）

須達起精舍因緣曲跋

上虞羅氏所藏敦煌石室唐寫本佛曲第壹種（見敦煌零拾四之一），首尾俱殘闕不完。雪堂參事丈謂不知演何經。寅恪詳繹其内容，蓋演須達起精舍因緣中舍利弗降伏六師一節也。檢賢愚經玖（大正大藏本）須達起精舍品肆壹所載：

舍利弗言，正使此輩，六師之衆，滿閻浮提，數如竹林，不能動吾足上一毛，欲較何等，自恣聽之。須達歡喜，更著新衣，沐浴香湯，即往白王，我已問之，六師欲較，恣隨其意。國王是時，告諸六師，今聽汝等，共沙門較。是時六師，宣語國人，却後七日，當於城外寬博之處，與沙門較。舍衛國中，十八億人，時彼國法，擊鼓會衆。若擊銅鼓，八億人集。若打銀鼓，十四億集。若振金鼓，一切皆集。七日期滿，至平博處，椎擊金鼓，一切都集。六師徒衆，有三億人。是時人民，悉爲國王及其六師，敷施高座。爾時須達，爲舍利弗，而施高座。時舍利弗，在一樹下，寂然入定，諸根寂默，遊諸禪定，通達無礙，而作是念，此會大衆，習邪來久，憍慢自高，草芥羣生，當以何德，而降伏之。思惟是已，當以二德，即立誓言，若我無數劫中，慈孝父母，敬尚沙門婆羅門者。我初入會，一切大衆，當爲我禮。爾時六師，見衆已集，而舍利弗，獨未來到，便白王言，瞿曇弟子，自知無術，僞求較能，衆會既集，怖畏不來。王告須達，汝師弟子，較時已至，宜來談論。是時須達，至舍利弗所，長跪白言，大德！大衆已集，願來詣會。時舍利弗，從禪定起，更整衣服，以尼師壇，著左肩上，徐詳而步，如師子王，往詣大衆。是時衆人，見其形容，法服有異，及諸六師，忽然起立，如風靡草，不覺爲禮。時舍利弗便昇須達所敷之座。六師衆中，有一弟子，名勞度差，善知幻術。於大衆前，咒作一樹，自然長大，蔭覆衆會，枝葉鬱茂，華果各異。衆人咸言，此變乃是勞度差作。時舍利弗，便以神力，作旋嵐風，吹拔樹根，倒著於地，碎爲微塵。衆人皆言，舍利弗勝，今勞度差便爲不如。又復咒作一池，其池四面，皆以七寶，池水之中，生種種華。衆人咸言，是勞度差之所作也。時舍利弗，化作一大六牙白象，其一牙上，有七蓮華，一一華上，有七玉女。其象徐詳，往詣池邊，并含其水，池即時滅。衆人悉言，舍利弗勝，勞度差不如。復作一山，七寶莊嚴，泉池樹木，華果茂盛。衆人咸言，此是勞度差作。時舍利弗即便化作金剛力士，以金剛杵，遥用指之，山即破壞，無有遺餘。衆會皆言，舍利弗勝，勞度差不如。

故寅恪頗疑此殘卷卷首第壹之「毛」字。或即「不能動吾足上一毛」之「毛」字。考巴利文增一阿含經 Auguttara-Nikāya（英倫巴利學會本）第壹篇 Eku-Nipāta 第壹肆品 Etadagga-Vagga 列舉釋迦牟尼諸大弟子品德，稱舍利弗爲大智慧，大目犍連具神通。Mahāpaññānam-Yadidam Sariputto Iddhi-Mantānam Yadidam Mahā Moggallāno 故目連神通事蹟，多散見於諸經典，而舍利弗之以神通顯者，則降伏六師，見於賢愚經須達起精舍緣品外，尚有以腰帶與目連較力事，見東晉罽賓三藏瞿曇僧伽提婆譯增一阿含經貳玖（大正大藏本）所載：

是時目連復重語曰，云何舍利弗神足之中，能勝吾乎？然今先遣使在前耶？若舍利弗不時起者，吾當捉臂，將詣彼泉。是時舍利弗便作是念曰，目連方便試弄吾耳。爾時尊者舍利弗，躬解竭支帶在地，語目連曰，設汝神足第一者，今舉此帶，使離於地，然後捉吾臂將詣阿耨達泉。是時目連復作是念，今舍利弗，復輕弄我，將欲相試乎？

今解帶在地云，能舉者然後捉吾臂將詣泉所。是時目連，復作是想，此必有因事不可苦爾。即時申手，而取帶舉，然不能使帶移動，如毫氂許。是時目連盡其力勢，移此帶不能使動。是時舍利弗取此帶繫著閻浮樹枝。是時尊者目連，盡其神力，欲舉此帶，終不能移，當舉此帶時，此閻浮地大震動。

及鳩摩羅什譯大智度論肆伍（大正大藏本）所載：

舍利弗見目連貴其神通，即以腰帶擲地語言，汝舉此帶去。目連以兩手舉帶，不能離地，即入諸深定舉之，地爲大動，帶猶著地。

今取此佛典與賢愚經原文較，已足見演經者之匠心，及文學藝術漸進之痕跡，而今世通行之西遊記小説，載唐三藏車遲國鬬法事，固與舍利弗降伏六師事同。又所述三藏弟子孫行者豬八戒等，各矜智能諸事，與舍利弗目犍連較力事，或亦不無類似之處。因併附記之，以供治小説考證者采覽焉。戊辰元夕義寧陳寅恪。

敦煌本唐梵翻對字音般若波羅密多心經跋

倫敦博物館藏敦煌本唐梵對音心經一卷，前有序文，題：

西京大興善寺石壁上録出，慈恩和尚奉昭（詔）述。

序文後附不空譯蓮花部等普讚三寶梵文對音一節。又經名題下注云：

觀自在菩薩與三藏法師玄奘親教授梵本，不潤色。

寅恪嘗取此本與今存諸梵文本及譯本校讀一過，其異同已別於學校講授時詳言之。兹不贅述。惟此本對音，自「尾儞也乞叉喻」至「只哆囉拏」一節重複，當是傳寫之誤。而梵文對音下所注之中文，意義往往譌舛，句讀離析，亦多未當。又與玄奘譯本之文詳略互異，其非出於華梵兼通之大法師如慈恩其人者，固不待言。疑此本梵文對音，雖受自西僧，而此土學侶取漢譯之義，逐字注之，以不解梵語文法，故多謬誤也。此本心經之序，既稱録自西京大興善寺，而譯蓮花部等普讚三寶梵文對音之不空，即居於此寺。今本又列對音三寶讚於此本心經序文及本文之間。或者對音三寶讚與此本心經俱出於不空之手歟？

序文中所紀此經傳授始末，頗爲詭異，似不可信，然亦有所本。大慈恩寺三藏法師傳壹云：

莫賀延磧長八百餘里，古曰沙河。上無飛鳥，下無走獸，復無水草。是時顧影，唯一心但念觀音菩薩及般若心經。初法師在蜀，見一病人身瘡臭穢，衣服破污，愍將向寺，施與衣服飲食之直。病者慚愧，乃授法師此經。因常誦習。至沙河間，逢諸惡鬼，奇狀異類，遶人前後，雖念觀音，不能令去，及誦此經，發聲皆散。在危獲濟，實所憑焉。

可知奘公與此經原有一段因緣。若序文中所言觀音化身，保衛行途，取經滿願，後復於中天竺摩竭陀國那爛陀寺，現身昇空等靈異，則皆後來附益演變之神話故事，即唐三藏取經詩話，銷釋真空寶卷，西遊記等書所從出也。

又陸放翁入蜀記伍云：

（乾道五年九月）十三日泊柳子，夜過全證二僧舟中，聽誦梵語般若心經。此經惟蜀僧能誦。

據此，西蜀實有梵語般若心經之本，必爲前代傳授之舊，至南宋時僧徒猶能諷誦。然則慈恩之受梵本心經於成都，未嘗不可信。其度磧所遇鬼怪，乃沙漠空氣之幻影。今日旅行其地者，往往見之，固無足異也。

寅恪所見敦煌本中文金光明經冥報傳（合肥張氏所藏）西夏文之譯本（北平圖書館藏）及畏兀吾文譯本（俄國科學院佛教叢書第壹柒種），皆取以冠於本經之首。吐蕃文金剛經冥報傳（一千九百二十四年普魯士科學院哲學歷史組壹柒報告），雖殘闕不完，以體例推之，應亦相同。斯蓋當時風尚，取果報故事與本經有關者，編列於經文之前，以爲流通之助。由是言之，此本心經序文，歷敘姻緣，盛談感應，乃一變相之冥報傳。實考證玄奘取經故事之重要材料，殊未可以尋常經典序文目之也。復次，太平廣記壹佰貳至壹佰捌報應類壹至柒金剛經條，壹佰玖報應類捌法華經條，壹佰拾至壹壹壹報應類玖觀音經條等故事，當皆取自金剛經、法華經、觀音經卷首之序文而別行者。寅恪初不知廣記諸條之來源，兹因讀此敦煌卷子，始豁然通解，故並附及之，以告世之研究小説源流者。

（原載國學論叢第貳卷第貳期）

附　記

俞樾春在堂隨筆玖云：

般若波羅蜜多心經云，色不異空，空不異色。色即是空，空即是色。余謂既云不異，不必更云即是矣。誦此經者，人人皆以此四句爲精語，實複語也。及讀世説文學篇注引支道林即色論妙觀章云，夫色之性也，不自有色，色不自有，雖色而空。故曰，色即爲空，色復異空。此二句語簡而意該，疑經文本云，色即是空，空即是色。色復異空，空復異色。蓋即金剛經非法非非法之旨。所謂無實無虛也。余於金剛經注言之詳矣。譯者誤耳。

寅恪案，今心經梵文原本尚存，「色不異空」一節，共有六句。玄奘譯爲四句，已從省略。蓋宣傳宗教，不厭重複。梵文諸經本中，往往有 Peyala 或作 Pya. 即重誦三遍之意。曲園先生精通中國訓詁古文章句之學，此條乃拘於中文範圍，故有此誤説耳。時代囿人，不足爲病也。

（一九六五年六月）

敦煌本心王投陀經及法句經跋尾

倫敦博物館藏敦煌寫本斯坦因第貳肆柒肆號佛爲心王菩薩説投陀經卷上一卷五陰山室寺禪師惠辯注及斯坦因第貳仟貳壹號佛説法句經一卷。又巴黎國民圖書館藏敦煌寫本伯希和第貳叁貳伍號法句經疏一卷，今俱刊入大正續藏疑似部中，寅恪取閲之，了無精義，蓋僞經之下品也。檢唐道宣大唐内典録拾歷代所出疑僞經録（唐智升開元釋教録壹捌僞妄亂真録同）載有：

法句經兩卷（下卷寶明菩薩）。

其寶明菩薩之語，與此法句經所載符會，然則經文雖僞撰，而李唐初葉即已流行民間矣。又鐵琴銅劍樓本白氏文集貳和答〔元微之〕詩十首之一和思歸樂云：

身委逍遥篇，心付頭陁經。

同書壹肆和〔元微之〕夢遊春詩一百韻結句云：

法句與心王，期君日三復。

自注云：

微之常以法句及心王頭陀經相示，故申言以卒其志也。

寅恪昔日讀白詩至此，以未能得其確詁爲憾。今見此佚籍，始知白詩之心王頭陀經即敦煌寫本之佛爲心王菩薩説投陀經，至其所謂法句經，即敦煌寫本之僞法句經，復是一僞書，而非今佛藏所收吴晉以來相傳之舊本也。特爲記之，以告同讀香山詩者，此或亦今日老嫗之所不能解者歟？

（原載一九三九年歷史語言研究所集刊第捌本第壹分）

敦煌本維摩詰經文殊師利問疾品演義跋

上虞羅氏所刊敦煌零拾中有佛曲三種，其二爲維摩詰經文殊問疾品演義。寅恪案，佛典製裁長行與偈頌相間，演説經義自然倣效之，故爲散文與詩歌互用之體。後世衍變既久，其散文體中偶雜以詩歌者，遂成今日章回體小説。其保存原式，仍用散文詩歌合體者，則爲今日之彈詞。此種由佛經演變之文學，貞松先生特標以佛曲之目。然古杭夢餘録武林舊事等書中本有説經舊名，即演説經義，或與經義相關諸平話之謂。敦煌零拾之三種佛曲皆屬此體，似不如逕稱之爲演義，或較適當也。今取此篇與鳩摩羅什譯維摩詰所説經原文互勘之，益可推見演義小説文體原始之形式，及其嬗變之流別，故爲中國文學史絶佳資料。考佛教初起，其教徒本限於出家之僧侣，後來傳佈既廣，漸推及於在家之居士。北魏吉迦夜曇曜共譯之雜寶藏經玖難陀王與那伽斯那共論緣云：

王復問言：出家在家，何者得道？斯那答言：二俱得道。王復問言：若俱得道，何必出家？斯那答言：譬如此去三千餘里，若遣少健，乘馬賫糧，捉於器仗，得速達不？王答言：得。斯那復言：若遺老人，乘於疲馬，復無糧食，爲可達不？王言：縱令齎糧，猶恐不達，況無糧也。斯那言：出家得道，喻如少壯，在家得道，如彼老人。

據此，則同爲佛教信徒，出家在家之間，未嘗無階級高下之分別也。若維摩詰者，以一在家之居士，其神通道力，遠過於諸菩薩聲聞等。佛遣其大弟子及彌勒佛等往問其疾，竟皆辭避而不敢往。舍利弗者，佛弟子中智慧第一之人。維摩詰宅神之天女以智辯窘之，甚至故違沙門戒法，以香華散著其身，雖以神力去之而不得去，復轉之使爲女身。然則淨名之宅神，與釋迦之大弟子，其程度高下有如是者。故知維摩詰經之作者，必爲一在家居士，對於出家僧侶，可謂盡其玩弄遊戲之能事，實佛藏中所罕見之書也。唐復禮十門辯惑論通力上感門云：

竊見維摩神力，掌運如來，但十地之觀，尚隔羅縠，如何一掌之內，能容十號之尊乎？非獨以卑移尊，於理非順，實亦佛與菩薩，豈無等差，如有等差，安能運佛？如無等差，何須成佛也。

又云：

維摩羅詰者，示居家而弘道，不思議道利用無方，是以五百聲聞，咸辭問疾；八千菩薩，莫能造命。彌勒居一生之地，服其懸解；文殊是衆佛之師，謝其真入。

觀此，可知維摩詰經紀其書中主人之神通道力，逾越恒量，故與其他經典衝突，宜乎復禮釋權無二之十疑以之爲首也。夫大乘佛典之編纂，本後於小乘，而維摩詰經者，又爲更後一期之著作。否則在家居士豈能凌駕出家僧侣之上，如浄名經之所紀者乎？蓋當此經成書之時，佛教經典之撰著，已不盡出於出家僧侣之手，即在家居士，亦有從事於編纂者，斯其明證也。

維摩詰故事在印度本國之起源，不可詳考。玄奘大唐西域記柒云：

> 吠舍釐國有窣堵波，是毗摩羅詰故宅基址，多有靈異。去此不遠，有一神舍，其狀壘磚，傳云積石，即無垢稱長者現疾説法之處云。去此不遠有窣堵波，長者子寶積故宅也。

又法苑珠林貳玖聖迹部略云：

> 寺東北四里許有塔，是維摩故宅基，尚多靈神。其舍壘甎，傳云積石，即是説法現疾處也。於大唐顯慶年中勑使衛長史王玄策因向印度，過浄名宅，以笏量基，止有十笏，故號方丈之室也。並長者寶積宅，菴羅女宅，佛姨母入滅處，皆立表記。

凡地方名勝古蹟，固不盡爲歷史事實，亦有依託傅會者。但依託傅會之名勝古蹟，要須此故事或神話先已傳播於社會，然後始能産生。據玄奘之記載，可知維摩詰故事，在印度當時，必極流行之故事也。今僅於中文之資料考之，亦可略見其在印度本國變遷滋乳之始末焉。

維摩詰經梵本今日或尚存在，以未得見，故不置論。藏文正藏中有法戒譯聖無垢稱所説大乘經六卷，共十三品，其書譯於中國北宋之世。中文先後凡數譯，即後漢嚴佛調譯古維摩經一卷，今佚。吴支謙譯維摩詰説不思議法門經二卷，今存。西晉竺法護譯維摩詰所説法門經一卷，今佚。西晉竺叔蘭譯毗摩羅詰經三卷，今佚。後秦鳩摩羅什譯維摩詰所説經三卷，今存。及唐玄奘譯説無垢稱經六卷，今存。自後漢至北宋時將千載，而此經屢經迻譯，則梵文原本流傳不絶，廣布人間，可以推知。然此但就維摩詰居士本身，及維摩詰經本經言之耳。此經鳩摩羅什譯本佛道品云：

爾時會中有菩薩名普現色身問維摩詰言：居士父母妻子親戚眷屬吏民智識悉爲是誰？奴婢僮僕象馬車乘皆何所在？於是維摩詰以偈答曰：

智度菩薩母，方便以爲父，一切衆導師，無不由是生。法喜以爲妻，慈悲心爲女，善心誠實男，畢竟空寂舍。弟子衆塵勞，隨意之所轉，道品善知識，由是成正覺。諸度法等侣，四攝衆伎女，歌詠誦法言，以此爲音樂。

據此，是此經作者之原意，維摩詰居士實無眷屬，故於方便品雖言其現有眷屬，而佛道品則將其父母妻子悉託之抽象名詞，絶非謂具體之人也。而今大藏中有西晉竺法護譯佛教大方等頂王經，一名維摩詰子問經一卷，梁月婆首那譯大乘頂王經一卷，隋耆那崛多譯善思童子經二卷，皆紀維摩詰子事，是維摩詰實有子矣。大藏中復有隋耆那崛多譯月上女經二卷，紀維摩詰女月上事，是維摩詰實有女矣。又月上女經卷上云：「其人（指維摩詰言）有妻，名曰無垢。」是維摩詰實有妻矣。諸如此類，皆維摩詰故事在印度本土自然演化滋乳之所致，而自翻譯輸入支那之後，其變遷程序亦有相似之蹟象焉。

隋吉藏淨名玄論貳云：

佛譬喻經云：淨名姓碩（？），名大仙，王氏。別傳云：姓雷氏，父名那提，此云智基（慕）。母姓釋氏，名喜，年十九嫁。父年二十三婚，至二十七於提婆羅城内生維摩。維摩有子字曰善思，甚有父風，佛授其記，未來作佛。別有維摩子經一卷，可尋之也。

又嘉祥維摩詰經義疏壹云：

舊傳云：佛譬喻經說，淨名姓王氏。別傳云：姓雷氏。祖名大仙。父曰那提，此云智慕。母姓釋氏，字喜，十九嫁。父二十三婚。子曰善思，甚有父風，如來授記，未來作佛。

吉藏未得彼經文也。

又唐復禮十門辯惑論通力上感門末云：

亦將金粟之名，傳而有據者也。

下注云：

吉藏師云：金粟事出思惟三昧經，自云未見其本。今檢諸經目録，無此經名。竊謂西國有經，東方未譯者矣。

又文選王簡棲頭陀寺碑文云：

金粟來儀。

李善注云：

發迹經曰：净名大士是往古金粟如來。

寅恪案，唐道宣續高僧傳壹壹吉藏傳云：

在昔陳隋廢興，江陰凌亂，道俗波迸，各棄城邑，乃率其所屬，往諸寺中，但是文疏，並皆收聚，置於三間堂内。及平定後，方洮簡之，故目學之長，勿過於藏。

然則嘉祥爲當時最博雅之大師，而關於維摩詰之經典，如佛譬喻經及思惟三昧經皆所未見，即最流行之金粟如來名詞，復不知所出。李崇賢文選注所引之發迹經，今已不存，疑與佛譬喻經等爲同類之書，亦嘉祥之所未見。因知此類經典，所記姓氏，如王氏雷氏等，必非印度所能有，顯出於中國人之手，非譯自梵文原經。雖流布民間，而不列於正式經典之數。所以一代博洽之學人，亦不得窺見。蓋維摩詰經本一絶佳故事，自譯爲中文後，遂盛行於震旦。其演變滋乳之途徑，與其在天竺本土者，不期而闇合。即原無眷屬之維摩詰，爲之造作其祖及父母妻子女之名字，各繫以事蹟，實等於一姓之家傳，而與今日通行小説如楊家將之於楊氏，征東征西之於薛氏，所紀内容，雖有武事哲理之不同，而其原始流别及變遷滋乳之程序，頗復相似。若更推論之，則印度之頂王經月上女經，六朝之佛譬喻經思惟三昧經等，與維摩詰經本經之關係，亦猶説唐小英雄傳小五義以及重夢後傳之流，與其本書正傳之比。雖一爲方等之聖典，一爲世俗之小説，而以文學流别言之，則爲同類之著作。然此祇可爲通識者道，而不能喻於拘方之士也。當六朝之世，由維摩詰故事而演變滋乳之文學，有印度輸入品與支那自製品二者，相對並行。外國輸入者，如頂王經等，至今流傳不絶。本土自製者，如佛譬喻經等，久已湮没無聞。以同類之書，千歲而後，其所遭際殊異至此，誠可謂有幸有不幸者矣。

嘗謂吾國小説，大抵爲佛教化。六朝維摩詰故事之佛典，實皆哲理小説之變相。假使後來作者，復遞相仿效，其藝術得以隨時代而改進，當更勝於昔人。此類改進之作品，自必有以異於感應傳冥報記等濫俗文學。惜乎近世小説雖多，與此經有關係者，殊爲罕見。豈以支那民族素乏幽渺之思，净名故事縱盛行於一時，而陳義過高，終不適於民族普通心理所致耶？或謂禪宗語録並元曲中龐居士及其女靈照故事，乃印度哲理化之中國作品，但觀其内容，摹擬過甚，殊有生吞活剥之嫌，實可視爲用中國紡織品裁製之「布拉吉」。東施效顰，終爲識者所笑也。他若維摩詰故事之見於美術品者，若楊惠之之所塑（鳳翔天柱寺），即蘇子瞻之所詠，今已不可得見。然敦煌畫本，尚在人間（伯希和敦煌攝影集第壹册第壹壹片），雲崗石刻，猶存代北，（雲崗石刻有維摩詰示疾像。）當時文化藝術藉以想像推知，故應視爲非文字之史料，而與此演義殘卷，可以互相印證發明者也。

又北京圖書館藏敦煌卷子中有維摩詰經菩薩品持世菩薩對佛不任問疾一節，俗文一卷及維摩詰經頌一卷。後者以五言律句十四首，分詠全經各品之義，未知何人所作，亦維摩詰經之附屬文學也。附識於此，以俟考證焉。

（原載一九三〇年歷史語言研究所集刊第貳本第壹分）

斯坦因 Khara-Khoto 所獲西夏文大般若經考

此西夏文大般若波羅蜜多經殘本，王靜如君已別爲譯證。俄國科學院亞細亞博物館所藏西夏文書中亦有此經。據 A. A. Dragunov 君鈔寄之目録，其第壹種即是此經。至其與此殘本異同如何，因未得見，不敢確言。以意揣之，當無差別。西夏佛經多自中文迻譯，而俄國所藏此經之名爲中文音譯，可知西夏譯本亦從中文玄奘本所轉翻也。寅恪所見西夏文殘本，僅據斯坦因書之影片。（Innermost Asia, vol. III, Plates）標題品目既未獲覩，前後首尾復不完具，故初亦未能定其爲何種經典。後王君取其文字之真確可識及疑似參半者，皆注譯之，持以見示。於是漸次推得與其相當之中文原本卷帙品目及文句之所在，而譯夏爲漢之工事，得此憑藉，遂可比勘參校，定其異同。雖此殘本卷帙至少，然因是亦略有發明，斯固治西夏學者之一快也。

茲取此西夏譯文殘本與中文原本相應之卷帙品目，條列於下，以備參考。至漢夏原本及譯本之文句同異，悉載王君所爲譯證中，不復具詳於此焉。

（一）斯氏影片CXXXVI（右下）K. K. V. b. 022. a爲大般若波羅蜜多經第壹玖陸卷初分難信解品第叁肆之壹伍，即大正藏第伍卷第壹零叁零頁上第壹玖行至中第壹行。

（二）斯氏影片CXXXVII（右上）K. K. V. b. 04-b爲大般若波羅蜜多經第貳佰卷初分難信解品第叁肆之壹玖，即大正藏第伍卷第壹零柒肆頁上第貳柒行至中第玖行。（此片中文原出卷數品名及文句爲王君所檢出，不敢掠美，附此聲言。）

（三）斯氏影片CXXXVI（左下）K. K. V. b. 023e. I爲大般若波羅蜜多經第叁伍叁卷初分多問不二品第陸壹之叁，即大正藏第陸卷第捌壹肆頁下第壹柒行至第貳柒行。

（四）斯氏影片CXXXVI（左下）K. K. V. b. 023e. II爲大般若波羅蜜多經第叁伍捌卷初分多問不二品第陸壹之捌，即大正藏第陸卷第捌肆伍頁中第貳伍行至第貳玖行。

寅恪嘗讀慈恩法師傳拾略云：

至〔顯慶〕五年（西曆六六〇年）春正月一日，起首翻大般若經，梵本總有二十萬頌。文既廣大，學徒每請删略。法師將順衆意，如羅什所翻，除繁去重。作此念已，於夜夢中，即有極怖畏事，以相警誡。或見乘危履險，或見猛獸搏人。流汗顫慄，方得免脱。覺已驚懼，向諸衆説，還依廣翻。夜中乃見諸佛菩薩眉間放光，照觸己身，心意怡適。法師又自見手執華燈，供養諸佛。或昇高座，爲衆説法。多人圍繞，讚嘆恭敬。或夢見有人奉己名果，覺而喜慶，不敢更删，一如梵本。然法師翻此經時，汲汲然恒慮無常。謂諸僧曰，玄奘今年六十有五，必當卒命於此伽藍。（寅恪案，指玉華寺。）經部甚大，每懼不終。人人努力加勤，勿辭勞苦。至龍朔三年（西曆六六三年）冬十月二十三日方乃絶筆。合成六百卷。稱爲大般若經焉。

此經爲大藏中卷帙之最富者。若非慈恩忍死從事，歷四載之久，必不能成此鉅工無疑也。清康熙時葛麟所著般若綱要，自述原起云：

遂於己酉（康熙八年。西曆一六六九年。）新正開經，迄今庚戌（康熙九年。西曆一六七〇年。）除月告竣。其間病疽病脱，心則無輟。從事大經，恰得二年，而以夜分計之，實爲三載。此一時中，更無雜想縈繞，亦止餘經兼進。因茲多病，恒慮無常，誓欲徹通晝夜，祛除蓋眠。當夏候曉，露坐庭除，冷泉盥漱，便復開卷，日射几席，乃復入户。冬夜熟睡一覺，吹燈起坐，雞聲月色，領納甚親。或時紙窗色青，短檠發赤，投筆而起。至於居恒鍵户，以閾自限。惟二時飯粥，間歇少傾，即二浄亦不遠左右。後圃草色，室邇喁喁，疏散如客，親者疑訝。已畢事之日，矻矻乍解，胸臆如釋去一物，身心大休，頗爲罄快。是晚忽下停淤數升，而神思略無困倦。自念大經六百卷，閲時亦不下六百日。

據此，則六百卷之大經，譯之者固甚難，而讀之者復不易也。寅恪初察此殘本内容，頗類玄奘譯大般若波羅蜜多經，因取六百卷之大經，反覆檢閱，幸而得其與西夏譯本相應之處。此經意義既有重複，文句復多近似。當時王君擬譯之西夏文殘本，仍有西夏原字未能確定及無從推知者，故比勘異同印證文句之際，常有因一字之羨餘，或一言之缺少，亦須竟置此篇，別尋他品。往往掩卷躊躇，廢書歎息。故即此區區檢閱之機械工作，雖絶難與昔賢翻譯誦讀之勤苦精誠相比並，然此中甘苦，如人飲水，冷煖自知，亦有未易爲外人道者也。今幸王君得以考定其文，詳載所著譯證，寅恪更就此殘本西夏文字中關於譯漢爲夏者，拈舉二事，以質正於世之治西夏學者。

（一）[illegible]

斯氏影片CXXXVI（右下）K. K. V. b. 022. a第貳行之第玖字及第拾字。又第肆行之第肆字及第伍字。又第柒行之第拾字及第壹壹字。又第玖行之第壹陸字與第拾行之第壹字，皆是此名詞，即大般若經中文「有情」之譯語也。但西夏文妙法蓮華經以此名詞譯中文之「衆生」（見羅氏西夏國書類編第貳伍頁第肆行）。蓋「有情」與「衆生」其意義原無二致也。所可注意者，梵文Sattva一名詞，中國舊譯爲「衆生」。玄奘新譯爲「有情」。其後若義淨所譯金光明最勝王經，則「衆生」「有情」二名詞，交互雜用，不復分別。如金光明最勝王經貳「夢見懺悔品」之頌云：

當願拔衆生。令離諸苦惱。願一切有情。皆令住十地。

據梵文金光明經原本「衆生」「有情」，俱作 Sattva，義浄所以譯以不同之中文名詞者，蓋因此二名詞，意義相同，不妨並用，以免文字之重複也。考唐代吐蕃翻經大德法成譯義浄中文本金光明最勝王經爲藏文，不論中文原本作「有情」或「衆生」，一概以藏文之 Sems-can 譯之，其意殆以爲此二名詞，意義既悉相等，無庸强爲分別，譯以不同之語。法成如此翻譯，自有其理由。然北平圖書館藏有西夏譯義浄本金光明最勝王經殘本，其卷壹如來壽量品中略云：

及留舍利令諸有情恭敬供養，及留舍利普蓋衆生。

等句。其「有情」二字，西夏文爲「□（情）□（有）」。其「衆生」二字，西夏文爲「□（衆）□（生）」。據此，則金光明最勝王經西夏文譯者，譯漢爲夏時，凡中文原本之名詞，其義同而字異者，但依字直譯爲夏文。此種翻譯方法，可謂採純粹形式主義，與法成譯漢爲藏之方法不同。今此西夏文大般若經殘本，以□□爲中文「有情」之譯文，則其譯者之旨趣與其所用方法，當有異於翻金光明最勝王經之人。故此二者之優劣得失，實爲翻譯事業不易解決之問題，又不僅漢夏譯經史中一重公案也。

（二）[illegible] [illegible]

斯氏影片CXXXVI（左下）K. K. V. b. 023e. I. 第叁行之第壹肆字及第壹伍字。又第柒行之第壹伍字及第壹陸字。又第玖行之第玖字及第拾字，皆是此名詞。直譯之，則爲「最上」之義。中文大般若波羅蜜多經原本作「無上」，即梵文之anuttara，（中文音譯爲「阿耨多羅」）藏文之Bla-na-med-pa也。考梵文uttara一語，本出於ud。以文法言，其極高級（Superlative degree）爲uttama。其比較級（Comparative degree）爲uttara。若於uttara之前加以「無」義之an，則成anuttara。其義爲「無更上」。故此名詞就文法形式論，爲比較級。其意義則爲極高級。此讀佛典者所習知也。今西夏文此經譯自中文，不依原本直譯作「無上」，而譯作「最上」，舍形譯主義，而取意譯主義，與中國及西藏之翻譯此名詞，皆不相同。以意揣之，殆「無上」一名詞，其所含「無更上」之義，在西夏語言中，尚未甚習慣，故須改譯，以免誤會歟？特識於此，以俟推證。

西遊記玄奘弟子故事之演變

印度人爲最富於玄想之民族，世界之神話故事多起源於天竺，今日治民俗學者皆知之矣。自佛教流傳中土後，印度神話故事亦隨之輸入。觀近年發現之敦煌卷子中，如維摩詰經文殊問疾品演義諸書，益知宋代説經，與近世彈詞章回體小説等，多出於一源，而佛教經典之體裁與後來小説文學，蓋有直接關係。此爲昔日吾國之治文學史者，所未嘗留意者也。

僧祐出三藏記集玖賢愚經記云：

河西沙門釋曇學威德等凡有八僧，結志遊方，遠尋經典，於于闐大寺遇般遮于瑟之會。般遮于瑟者，漢言五年一切大衆集也。三藏諸學各弘法寶，説經講律依業而教。學等八僧隨緣分聽，於是競習胡音，析以漢義。精思通譯，各書所聞。還至高昌，乃集爲一部。

據此，則賢愚經者，本當時曇學等八僧聽講之筆記也。今檢其内容，乃一雜集印度故事之書。以此推之，可知當日中央亞細亞説經，例引故事以闡經義。此風蓋導源於天竺，後漸及於東方。故今大藏中法句譬喻經等之體制，實印度人解釋佛典之正宗。此土釋經著述，如天台諸祖之書，則已支那化，固與印度釋經之著作有異也。夫説經多引故事，而故事一經演講，不得不隨其説者聽者本身之程度及環境，而生變易，故有原爲一故事，而歧爲二者，亦有原爲二故事，而混爲一者。又在同一事之中，亦可以甲人代乙人，或在同一人之身，亦可易丙事爲丁事。若能溯其本源，析其成分，則可以窺見時代之風氣，批評作者之技能，於治小説文學史者儻亦一助歟？

鳩摩羅什譯大莊嚴經論叁第壹伍故事，難陀王説偈言：

> 昔者頂生王。將從諸軍衆。并象馬七寶。悉到於天上。羅摩造草橋。得至楞伽城。吾今欲昇天。無有諸梯隥。次詣楞伽城。又復無津梁。

寅恪案，此所言乃二故事，一爲頂生王昇天因緣，見於康僧會譯六度集經肆第肆拾故事、涅槃經聖行品、中阿含經壹壹王相應品四洲經、元魏吉迦夜曇曜共譯之付法藏因緣傳壹、鳩摩羅什譯仁王般若波羅蜜經下卷、不空譯仁王護國般若波羅蜜經護國品、法炬譯頂生王故事經、曇無讖譯文陀竭王經、施護譯頂生王因緣經及賢愚經壹叁等。梵文 Divyāvadāna 第壹柒篇亦載之，蓋印度最流行故事之一也。茲節録賢愚經壹叁頂生王緣品第陸肆之文如下：

> 〔頂生王〕意中復念，欲生忉利，即與羣衆蹈虛登上。時有五百仙人住在須彌山腹，王之象馬屎尿落汙仙人身。諸仙相問，何緣有此？中有智者告衆人言，吾聞頂生欲上三十三

天，必是象馬失此不淨。仙人忿恨，便結神咒，令頂生王及其人衆悉住不轉。王復知之，即立誓願，若我有福，斯諸仙人悉皆當來，承供所爲。王德弘博，能有感致，五百仙人盡到王邊，扶輪御馬，共至天上。未至之頃，遥睹天城，名曰快見，其色皦白，高顯殊特。此快見城有千二百門，諸天惶怖，悉閉諸門，著三重鐵門。頂生王兵衆直趣不疑，王即取貝吹之，張弓扣彈，千二百門一時皆開。帝釋尋出，與共相見，因請入宫，與共分坐。天帝人王貌類一種，其初見者，不能分別，唯以眼眴遲疾知其異耳。王於天上受五欲樂，盡三十六帝，末後帝釋是大迦葉。時阿修羅王興軍上天，與帝釋鬬。帝釋不如。頂生復出，吹貝扣弓，阿修羅王即時崩墜。頂生自念，我力如是，無有等者。今與帝釋共坐何爲？不如害之，獨霸爲快。惡心已生，尋即墮落，當本殿前，委頓欲死。諸人來問，若後世問頂生王云何命終，何以報之？王對之曰，若有此問，便可答之，頂生王者由貪而死。統領四域四十億歲，七日雨寶，及在二天，而無厭足，故致墜落。

此鬧天宫之故事也。

又印度最著名之紀事詩羅摩延傳第陸編，工巧猿名 Nala 者，造橋渡海，直抵楞伽。此猿猴故事也。蓋此二故事本不相關涉，殆因講説大莊嚴經論時，此二故事適相連接，講説者有意或無意之間，併合鬧天宫故事與猿猴故事爲一，遂成猿猴鬧天宫故事。其實印度猿猴之故事雖多，猿猴而鬧天宮，則未之聞。支那亦有猿猴故事，然以吾國昔時社會心理，君臣之倫，神獸之界，分別至嚴。若絕無依藉，恐未必能聯想及之。此西遊記孫行者大鬧天宮故事之起原也。

又義净譯根本説一切有部毘奈耶雜事叁佛制苾芻髮不應長緣略云：

時具壽牛臥在憍閃毘國，住水林山出光王園内豬坎窟中。後於異時，其出光王於春陽月，林木皆茂，鵝雁鴛鴦鸚鵡舍利孔雀諸鳥，在處哀鳴，遍諸林苑。出光王命掌園人曰，汝今可於水林山處，周遍芳園，皆可修治。除衆瓦礫，多安净水，置守衛人。我欲暫往園中遊戲。彼人敬諾，一依王教。既修營已，還白王知。時彼王即便將諸内宫以爲侍從，往詣芳園。遊戲既疲，偃臥而睡。時彼内人，性愛花果，於芳園裏隨處追求。時牛臥苾芻鬚髮皆長，上衣破碎，下裙垢惡，於一樹下跏趺而坐。宫人遥見，各並驚惶，唱言：有鬼！有鬼！苾芻即往入坎窟中。王聞聲已，即便睡覺，拔劍走趁。問宫人曰，鬼在何處？答曰，走入豬坎窟中。時王聞已，行至窟所，執劍而問，汝是何物？答言，大王！我是沙門。王曰，是何沙門？答曰，釋迦子。問言汝得阿羅漢果耶？答言不得。汝得不還，一來，預流果耶？答言不得。且置斯事，汝得初定，乃至四定？答並不得。王聞是已，轉更瞋怒，告大臣曰，此是凡人，犯我宫女，可將大蟻填滿窟中，蜇螫其身。時有舊住天神近窟邊者，聞斯語已，便作是念：此善沙門，來依附我，實無所犯，少欲自居。非法惡王，横加傷害。

我今宜可作救濟緣。即自變身爲一大豬，從窟走出。王見豬已，告大臣曰，可將馬來，并持弓箭。臣即授與，其豬遂走，急出花園。王隨後逐。時彼苾芻，急持衣鉢，疾行而去。

西遊記豬八戒高家莊招親故事，必非全出中國人臆撰，而印度又無豬豕招親之故事，觀此上述故事，則知居豬坎窟中，鬔髮蓬長，衣裙破垢，驚犯宮女者，牛臥苾芻也。變爲大豬，從窟走出，代受傷害者，則窟邊舊住之天神也。牛臥苾芻雖非豬身，而居豬坎窟中，天神又變爲豬以代之，出光王因持弓乘馬以逐之，可知此故事中之出光王，即以牛臥苾芻爲豬。此故事復經後來之講説，憍閃毘國之憍，以音相同之故，變爲高家莊之高。驚犯宮女，以事相類似之故，變爲招親。輾轉代易，賓主淆混，指牛臥爲豬精，尤覺可笑。然故事文學之演變，其意義往往由嚴正而趨於滑稽，由教訓而變爲譏諷，故觀其與前此原文之相異，即知其爲後來作者之改良。此西遊記豬八戒高家莊招親故事之起原也。

又慈恩法師傳壹云：

莫賀延磧長八百餘里，古曰沙河。上無飛鳥，下無走獸，復無水草。是時顧影，唯一心但念觀音菩薩及般若心經。初法師在蜀，見一病人身瘡臭穢，衣服破污，愍將向寺，施與衣服飲食之直。病者慚愧，乃授法師此經。因常誦習。至沙河間，逢諸惡鬼，奇狀異類，遶人前後，雖念觀音，不能令去，及誦此經，發聲皆散。在危獲濟，實所憑焉。

此傳所載，世人習知，（近人西遊記考證亦引之。）即西遊記流沙河沙和尚故事之起原也。

據此三者之起原，可以推得故事演變之公例焉。

一曰：僅就一故事之內容，而稍變易之，其事實成分殊簡單，其演變程序爲縱貫式。如原有玄奘度沙河逢諸惡鬼之舊説，略加傅會，遂成流沙河沙和尚故事之例是也。

二曰：雖僅就一故事之內容變易之，而其事實成分不似前者之簡單，但其演變程序尚爲縱貫式。如牛臥苾芻之驚犯宮女，天神之化爲大豬。此二人二事，雖互有關係，然其人其事，固有分別，乃接合之，使爲一人一事，遂成豬八戒高家莊招親故事之例是也。

三曰：有二故事，其內容本絶無關涉，以偶然之機會，混合爲一。其事實成分，因之而複雜。其演變程序，則爲横通式。如頂生王昇天争帝釋之位，與工巧猿助羅摩造橋渡海，本爲各自分別之二故事，而混合爲一。遂成孫行者大鬧天宮故事之例是也。

又就故事中主人之構造成分言之，第叁例之範圍，不限於一故事，故其取用材料至廣。第貳例之範圍，雖限於一故事，但在一故事中之材料，其本屬於甲者，猶可取而附諸乙，故其取材尚不甚狹。第壹例之範圍則甚小，其取材亦因而限制，此故事中原有之此人此事，雖稍加變易，仍演爲此人此事。今西遊記中玄奘弟子三人，其法寶神通各有等級。其高下之分別，乃其故事構成時，取材範圍之廣狹所使然。觀於上述此三故事之起原，可以爲證也。

寅恪講授佛教翻譯文學，以西遊記玄奘弟子三人，其故事適各爲一類，可以闡發演變之公例，因考其起原，并略究其流別，以求教於世之治民俗學者。

（原載一九三〇年歷史語言研究所集刊第貳本第貳分）

西夏文佛母大孔雀明王經夏梵藏漢合璧校釋序

治吾國語言之學，必研究與吾國語言同系之他種語言，以資比較解釋，此不易之道也。西夏語爲支那語同系語言之一，吾國人治其學者絶少，即有之，亦不過以往日讀金石刻辭之例，推測其文字而已，尚未有用今日比較語言學之方法，於其同系語言中，考辨其音韻同異，探討其源流變遷，與吾國語言互相印證發明者。有之，以寅恪所知，吾國人中蓋自王君靜如始。然則即此一卷佛母孔雀明王經之考釋，雖其中或仍有俟他日之補訂者，要已足開風氣之先，而示國人以治國語之正軌，洵可稱近日吾國學術界之重要著述矣。寅恪於西夏語文未能通解，不敢妄有所論列，然有欲質疑而承教者二事：此經題「[illegible]」二字，當中文「種咒」二字，即藏文「rig snags」之對譯。考「rig」乃梵文「Vidya」之譯語，實當中文之「明」字，而藏文「種類」之「種」字爲「rigs」與爲「明」字之「rig」形音俱極近似，且「rig snags」一名詞中「rig」之後，即聯接「snags」字首之「s」。或者夏人初譯此名詞時，誤以「rig」爲「rigs」，遂不譯爲「明」，而譯爲「種」歟？其實佛典原文中「種類」之「種」，與「種子」之

「種」，爲語各異，而漢譯則同一「種」字。「□」字本「種子」之「種」，與「種類」之「種」作「□」者不同。豈西夏語言亦同中土之例，此二「種」字可以通用，而「種咒」成一名詞，與中文之「種智」等同屬一類之語詞綴合歟？抑夏人即用「種子」之本義，而聯「種咒」爲一名詞，意爲「原本咒語」歟？就吾人今日所見西夏文字佛教經典而論，其譯自中文者多，而譯自藏文者少。但西夏與吐蕃，言語民族既屬大同，土壤教俗復相接近，疑其翻譯藏文佛經，而爲西夏語言，尚在譯漢爲夏之前。此類譯名若果歧誤，後來自必知之，特以襲用已久，不煩更易，荀卿所謂「約定俗成」者也。此例在藏文所譯梵文佛典中，往往遇之，殆不似唐代玄奘譯經，悉改新名，而以六朝舊譯爲譌誤之比歟？此其一。

又今日所見西夏文字之石刻及經典，其鐫造雕印多在元代，實西夏已滅之後。據此可知西夏之國雖亡，而通解其文字者猶衆。獨至何時其文字始無人能讀，殊不易考知。柏林國家圖書館所藏藏文甘珠爾，據稱爲明萬曆時寫本。寅恪見其上偶有西夏文字。又與此佛母孔雀明王經及其他西夏文字佛典同發見者，有中文銷釋真空寶卷寫本一卷。據論者考定爲明萬曆以後之作。又錢謙益牧齋有學集貳陸「黄氏千頃齋藏書記」云：

> 慶陽李司寇家有西夏實録，其子孔度屢見許，而不可得。

以慶陽地望準之，李氏仍藏有西夏實録之原本或譯本，自爲可能之事。以錢氏所述言之，亦與明萬曆時代相近。故綜此三事觀之，則明神宗之世，西夏文字書籍，其遺存於西北者，當不甚少，或尚有能通解其文字之人歟？此其二。寅恪承王君之命，爲其書序，謹拈出此二重西夏文字學公案，敢請國內外此學之專家，試一參究，以爲何如？

（原載一九三二年歷史語言研究所集刊第貳本第肆分）

敦煌石室寫經題記彙編序

北京圖書館以所輯敦煌石室寫經題記彙編來徵序於寅恪。寅恪受而讀之，以爲敦煌寫本之有題記者不止佛教經典，而佛教經典之有題記者此編所收亦尚未盡，然即取此編所收諸卷題記之著有年月地名者，與南北朝隋唐之史事一參究之，其關係當時政治之變遷及佛教之情況者，約有二事，可得而言：一則足供證明，一則僅資談助，請分別陳之。

此編所收寫經題記之著有年號者，上起西晉，下迄北宋，前後幾七百年，而其中屬於楊隋一朝及唐高宗武則天時代者，以比例計之，最居高位。隋書叁伍經籍志佛經類總序（通鑑壹柒伍陳宣帝紀太建十三年條同）云：

開皇元年，高祖普詔天下，任聽出家，仍令計口出錢，營造經像。而京師及并州相州洛州等諸大都邑之處，並官寫一切經，置於寺内，而又别寫藏於祕閣。天下之人從風而靡，競相景慕，民間佛經多於六經數十百倍。

寅恪案，楊氏有國不及四十年，而此編所收寫經題記之著有開皇仁壽大業之年號者，凡三十有六種。故知史氏謂當時「民間佛經多於六經數十百倍」，實非誇大之詞。李唐開國，高祖太宗頗不崇佛。唐代佛教之盛，始於高宗之世。此與武則天之母楊氏爲隋代觀王雄之後有關。武周革命時，嘗藉佛教教義，以證明其政治上特殊之地位。蓋武曌以女身而爲帝王，開中國有史以來未有之創局，實爲吾國政治史中一大公案。寅恪昔已詳論（見拙著「武曌與佛教」），兹不復贅。今觀是編所收寫經題記，著有唐高宗武則天之年號者，若是之衆，亦可徵當時佛教之盛，所謂足供證明者是也。又是編所收寫經題記，其著有中國南方地名或南朝年號者，前後七百年間僅得六卷。（敦煌本古逸經論章疏並古寫經目録尚有天監十一年寫摩訶般若波羅蜜經爲此編所未收。吴越錢氏捨入西關磚塔之寶篋印陀羅尼經實出現在南方，不應與其他西北出土諸經並列，故不置論。又是編所收尚有其他西北諸地如吐峪溝等所出經卷，若嚴格論之，亦非「敦煌石室」一名所能概括。然則是編之題「敦煌石室寫經」者，蓋就其主要部分北京圖書館所藏者言之耳。恐讀者誤會，特爲聲明其義於此。）除南齊武帝永明元年所譯之佛説普賢經一卷外（此編誤題爲妙法蓮華經），其餘諸卷皆書於梁武帝之世，而其中天監五年所寫之大涅槃經特著明造於荆州。論者謂永明之世，佛教甚盛，梁武尤崇内法，而江左篇章之盛，亦無踰梁時，（見廣弘明集叁阮孝緒七録序。）則齊梁時代寫經必多。南朝寫經可因通常南北交通之會，流入北地，其事固不足異。又後梁爲西魏周隋之附庸者三十餘載。襄陽之地，既在北朝西部統屬之下如是之久，則南朝寫經之因以輾轉流入西北，亦非甚難也。寅恪以爲此説雖是，然猶有未能盡解釋者。蓋如論者之説，南朝所寫諸經，既可因通常南北交通之會，流入北地，又經後梁屬境轉至西北，亦非難事，則南朝帝王年號之在梁武以後者，與夫隋唐統一時代，南方郡邑之名，何以全不見於此編所收寫經題記之中？（此編惟仁壽元年所寫攝論疏有辰州崇敬寺之語，可指爲隋代南方地名之題記，但此題記殘缺不完，尚有疑義，亦未能斷定也。此文成後十年，承趙萬里先生告以「辰」字當是「瓜」字之誤認。趙説甚是。積歲疑滯，一旦冰釋。附識於此，以表欽服感謝之意。）夫陳及隋唐，中國南方佛教依然盛行，其所寫經卷，竟不因通常南北交通之會，流至西北，是何故耶？且後梁君臨襄土三十餘載，祖孫三世佛教信仰未嘗少替，則其封内所寫佛經，自應不尠，何以其三世之年號（此編有天保一年所寫妙法蓮華經一卷，當是北齊高洋之天保，非後梁蕭巋之天保也。）與其封内地名連文者，亦不於此編少留跡象乎？由此觀之，恐尚別有其故也。茲姑妄作一假設，以解釋之。北齊書叁拾崔暹傳（北史叁貳崔挺傳附暹傳同）云：

魏梁通和，要貴皆遣人隨聘使交易，暹惟寄求佛經。梁武帝聞之，爲繕寫，以幡花寶蓋贊唄送至館焉。

道宣續高僧傳壹叁吉藏傳略云：

王又於京師置日嚴寺，（寅恪案，「王」指晉王即隋煬帝。）别教延藏，往彼居之。欲使道振中原，行高帝壤。既初登輦，道俗雲奔。在昔陳隋廢興，江陰凌亂，道俗波迸，各棄城邑，乃率其所屬，往諸寺中，但是文疏，並皆收聚，置於三間堂内。及平定後，方洮簡之，故目學之廣，勿過於藏，注引弘廣，咸由此焉。

又同書壹陸僧實傳云：

逮太祖（宇文泰）平梁荆後，益州大德五十餘人各懷經部，送像至京。以真諦妙宗，條以問實。既而慧心潛運，南北疏通，即爲披抉，洞出情外，並神而服之。

廣弘明集貳貳隋煬帝寶臺經藏願文云：

至尊（隋文帝）拯溺百王，混一四海。平陳之日，道俗無虧，而東南愚民餘熸相煽。爰受廟略，重清海濱，役不勞師，以時寧復。深慮靈像尊經，多同煨燼，結鬘繩墨，湮滅溝渠。是以遠命衆軍，隨方收聚。未及朞月，輕舟總至。乃命學司，依名次録，並延道場義府，覃思澄明所由，用意推比，多得本類。莊嚴修葺，其舊惟新。寶臺四藏，將十萬軸。因發弘誓，永事流通。仍書願文，悉連卷後。頻屬朝覲，著功始畢。今止寶臺正藏，親躬受持。其次藏以下，則慧日法靈道場，日嚴弘善靈刹。此外京都寺塔，諸方精舍，而梵宫互有大小，僧徒亦各衆寡，並隨經部多少，斟酌分付。授者既其懇至，受者亦宜殷重。長存法本，遠布達摩。必欲傳文，來入寺寫，勿使零落，兩失無作。

隋書叁煬帝紀上略云：

〔開皇〕八年冬大舉伐陳，以上爲行軍元帥。及陳平，復拜并州總管。俄而江南高智慧等相聚作亂，徙上爲揚州總管，鎮江都。每歲一朝。高祖之祠太山也，領武候大將軍。明年歸藩。後數載突厥寇邊，復爲行軍元帥。出靈武，無虜而還。及太子勇廢，立上爲皇太子。

寅恪案，隋書貳高祖紀略云：

〔開皇〕十五年正月庚午，上以歲旱，祠太山以謝愆咎。二十年夏四月壬戌，突厥犯塞，以晉王廣爲行軍元帥，擊破之。冬十月乙丑，皇太子勇及諸子並廢爲庶人。十一月戊子，以晉王廣爲皇太子。

又通鑑壹柒柒隋紀高祖紀開皇十年云：

以并州總管晉王廣爲揚州總管，鎮江都。（詳見隋書貳高祖紀下及肆捌楊素傳等。）

據此，晉王廣鎮江都每歲一朝，即願文所謂：「頻屬朝覲」者也。其「著功始畢」，雖未能定於何年，但其次藏以下所分貯之寺院慧日等道場，悉不在南而在北。其正藏既用以自隨，則煬帝自立爲皇太子之後，亦必移運北行，以便「躬親受持」無疑。然則煬帝所廣搜之南朝佛典，皆已盡數輸之於北土矣。南北朝政治雖爲分隔對立，而文化則互相交流影響，佛教經典之由私人往來攜取由南入北者，事所常有，其例頗多，不勞舉證。但此類由南朝輸入北國之佛經，若在平時，僅經一二私人攜取或收聚，如崔暹之得梁武之贊許者，實爲例外。至其餘通常之人，則其數量更不能不遭限制。蓋有資力及交通法禁等困難也。故衆多數量之收聚及輸送，其事常與南北朝政治之變遷有關。如吉藏因陳亡之際，得大收經卷，其後入京，則所挑簡之南朝精本，當亦隨之入北。五十餘蜀僧各懷經部北至長安，使僧實得通南朝佛教之新義。此二例雖爲私人之收聚及輸送，然非值南北朝政治之變遷，則難以致此，至若隋煬帝因江南高智慧等之亂，悉收南朝之經卷，而輸之北方，其措施非私人資力之所能，且與南北朝政治之變遷有關，固不待言也。

由是言之，南朝經卷之輸入北方，其數量較多者，如吉藏之所收，隋煬之所藏，皆在陳亡之後，故其中至少有寫在陳時及造於吴地者。又歷李唐一代，迄於北宋，更四百年，其間佛教流行既南北相同，則南方寫經之數量，亦應不大異於北土。而今檢此編題記，其有南朝年號者，僅南齊武帝永明之五卷而已。是敦煌經卷之寫於南朝或南方者，當非復吉藏蜀僧及隋煬所收送之餘，恐亦無李唐五代北宋時南方所造者在也。

夫經卷較多數量之自南入北，既如前述，大抵由南北朝政治變遷所致，而敦煌寫經題記之著有南朝年號者，則又屬於南齊之世。依此而論，故頗疑天監五年造於荆州之一卷，乃梁元帝承聖三年江陵陷没時北朝將士虜獲之戰利品，後復隨凱旋之軍以北歸者。考西魏所遣攻梁諸大將中，惟楊忠即後來隋之太祖武元皇帝，其人最爲信佛。（詳見拙著「武曌與佛教」中楊隋皇室之佛教信仰條。）周書壹玖楊忠傳（北史壹壹隋本紀略同）略云：

> 及于謹伐江陵，忠爲前軍，屯江津，遏其走路。及江陵平，朝廷立蕭詧爲梁王。保定四年，乃拜總管涇幽（寅恪案，「幽」當依趙明誠金石録貳貳普六茹忠墓誌跋作「豳」。）靈雲鹽顯六州諸軍事，涇州刺史。天和三年以疾還京。

然則西魏之取江陵，楊忠既參預其事，後又爲涇豳靈雲鹽顯六州總管，居西北之地凡五歲之久，則此梁武之世荆州寫造之佛典，殆爲楊忠當日隨軍所收，因而攜往西北，遂散在人間，流傳至於今日。按諸舊史，徵以遺編，或亦有可能歟？此則未得確證，姑作假設，以供他日解決問題之參考，所謂僅資談助者是也。若此僅資談助之假設，而竟爲史實，則此編所收南朝數卷之佛典，蓋當年江陵圍城之内，蕭七符拔劍擊柱，文武道盡之時，不隨十四萬卷圖書而灰飛煙滅者，是誠可幸可珍，而又可哀者矣。嘗謂釋迦氏之教其生天成佛之奥義，殊非凡鄙淺識所能窺測，但此寫經題記竟得以殘闕之餘，編輯搜羅成於今日，頗與内典歷劫因緣之説若相冥會，是則貝多葉中果有真實之語，可以信受不疑者耶？質之大雅君子，亦當爲之一笑也。

（原載一九三九年歷史語言研究所集刊第捌本第壹分）

童受喻鬘論梵文殘本跋

馬鳴菩薩大莊嚴論鳩摩羅什譯，隋法經等衆經目録作十五卷，與今世通行本卷數相同。隋費長房歷代三寶記作一十卷。按法經等之衆經目録，開皇十四年五月十四日撰畢，歷代三寶記爲開皇十七年十二月十三日所上，是當時已有兩本。故仁壽二年彦琮等所撰之衆經目録，備載十五卷十卷兩本。至十卷本與今世通行之十五卷本有無異同，則不可考矣。至元法寶勘同録玖云：

大莊嚴經論十五卷，馬鳴菩薩造，梵云蘇怛囉阿浪迦囉沙悉特囉，與蕃本同。

據此，元時實有藏文譯本。然今日藏文正續大藏中均無此書。是以自來東西學者，均以爲此曠世奇著，天壤間僅存一中文原譯之孤本而已。昔年德意志人於龜兹之西，得貝葉梵文佛教經典甚多，柏林大學路得施教授 Prof. Heinrich Lüders 檢之，見其中有大莊嚴論殘本。寅恪嘗游普魯士，從教授治東方古文字學，故亦夙聞其事。至今歲始得盡讀其印行之本（Bruchstücke der Kalpanāmanditikā，herausgegeben Von Heinrich Lüders，Leipzig，1926）。教授學術有盛名於世，而此校本尤其最精之作，凡能讀其書者皆自知之，不待爲之贊揚。茲僅就梵文原本考證論主之名字，及此論之原稱，并與中文原譯校核，略舉一二例，以見鳩摩羅什傳譯之藝術，或可爲治古代佛教翻譯史者之一助。惟論主名字及此論原稱，諸考證之已見於教授書中者，今皆不重述，庶可以備異義而資別證焉。據梵文原本論主之名爲 Kumāralāta。普光阿毗達磨俱舍論記陸（金陵刻經處本）云：

> 鳩摩邏多，此云豪童，是經部祖師，於經部中造喻鬘論癡鬘論顯了論等。

窺基成唯識論述記捌（金陵刻經處本）云：

> 此破日出論者，即經部本師，佛去世後一百年中，北天竺怛刃（寅恪案，「刃」應作「叉」。）翅羅國有鳩摩邏多，此言童首（寅恪案，「首」應作「受」。）造九百論，時五天竺有五大論師，喻如日出，明導世間。名日出者，以似於日。亦名譬喻師。或爲此師造喻鬘論，集諸奇事，名譬喻師。

又梵文原本第玖拾篇，即譯文卷壹伍之末，標題有Kalpanāmaṇḍitikā dṛṣṭānta等字，按 Kumāra 即童，Lāta 即受，Dṛṣṭānta即喻，Kalpanāmaṇḍitikā即鬘論或莊嚴論，音義既悉相同，而華梵兩本內容又無不符合，則今所謂馬鳴之大莊嚴經論，本即童受之喻鬘論，殊無可疑。然有不可解者二。一，此書既爲童受之喻鬘論，何以鳩摩羅什譯爲馬鳴之大莊嚴論，其故教授書中已詳言之，兹不贅述。二，元時此論之西藏文譯本，何以有莊嚴經論數字之梵文音譯？寅恪以爲慶吉祥等當時校勘中藏佛典，確見此論藏文譯本，理不應疑。惟此番本，當是自中文原譯本重譯爲藏文，而莊嚴經論數字之梵文音譯，則藏文譯主，據後來中文原名，譯爲梵音也。何以明之？凡藏文所譯佛教經典，其名稱均音義俱譯，自近歲西北發見之唐時蕃文寫本，迨今日之藏文正續藏經，莫不如是。此蓋本其國從來翻譯佛經體例。如賢愚經者，南北朝時沙門曇學威德等於于闐國大寺遇般遮于瑟之會，聽講經律，各書所聞，還至高昌，集爲一部，涼州沙門慧朗命以此名。是賢愚一經，原無梵本，而今日藏文正藏中有此經，當是譯自中文。此藏文譯本，其經名有梵文音譯。又如楞嚴經者，此土僞經，乾隆時譯爲藏文，而此藏文譯本其經名亦有梵文音譯。據此二事，則至元録所載大莊嚴經論之名，有梵文音譯，實不足爲藏文別有一本譯自梵文之證，然則慶吉祥等所見之蕃本當是譯自中文，故亦仍用中文莊嚴經論舊名也。寅恪嘗謂鳩摩羅什翻譯之功，數千年間，僅玄奘可以與之抗席。今日中土佛經譯本，舉世所流行者，如金剛法華之類，莫不出自其手。若言普及，雖慈恩猶不能及。所以致此之故，其文不皆直譯，較諸家雅潔，應爲一主因。但華梵之文，繁簡迥不相同，道安摩訶鉢羅若波羅蜜經鈔序所謂「胡經尚質，秦人好文」及「胡經委悉，叮嚀反覆，或三或四，不嫌其繁」者是也。

高僧傳柒僧叡傳（金陵刻經處本）云：

> 昔竺法護出正法華經，受決品云：「天見人，人見天。」什譯經至此，乃言曰：「此語與西域義同，但在言過質。」叡曰：「將非人天交接，兩得相見？」什喜曰：「實然！」

又慧立彥悰等之慈恩法師傳拾云：

> 〔顯慶〕五年春正月一日，起首翻大般若經。經梵本總有二十萬頌，文既廣大，學徒每請刪略。法師將順衆意，如羅什所翻，除繁去重。

蓋羅什譯經，或刪去原文繁重，或不拘原文體制，或變易原文。茲以喻鬘論梵文原本，校其譯文，均可證明。今大莊嚴經論譯本卷拾末篇之最後一節，中文較梵文原本爲簡略，如卷壹壹首篇之末節，則中文全略而未譯，此刪去原文繁重之證也。喻鬘論之文，散文與偈頌兩體相間。故羅什譯文凡散文已竟，而繼以偈頌之處，必綴以「說偈言」數字。此語本梵文原本所無，什公譯文，所以加綴此語者，蓋爲分別文偈兩體之用。然據梵文殘本以校譯文，如卷壹之

> 彼諸沙彌等，尋以神通力，化作老人像，髮白而面皺，秀眉牙齒落。僂脊而拄杖，詣彼檀越家。檀越既見已，心生大歡慶。燒香散名華，速請令就坐。既至須臾頃，還復沙彌形。

一節，及卷壹壹之

我以愚癡故，不能善觀察，爲癡火所燒。願當暫留住，少聽我懺悔。猶如脚跌者，扶地還得起，待我得少供。

一節，本散文也，而譯文爲偈體。

按高僧傳貳鳩摩羅什傳云：

初沙門慧叡才識高明，常隨什傳寫。什每爲叡論西方辭體，商略同異。云：天竺國俗，甚重文制。其宫商體韻，以入絃爲善。凡覲國王，必有贊德。見佛之儀，以歌歎爲貴，經中偈頌，皆其式也。但改梵爲秦，失其藻蔚，雖得大意，殊隔文體，有似嚼飯與人，非徒失味，乃令嘔噦也。

觀此則什公於天竺偈頌，頗致精研，決無梵文原本爲偈體或散文，而不能分辨之理。今譯文與原文不符者，此不拘原文體製之證也。卷貳之

諸仙苦修行，亦復得生天。

一節，「諸仙」二字梵文原文本作 Kaṇva 等，蓋 Kaṇva 者，天竺古仙之專名，非秦人所習知，故易以公名改作「諸仙」二字。又卷肆之

汝如蟻封，而欲與彼須彌山王比其高下。

一節，及卷陸之

猶如蚊子翅，扇於須彌山，雖盡其勢力，不能令動搖。

一節，須彌梵本一作Mandara，一作Vindhya，蓋此二名皆秦人所不知，故易以習知之「須彌」，使讀者易解。此變易原文之證也。凡此諸端，若非獲茲貝多殘闕之本，而讀之者兼通倉頡大梵之文，則千載而下，轉譯之餘，何以知哲匠之用心，見譯者之能事。斯什公所以平居悽愴，興歎於折翮。臨終憤慨，發誓於焦舌歟？

（原載一九二七年清華學報第肆卷第貳期）

南嶽大師立誓願文跋

天台宗創造者慧思作誓願文，取本人一生事蹟，依年歲編列。其書不獨研求中古思想史者，應視爲重要資料，實亦古人自著年譜最早者之一。故與吾國史學之發展，殊有關係。但今日所傳南嶽大師著述中，頗有後人僞託之作。然則此誓願文之真僞究何如者，是否可依據爲正確史料，自爲一問題。考慧思所生時代，南北朝竝立，其君主年號及州郡名稱，皆交錯重複，最爲糾紛，不易明悉。今即取誓願文中關於此二事者，證諸史籍，以驗其真僞。真僞判定之後，就其所表現思想之特徵，略加解釋，或亦可供治南北朝末年思想史者之參考乎？

唐道宣續高僧傳貳壹（金陵刻經處本）慧思傳云：

〔慧思〕以齊武平之初，背此嵩陽，領徒南逝，高鶩前賢，以希棲隱。初至光州，值梁孝元傾覆國亂，前路梗塞，權止大蘇山。數年之間，歸從如市。

寅恪案，北齊君主以武平紀年者有二。一爲後主緯，即温國公。一爲范陽王紹義。後主之武平在范陽王之前，且爲中原統治之朝。僧傳所言，係指後主之年號，自不待言。北朝齊後主武平元年當南朝陳宣帝太建二年庚寅，即西曆五七〇年。南朝梁孝元帝之傾覆，在其承聖三年，當北朝齊文宣帝天保五年甲戌，即西曆五五四年。二者相距已逾十五年之久，實與當時情事不符。故道宣所紀必有譌誤。今慧思立誓願文略云：

> 我慧思是末法八十二年，太歲在乙未十一月十一日於大魏國南豫州汝陽郡武津縣生。年至四十，是末法一百二十一年，在光州開岳寺。至年四十一，是末法一百二十二年，在光州境大蘇山中。

寅恪案，慧思生於北朝魏宣武帝延昌四年乙未，當南朝梁武帝天監十四年，即西曆五一五年。其四十歲適值南朝梁元帝承聖三年，即西曆五五四年。江陵之陷即在是歲，實與史籍符會。可知南北朝竝立，其年號歲月後先交互之間，雖以道宣之博學，猶不能無誤，而此誓願文之記載，其正確如是，則非後世僧徒所能僞造，固無容疑也。

又立誓願文略云：

> 至年四十四，是末法一百二十五年，太歲戊寅，還於大蘇山光州境內。唱告四方，我欲奉造金字摩訶般若波羅蜜經。從正月十五日教化，至十一月十一日，於南光州光城都光城縣齊光寺方得就手，報先心願，奉造金字摩訶般若波羅蜜經一部，並造瑠璃寶函盛之。

寅恪案，魏書壹佰陸中地形志云：

光州。（原注：「治掖城。皇興四年分青州置。延興五年改爲鎮。景明元年復。」）領郡三。縣十四。

又同卷云：

光州。（原注：「蕭衍置。魏因之。治光城。」）領郡五。縣十。

北光城郡。領縣二。光城。（原注：「州治。」）樂安。

南光城郡。領縣二。光城。（原注：「郡治。」）南樂安。

寅恪案，誓願文中「南光州光城都光城縣」之「都」字，自當爲「郡」字傳寫之誤。而「南」字則直貫下文之「光城郡光城縣」言。蓋言「南光州」者，以別於治掖城之「〔北〕光州」。〔南〕光城郡光城縣者，以別於北光城郡之光城縣。所以知者，以此時慧思適在大蘇山中。以地望準之，南光城郡之光城縣，與大蘇山較近故也。夫此類行政區域，其名稱至爲重疊混雜。若作者非當時親歷之人，恐難有如是之正確。然則誓願文非後世所能僞託，此又一證矣。

今據誓願文中關於年曆地理二事觀之，已足證明其非僞作。此文之真僞既經判定，而文中所述志願，即求長生治丹藥一事，最爲殊特。似與普通佛教宗旨矛盾。寅恪以爲此類思想確爲當時產物，而非後來所可僞託。請略考當日社會文化狀況及天台宗學説之根據，以説明之於下。

誓願文中如

及　又復發願，我今入山懺悔一切障道重罪，經行修禪，若得成就五通神仙及六神通。

及　是故先作長壽仙人，藉五通力，學菩薩道。自非神仙，不得久住。爲法學仙，不貪壽命。

及　誓於此生得大仙報。

及　爲護法故求長命，不願生天及餘趣。願諸賢聖佐助我，得好芝草及神丹。療治衆病除饑渴，常得經行修諸禪。願得深山寂靜處，足神丹藥修此願，藉外丹力修内丹。

及　以此求道誓願力，作長壽仙見彌勒。

及　誓願入山學神仙，得長命力求佛道。

等語，皆表現求長生治丹藥之思想。考印度佛教末流，襲取婆羅門長生養性之術，託之龍樹菩薩。如今日藏文丹珠爾第壹壹捌函中龍樹所造諸論，皆是其例。

慈恩大師傳貳略云：

明日到磔迦國東境，至一大城。城西道北有大菴羅林。林中有一七百歲婆羅門。及至觀之，可三十許。形質魁梧，神理淹審。明中百諸論，善吠陀等書。有二侍者，各百餘歲。仍就停一月，學經百論廣百論。其人是龍猛弟子，親得師承，説甚明淨。

又唐澄觀大方廣佛華嚴經隨疏演義鈔柒云：

又案，西域記唐三藏初遇龍樹宗師，欲從學法。師令服藥，求得長生，方能窮究。三藏自思，本欲求經，恐仙術不成，辜我夙願。遂不學此宗，乃學法相之宗。

寅恪案，此二説皆相似，而皆不可信。然有一事可注意者，即欲學龍樹之宗，必先求長生之法是也。據隋書叁肆經籍志子部醫方類著録西域諸仙藥方中有：

龍樹菩薩藥方四卷。

龍樹菩薩養性方一卷。

及隋費長房歷代三寶記壹壹載：

北周時，攘那跋陀羅譯五明論合一卷。（寅恪案，此論雖未言何人所造，然日本石山寺有寫本龍樹五明論一卷，今刊入大正大藏經第貳壹卷。以隋書經籍志及丹珠爾載龍樹所造論性質推之，攘那跋陀羅之譯本，疑亦託名龍樹所造也。）

可知南北朝末年，此類依託龍樹之學説，已自天竺輸入中土。慧思生值其時，自不能不受其影響。況天台創義立宗，悉依大智度論，而大智度論乃龍樹之所造。龍樹實爲天台宗始祖。宜乎誓願文中盛談求長生治丹藥之事也。又天台禪學其中堅之一部分，本爲南北朝之小乘禪學，而此部分實與當時道家所憑藉之印度禪學原是一事。故天台宗内由本體之性質，外受環境之薰習，其思想之推演變遷，遂不期而與道家神仙之學説符會。明乎此，則天台祖師棲止之名山，如武當南嶽天台等，皆道家所謂神仙洞府，富於靈藥，可以治丹之地，固不足爲異也。總而言之，天台原始之思想，雖不以神仙爲極詣，但視爲學佛必經之歷程。有似上引澄觀華嚴疏鈔所記龍樹宗師告玄奘之語意，即先須服藥，求得長生之後，方能窮究龍樹之學是也。後如唐之梁肅，其學本出於天台宗之湛然所作「神仙傳論」（見全唐文伍壹玖。）亦有：

> 予嘗覽葛洪所記，以爲神仙之道，昭昭足徵也

之言。蓋梁氏宗佛陀而信神仙，尚是原始天台思想。可見南北朝末年思想界中此重公案，迄於唐之中葉猶復存在。茲因徵考所及，並附論之於此。

清華大學王觀堂先生紀念碑銘

海寧王先生自沈後二年，清華研究院同人咸懷思不能自已。其弟子受先生之陶冶煦育者有年，尤思有以永其念。僉曰，宜銘之貞珉，以昭示於無竟。因以刻石之詞命寅恪，數辭不獲已，謹舉先生之志事，以普告天下後世。其詞曰：士之讀書治學，蓋將以脱心志於俗諦之桎梏，真理因得以發揚。思想而不自由，毋寧死耳。斯古今仁聖所同殉之精義，夫豈庸鄙之敢望。先生以一死見其獨立自由之意志，非所論於一人之恩怨，一姓之興亡。嗚呼！樹兹石於講舍，繫哀思而不忘。表哲人之奇節，訴真宰之茫茫。來世不可知者也，先生之著述，或有時而不章。先生之學説，或有時而可商。惟此獨立之精神，自由之思想，歷千萬祀，與天壤而同久，共三光而永光。

王靜安先生遺書序

王靜安先生既殁，羅雪堂先生刊其遺書四集。後五年，先生之門人趙斐雲教授，復采輯編校其前後已刊未刊之作，共爲若干卷，刊行於世。先生之弟哲安教授，命寅恪爲之序。寅恪雖不足以知先生之學，亦嘗讀先生之書，故受命不辭。謹以所見質正於天下後世之同讀先生之書者。自昔大師巨子，其關係於民族盛衰學術興廢者，不僅在能承續先哲將墜之業，爲其託命之人，而尤在能開拓學術之區宇，補前修所未逮。故其著作可以轉移一時之風氣，而示來者以軌則也。先生之學博矣，精矣，幾若無涯岸之可望，轍跡之可尋。然詳繹遺書，其學術內容及治學方法，殆可舉三目以概括之者。一曰取地下之實物與紙上之遺文互相釋證。凡屬於考古學及上古史之作，如殷卜辭中所見先公先王考及鬼方昆夷玁狁考等是也。二曰取異族之故書與吾國之舊籍互相補正。凡屬於遼金元史事及邊疆地理之作，如萌古考及元朝秘史之主因亦兒堅考等是也。三曰取外來之觀念，與固有之材料互相參證。凡屬於文藝批評及小說戲曲之作，如紅樓夢評論及宋元戲曲考唐宋大曲考等是也。此三類之著作，其學術性質固有異同，所用方法亦不盡符會，要皆足以轉移一時之風氣，而示來者以軌則。吾國他日文史考據之學，範圍縱廣，途徑縱多，恐亦無以遠出三類之外。此先生之書所以爲吾國近代學術界最重要之產物也。今先生之書，流布於世，世之人大抵能稱道其學，獨於其平生之志事，頗多不能解，因而有是非之論。寅恪以謂古今中外志士仁人，往往憔悴憂傷，繼之以死。其所傷之事，所死之故，不止局於一時間一地域而已。蓋別有超越時間地域之理性存焉。而此超越時間地域之理性，必非其同時間地域之衆人所能共喻。然則先生之志事，多爲世人所不解，因而有是非之論者，又何足怪耶？嘗綜攬吾國三十年來，人世之劇變至異，等量而齊觀之，誠莊生所謂彼亦一是非，此亦一是非者。若就彼此所是非者言之，則彼此終古末由共喻，以其互局於一時間一地域故也。嗚呼！神州之外，更有九州。今世之後，更有來世。其間儻亦有能讀先生之書者乎？如果有之，則其人於先生之書，鑽味既深，神理相接，不但能想見先生之人，想見先生之世，或者更能心喻先生之奇哀遺恨於一時一地，彼此是非之表歟？一千九百三十四年歲次甲戌六月三日陳寅恪謹序。

與劉叔雅論國文試題書

叔雅先生講席，承命代擬今夏入學考試國文題目，寅恪連歲校閱清華大學入學國文試卷，感觸至多。據積年經驗所得，以爲今後國文試題，應與前此異其旨趣，即求一方法，其形式簡單而涵義豐富，又與華夏民族語言文學之特性有密切關係者，以之測驗程度，始能於閱卷定分之時，有所依據，庶幾可使應試者，無甚僥倖，或甚冤屈之事。閱卷者良心上不致受特別痛苦，而時間精力俱可節省。若就此義言之，在今日學術界，藏緬語系比較研究之學未發展，真正中國語文文法未成立之前，似無過於對對子之一方法。此方法去吾輩理想中之完善方法，固甚遼遠，但尚是誠意不欺，實事求是之一種辦法，不妨於今夏入學考試時，試一用之，以測驗應試者之國文程度。略陳鄙意，敬祈垂教。幸甚！幸甚！凡考試國文，必考其文理之通與否，必以文法爲標準，此不待論者。但此事言之甚易，行之則難。最先須問吾輩今日依據何種文法以考試國文。今日印歐語系化之文法，即馬氏文通「格義」式之文法，既不宜施之於不同語系之中國語文，而與漢語同系之語言比較研究，又在草昧時期，中國語文真正文法，尚未能成立，此其所以甚難也。夫所謂某種語言之文法者，其中一小部分，符於世界語言之公律，除此之外，其大部分皆由研究此種語言之特殊現相，歸納爲若干通則，成立一有獨立個性之統系學説，定爲此特種語言之規律，並非根據某一特種語言之規律，即能推之以概括萬族，放諸四海而準者也。假使能之，亦已變爲普通語言學音韻學，名學，或文法哲學等等，而不復成爲某特種語言之文法矣。昔希臘民族武力文化俱盛之後，地跨三洲，始有訓釋標點希臘文學之著作，以教其所謂「野蠻人」者。當日固無比較語言學之知識，且其所擬定之規律，亦非通籌全局及有統系之學説。羅馬又全部因襲翻譯之，其立義定名，以傳統承用之故，頗有譌誤可笑者。如西歐近世語言之文法，其動詞完全時間式，而有不完全之義。不完全時間式，轉有完全之義，是其一例也。今評其價值，尚在天竺文法之下。但因其爲用於隸屬同語系之語言，故其弊害尚不甚顯著。今吾國人所習見之外國語文法，僅近世英文文法耳。其代名詞有男女中三性，遂造他她牠三字以區別之，矜爲巧便。然若依此理論，充類至盡，則阿剌伯希伯來等語言，動詞亦有性別與數別，其文法變化皆有特殊之表現。例如一男子獨睡，爲男性單數。二男子同睡，爲男性複數。一女子獨睡，爲女性單數。二女子同睡，爲女性複數。至若一男子與一女子而同睡，則爲共性複數。此種文法變化，如依新法譯造漢字，其字當爲「𠍼」。天竺古語，其名詞有二十四囀，動詞有十八囀。吾中國之文法，何不一一倣效，以臻美備乎？世界人類語言中，甲種語言，有甲種特殊現相，故有甲種文法。乙種語言，有乙種特殊現相，故有乙種文法。即同一系之西歐近世語，如英文名詞有三格，德文名詞則有四格。法文名詞有男女二性，德文名詞則有男女中三性。因此種語言，今日尚有此種特殊現相。故此種語言之文法，亦不得不特設此種規律。苟違犯之者，則爲不通。並非德人作德文文法喜繁瑣，英人作英文文法尚簡單也。歐洲受基督教之影響至深，昔日歐人往往以希伯來語言爲世界語言之始祖，而自附其語言於希伯來語之支流末裔。迄乎近世，比較語言之學興，舊日謬誤之觀念得以革除。因其能取同系語言，如梵語波斯語等，互相比較研究，於是系内各個語言之特性逐漸發見。印歐系語言學，遂有今日之發達。故欲詳知確證一種語言之特殊現相及其性質如何，非綜合分析，互相比較，以研究之，不能爲功。而所與互相比較者，又必須屬於同系中大同而小異之語言。蓋不如此，則不獨不能確定，且常錯認其特性之所在，而成一非驢非馬，穿鑿附會之混沌怪物。因同系之語言，必先假定其同出一源，以演繹遞變隔離分化之關係，乃各自成爲大同而小異之言語。故分析之，綜合之，於縱貫之方面，剖别其源流，於横通之方面，比較其差異。由是言之，從事比較語言之學，必具一歷史觀念，而具有歷史觀念者，必不能認賊作父，自亂其宗統也。往日法人取吾國語文約略摹仿印歐系語之規律，編爲漢文典，以便歐人習讀。馬眉叔效之，遂有文通之作，於是中國號稱始有文法。

夫印歐系語文之規律，未嘗不間有可供中國之文法作參考及採用者。如梵語文典中，語根之説是也。今於印歐系之語言中，將其規則之屬於世界語言公律者，除去不論。其他屬於某種語言之特性者，若亦同視爲天經地義，金科玉律，按條逐句，一一施諸不同系之漢文，有不合者，即指爲不通。嗚呼！文通，文通，何其不通如是耶？西晉之世，僧徒有竺法雅者，取内典外書以相擬配，名曰「格義」（「格義」之義詳見拙著「支愍度學説考」），實爲赤縣神州附會中西學説之初祖。即以今日中國文學系之中外文學比較一類之課程言，亦祇能就白樂天等在中國及日本之文學上，或佛教故事在印度及中國文學上之影響及演變等問題，互相比較研究，方符合比較研究之真諦。蓋此種比較研究方法，必須具有歷史演變及系統異同之觀念。否則古今中外，人天龍鬼，無一不可取以相與比較。荷馬可比屈原，孔子可比歌德，穿鑿附會，怪誕百出，莫可追詰，更無所謂研究之可言矣。比較研究方法之義既如此，故今日中國必先將國文文法之「格義」觀念，摧陷廓清，然後遵循藏緬等與漢語同系語言，比較研究之途徑進行，將來自可達到真正中國文法成立之日。但今日之吾輩，既非甚不學之人，故羞以「格義」式之文法自欺欺人，用之爲考試之工具。又非甚有學之人，故又不能即時創造一真正中國文法，以爲測驗之標準。無可奈何，不得已而求一過渡時代救濟之方法，以爲真正中國文法未成立前之暫時代用品，此方法即爲對對子。所對不逾十字，已能表現中國語文特性之多方面。其中有與高中卒業應備之國文常識相關者，亦有漢語漢文特殊優點之所在，可藉以測驗高材及專攻吾國文學之人，即投考國文學系者。兹略分四條，説明於下。

（甲）對子可以測驗應試者，能否知分别虚實字及其應用。

此理易解，不待多言。所不解者，清華考試英文，有不能分别動詞名詞者，必不録取，而國文則可不論。因特拈出此重公案，請公爲我一參究之。

（乙）對子可以測驗應試者，能否分别平仄聲。

此點最關重要，乃數年閲卷所得之結論。今日中學國文教學，必須注意者也。吾人今日當然不依文鏡祕府論之學説，以苛試高中卒業生。但平仄聲之分别，確爲高中卒業生應具之常識。吾國語言之平仄聲與古代印度希臘拉丁文同，而與近世西歐語言異。然其關於語言文學之重要則一。今日學校教學英文，亦須講究其聲調之高下，獨國文則不然，此乃殖民地之表徵也。聲調高下與語言遷變，文法應用之關係，學者早有定論。今日大學本科學生，有欲窺本國音韻訓詁之學者，豈待在講堂始調平仄乎？抑在高中畢業以前，即須知「天子聖哲」「燈盞柄曲」耶？又凡中國之韻文詩賦詞曲無論矣，即美術性之散文，亦必有適當之聲調。若讀者不能分平仄，則不能完全欣賞與瞭解，竟與不讀相去無幾，遑論仿作與轉譯。又中國古文之句讀，多依聲調而決定。印歐語系之標點法，不盡能施用於中國古文。若讀者不通平仄聲調，則不知其文句起迄。故讀古書，往往誤解。大正一切藏經句讀之多譌，即由於此。又漢語既演爲單音語，其文法之表現，即依託於語詞之次序。昔人下筆偶有違反之者，上古之文姑不論，中古以後之作，多因聲調關係，如「聽猿實下三聲淚」之例。此種句法，雖不必仿效，然讀者必須知此句若作「聽猿三聲實下淚」，則平仄聲調不諧和。故不惜違反習慣之語詞次序，以遷就聲調。此種破例辦法之是非利弊，別爲一問題，不必於此討論。但讀此詩句之人，若不能分別平仄，則此問題，於彼絶不成問題。蓋其人讀「聽猿實下三聲淚」與「聽猿三聲實下淚」，皆諧和亦皆不諧和，二者俱無分別。講授文學，而遇此類情形，真有思惟路絶，言語道斷之感。此雖末節，無關本題宏旨，所以附論及之者，欲使學校教室中講授中國文學史及詞曲目録學之諸公得知今日大學高中學生，其本國語言文學之普通程度如此。諸公之殫精竭力，高談博引，豈不徒勞耶？據此，則知平仄聲之測驗，應列爲大學入學國文考試及格之條件，可以利用對子之方法，以實行之。

（丙）對子可以測驗讀書之多少及語藏之貧富。

今日學生所讀中國書中，今人之著作太多，古人之著作太少。非謂今人之著作，學生不可多讀。但就其所讀數量言，二者之比例相差過甚，必非合理之教育，亟須矯正。若出一對子，中有專名或成語，而對者能以專名或成語對之，則此人讀書之多少及語藏之貧富，可以測知。

（丁）對子可以測驗思想條理。

凡上等之對子，必具正反合之三階段。（平生不解黑智兒〔一譯「黑格爾」〕之哲學，今論此事，不覺與其説暗合，殊可笑也。）對一對子，其詞類聲調皆不適當，則爲不對，是爲下等，不及格。即使詞類聲調皆合，而思想重複，如燕山外史中之「斯爲美矣，豈不妙哉」之句，舊日稱爲合掌對者，亦爲下等，不及格。因其有正，而無反也。若詞類聲調皆適當，即有正，又有反，是爲中等，可及格。此類之對子至多，不須舉例。若正及反前後二階段之詞類聲調，不但能相當對，而且所表現之意義，復能互相貫通，因得綜合組織，别産生一新意義。此新意義，雖不似前之正及反二階段之意義，顯著於字句之上，但確可以想像而得之，所謂言外之意是也。此類對子，既能備具第三階段之合，即對子中最上等者。趙甌北詩話盛稱吴梅村歌行中對句之妙。其所舉之例，如「南内方看起桂宫，北兵早報臨瓜步」等，皆合上等對子之條件，實則不獨吴詩爲然，古來佳句莫不皆然。豈但詩歌，即六朝文之佳者，其篇中警策之儷句，亦莫不如是。惜陽湖當日能略窺其意，而不能暢言其理耳。凡能對上等對子者，其人之思想必通貫而有條理，決非僅知配擬字句者所能企及。故可藉之以選拔高才之士也。昔羅馬西塞羅 Cicero 辯論之文，爲拉丁文中之冠。西土文士自古迄今，讀之者何限，最近時德人始發見其文含有對偶。拉丁非單音語言，文有對偶，不易察知。故時歷千載，猶有待發之覆。今言及此者，非欲助駢儷之文，增高其地位。不過藉以説明對偶確爲中國語文特性之所在，而欲研究此種特性者，不得不研究由此特性所産生之對子。此義當質證於他年中國語言文學特性之研究發展以後。今日言之，徒遭流俗之譏笑。然彼等既昧於世界學術之現狀，復不識漢族語文之特性，挾其十九世紀下半世紀「格義」之學，以相非難，正可譬諸白髮盈顛之上陽宮女，自矜其天寶末年之時世裝束，而不知天地間别有元和新樣者在。亦祇得任彼等是其所是，而非其所非。吾輩固不必，且無從與之校量也。尊意以爲何如？

（一九三三年七月，原載學衡第柒玖期轉録自天津大公報文學副刊）

附　記

三十餘年前，叔雅先生任清華大學國文系主任。一日過寅恪曰，大學入學考期甚近，請代擬試題。時寅恪已定次日赴北戴河休養，遂匆匆草就普通國文試題，題爲「夢遊清華園記」。蓋曾遊清華園者，可以寫實。未遊清華園者，可以想像。此即趙彥衛雲麓漫鈔玖所謂，行卷可以觀史才詩筆議論之意。若應試者不被録取，則成一遊園驚夢也。一笑！其對子之題爲「孫行者」，因蘇東坡詩有「前生恐是盧行者，後學過呼韓退之」一聯（見東坡後集柒贈虔州術士謝〔晉臣〕君七律）。「韓盧」爲犬名（見戰國策拾齊策叁齊欲伐魏條及史記柒玖范睢傳），「行」與「退」皆步履進退之動詞，「者」與「之」俱爲虚字。東坡此聯可稱極中國對仗文學之能事。馮應榴蘇文忠詩注肆伍未知「韓盧」爲犬名，豈偶失檢耶？抑更有可言者，寅恪所以以「孫行者」爲對子之題者，實欲應試者以「胡適之」對「孫行者」。蓋猢猻乃猿猴，而「行者」與「適之」意義音韻皆可相對，此不過一時故作狡猾耳。又正反合之説，當時惟馮友蘭君一人能通解者。蓋馮君熟研西洋哲學，復新遊蘇聯返國故也。今日馮君尚健在，而劉胡並登鬼録，思之不禁惘然！是更一遊園驚夢矣。一九六五年歲次乙巳五月七十六叟陳寅恪識。

劉叔雅莊子補正序

合肥劉叔雅先生文典以所著莊子補正示寅恪，曰，姑强爲我讀之。寅恪承命讀之竟，歎曰，先生之作，可謂天下之至慎矣。其著書之例，雖能確證其有所脱，然無書本可依者，則不之補。雖能確證其有所誤，然不詳其所以致誤之由者，亦不之正。故先生於莊子一書，所持勝義猶多藴而未出，此書殊不足以盡之也。或問曰，先生此書，謹嚴若是，將無矯枉過正乎？寅恪應之曰，先生之爲是，非得已也。今日治先秦子史之學，著書名世者甚衆。偶聞人言，其間頗有改訂舊文，多任己意，而與先生之所爲大異者。寅恪平生不能讀先秦之書，二者之是非，初亦未敢遽判。繼而思之，嘗亦能讀金聖歎之書矣。其注水滸傳，凡所删易，輒曰：「古本作某，今依古本改正。」夫彼之所謂古本者，非神州歷世共傳之古本，而蘇州金人瑞胸中獨具之古本也。由是言之，今日治先秦子史之學，與先生所爲大異者，乃以明清放浪之才人，而談商周邃古之樸學。其所著書，幾何不爲金聖歎胸中獨具之古本，轉欲以之留贈後人，焉得不爲古人痛哭耶？然則先生此書之刊布，蓋將一匡當世之學風，示人以準則，豈僅供治莊子者之所必讀而已哉？己卯十一月十四日修水陳寅恪書於昆明靛花巷北京大學研究所宿舍。

楊樹達積微居小學金石論叢續稿序

長沙楊遇夫先生自辰谿湖南大學寄示近著積微居小學金石論叢續稿若干卷，命寅恪序之，幐以感事詩一首，有「祗有青山來好夢，可憐白髮换浮名」之歎。寅恪嘗聞當世學者稱先生爲今日赤縣神州訓詁小學之第一人。今讀是篇，益信其言之不誣也。自昔長於金石之學者，必爲深研經史之人，非通經無以釋金文，非治史無以證石刻。羣經諸史，乃古史資料多數之所匯集。金文石刻則其少數脱離之片段，未有不瞭解多數匯集之資料，而能考釋少數脱離之片段不誤者。先生平日熟讀三代兩漢之書，融會貫通，打成一片。故其解釋古代佶屈聱牙晦澀艱深之詞句，無不文從字順，犂然有當於人心。此則讀先生之書者，自能知之，不待寅恪贅言也。雖然，寅恪於此別有感焉，百年以來，洞庭衡嶽之區，其才智之士多以功名著聞於世。先生少日即已肄業於時務學堂，後復游學外國，其同時輩流，頗有遭際世變，以功名顯者，獨先生講授於南北諸學校，寂寞勤苦，逾三十年，不少間輟。持短筆，照孤燈，先後著書高數尺，傳誦於海内外學術之林，始終未嘗一藉時會毫末之助，自致於立言不朽之域。與彼假手功名，因得表見者，肥瘠榮悴，固不相同，而孰難孰易，孰得孰失，天下後世當有能辨之者。嗚呼！自剖判以來，生民之禍亂，至今日而極矣。物極必反，自然之理也。一旦忽易陰森慘酷之世界，而爲清朗和平之宙合，天而不欲遂喪斯文也，則國家必將尊禮先生，以爲國老儒宗，使弘宣我華夏民族之文化於京師太學。其時縱有入夢之青山，寧復容先生高隱耶？然則白髮者，國老之象徵。浮名者，亦儒宗所應具，斯誠可喜之兆也。又何歎哉？又何歎哉？寅恪未嘗學問，豈敢於先生之書多所論列，因先生之命，故別陳所感者如此，不識世之讀先生書者，以爲何如也。壬午十二月二十五日陳寅恪謹書於桂林雁山別墅。

楊樹達論語疏證序

孔子之生，距今歲將二千五百載，神州士衆方謀所以紀念盛事，顯揚聖文之道，而長沙楊遇夫先生著論語疏證適成，寄書寅恪，命爲之序。寅恪平生頗讀中華乙部之作，間亦披覽天竺釋典，然不敢治經。及讀先生是書，喜曰，先生治經之法，殆與宋賢治史之法冥會，而與天竺詁經之法，形似而實不同也。夫聖人之言，必有爲而發，若不取事實以證之，則成無的之矢矣。聖言簡奥，若不采意旨相同之語以參之，則爲不解之謎矣。既廣搜羣籍，以參證聖言，其言之矛盾疑滯者，若不考訂解釋，折衷一是，則聖人之言行，終不可明矣。今先生匯集古籍中事實語言之與論語有關者，并間下己意，考訂是非，解釋疑滯。此司馬君實李仁甫長編考異之法，乃自來詁釋論語者所未有，誠可爲治經者闢一新塗徑，樹一新模楷也。天竺佛藏，其論藏别爲一類外，如譬喻之經，諸宗之律，雖廣引聖凡行事，以證釋佛説，然其文大抵爲神話物語，與此土詁經之法大異。出三藏記集中，述出賢愚因緣經始末云：「釋曇學威德等八僧，西行求經，於于闐大寺，遇般遮于瑟之會。三藏諸學各弘法寶，説經講律，依業而教，學等八僧，隨緣分聽，精思通譯，各書所聞。還至高昌，乃集爲一部。」然則，賢愚經實當時曇學等聽講經律之筆記。今此經具存，所載悉爲神話物語。世之考高昌之壁畫，釋敦煌之變文者，往往取之以爲證釋，而天竺詁經之法，與此土大異，於此亦可見一例也。南北朝佛教大行於中國，士大夫治學之法，亦有受其薰習者。寅恪嘗謂裴松之三國志注，劉孝標世説新書注，酈道元水經注，楊衒之洛陽伽藍記等，頗似當日佛典中之合本子注。然此諸書皆屬乙部，至經部之著作，其體例則未見有受釋氏之影響者。惟皇侃論語義疏引論釋以解公治長章，殊類天竺譬喻經之體。殆六朝儒學之士，漸染於佛教者至深，亦嘗襲用其法，以詁孔氏之書耶？但此爲舊注中所僅見，可知古人不取此法以詁經也。蓋孔子説世間法，故儒家經典，必用史學考據，即實事求是之法治之。彼佛教譬喻諸經之體例，則形雖似，而實不同，固不能取其法，以釋儒家經典也。寅恪治史無成，幸見先生是書之出，妄欲攀引先生爲同類以自重，不識先生亦笑許之乎？戊子十月七日陳寅恪書於北平清華園不見爲淨之室。

陳述遼史補注序

裴世期之注三國志，深受當時内典合本子注之薰習。此蓋吾國學術史之一大事，而後代評史者，局於所見，不知古今學術系統之有別流，著述體裁之有變例，以喜聚異同，坐長煩蕪爲言，其實非也。趙宋史家著述，如續資治通鑑長編，三朝北盟會編，建炎以來繫年要録，最能得昔人合本子注之遺意。誠乙部之傑作，豈庸妄子之書，矜詡筆削，自比夏五郭公斷爛朝報者所可企及乎？寅恪僑寓香港，值太平洋之戰，扶疾入國，歸正首丘。途中得陳玉書先生述寄示所撰遼史補注序例，急取讀之，見其所論寧詳毋略之旨，甚與鄙見符合。若使全書告成，殊可稱契丹史事之總集，近日吾國史學不可多得之作也。回憶前在絶島，蒼黄逃死之際，取一巾箱坊本建炎以來繫年要録，抱持誦讀。其汴京圍困屈降諸卷，所述人事利害之迴環，國論是非之紛錯，殆極世態詭變之至奇。然其中頗復有不甚可解者，乃取當日身歷目覩之事，以相印證，則忽豁然心通意會。平生讀史凡四十年，從無似此親切有味之快感，而死亡飢餓之苦，遂亦置諸度量之外矣。由今思之，儻非其書喜聚異同，取材詳備，曷足以臻是耶？況近日營州舊壤，遼陵玉册，已出人間。葬地陶瓶，猶摹革橐。不有如釋教信徒迦葉阿難之總持結集，何以免契丹一族千年之往事及其與華夏關係之痛史，不隨劫波之火以灰燼。故遼史補注之作，尤爲今日所不可或緩者。寅恪頻歲衰病，於塞外之史，殊族之文，久不敢有所論述。惟尚冀未至此身蓋棺之日，獲逢是書出版之期，而補注之於遼史，亦將如裴注之附陳志，並重於學術之林，斯則今日發聲唱導之時，不勝深願誠禱者也。壬午十一月十九日陳寅恪書於桂林雁山别墅。

陳垣燉煌劫餘録序

一時代之學術，必有其新材料與新問題。取用此材料，以研求問題，則爲此時代學術之新潮流。治學之士，得預於此潮流者，謂之預流（借用佛教初果之名）。其未得預者，謂之未入流。此古今學術史之通義，非彼閉門造車之徒，所能同喻者也。燉煌學者，今日世界學術之新潮流也。自發見以來，二十餘年間，東起日本，西迄法英，諸國學人，各就其治學範圍，先後咸有所貢獻。吾國學者，其撰述得列於世界燉煌學著作之林者，僅三數人而已。夫燉煌在吾國境内，所出經典，又以中文爲多，吾國燉煌學著作，較之他國轉獨少者，固因國人治學，罕具通識，然亦未始非以燉煌所出經典，涵括至廣，散佚至衆，迄無詳備之目録，不易檢校其内容，學者縱欲有所致力，而憑藉末由也。新會陳援庵先生垣，往歲嘗取燉煌所出摩尼教經，以考證宗教史。其書精博，世皆讀而知之矣。今復應中央研究院歷史語言研究所之請，就北平圖書館所藏燉煌寫本八千餘軸，分別部居，稽覈同異，編爲目録，號曰燉煌劫餘録。誠治燉煌學者，不可缺之工具也。書既成，命寅恪序之。或曰，燉煌者，吾國學術之傷心史也。其發見之佳品，不流入於異國，即秘藏於私家。兹國有之八千餘軸，蓋當時唾棄之賸餘，精華已去，糟粕空存，則此殘篇故紙，未必實有繫於學術之輕重者在。今日之編斯録也，不過聊以寄其憤慨之思耳！是説也，寅恪有以知其不然，請舉數例以明之。摩尼教經之外，如八婆羅夷經所載吐蕃乞里提足贊普之詔書，姓氏録所載貞觀時諸郡著姓等，有關於唐代史事者也。佛説禪門經，馬鳴菩薩圓明論等，有關於佛教教義者也。佛本行集經演義，維摩詰經菩薩品演義，八相成道變，地獄變等，有關於小説文學史者也。佛説孝順子修行成佛經，首羅比丘見月光童子經等，有關於佛教故事者也。維摩詰經頌，唐睿宗玄宗讃文等，有關於唐代詩歌之佚文者也。其他如佛説諸經雜緣喻因由記中彌勒之對音，可與中亞發見之古文互證。六朝舊譯之原名，藉此推知。破昏怠法所引龍樹論，不見於日本石山寺寫本龍樹五明論中，當是舊譯别本之佚文。唐蕃翻經大德法成辛酉年（當是唐武宗會昌元年）出麥與人抄録經典，及周廣順八年道宗往西天取經，諸紙背題記等，皆有關於學術之考證者也。但此僅就寅恪所曾讀者而言，其爲數尚不及全部寫本百分之一，而世所未見之奇書佚籍已若是之衆，儻綜合並世所存燉煌寫本，取質量二者相與互較，而平均通計之，則吾國有之八千餘軸，比於異國及私家之所藏，又何多讓焉。今後斯録既出，國人獲兹憑藉，宜益能取用材料以研求問題，勉作燉煌學之預流。庶幾内可以不負此歷劫僅存之國寶，外有以襄進世界之學術於將來，斯則寅恪受命綴詞所不勝大願者也。

（原載一九三〇年歷史語言研究所集刊第壹本第貳分）

陳垣元西域人華化考序

有清一代經學號稱極盛，而史學則遠不逮宋人。論者輒謂愛新覺羅氏以外族入主中國，屢起文字之獄，株連慘酷，學者有所畏避，因而不敢致力於史，是固然矣。然清室所最忌諱者，不過東北一隅之地，晚明初清數十年間之載記耳。其他歷代數千歲之史事，即有所忌諱，亦非甚違礙者。何以三百年間，史學之不振如是？是必別有其故，未可以爲悉由當世人主摧毁壓抑之所致也。夫義理詞章之學及八股之文，與史學本不同物，而治其業者，又別爲一類之人，可不取與共論。獨清代之經學與史學，俱爲考據之學，故治其學者，亦並號爲樸學之徒。所差異者，史學之材料大都完整而較備具，其解釋亦有所限制，非可人執一説，無從判決其當否也。經學則不然，其材料往往殘闕而又寡少，其解釋尤不確定，以謹愿之人，而治經學，則但能依據文句各别解釋，而不能綜合貫通，成一有系統之論述。以誇誕之人，而治經學，則不甘以片段之論述爲滿足。因其材料殘闕寡少及解釋無定之故，轉可利用一二細微疑似之單證，以附會其廣汎難徵之結論。其論既出之後，固不能犂然有當於人心，而人亦不易標舉反證以相詰難。譬諸圖畫鬼物，苟形態略具，則能事已畢，其真狀之果肖似與否，畫者與觀者兩皆不知也。往昔經學盛時，爲其學者，可不讀唐以後書，以求速效。聲譽既易致，而利禄亦隨之。於是一世才智之士，能爲考據之學者，羣舍史學而趨於經學之一途。其謹愿者，既止於解釋文句，而不能討論問題。其誇誕者，又流於奇詭悠謬，而不可究詰。雖有研治史學之人，大抵於宦成以後休退之時，始以餘力肄及，殆視爲文儒老病銷愁送日之具。當時史學地位之卑下若此，由今思之，誠可哀矣。此清代經學發展過甚，所以轉致史學之不振也。

近二十年來，國人內感民族文化之衰頹，外受世界思潮之激盪，其論史之作，漸能脱除清代經師之舊染，有以合於今日史學之真諦，而新會陳援庵先生之書，尤爲中外學人所推服。蓋先生之精思博識，吾國學者，自錢曉徵以來，未之有也。今復取前所著元西域人華化考，刻木印行，命寅恪序之。寅恪不敢觀三代兩漢之書，而喜談中古以降民族文化之史，故承命不辭。欲藉是略言清代史學所以不振之由，以質正於先生及當世之學者。至於先生是書之材料豐實，條理明辨，分析與綜合二者俱極其工力，庶幾宋賢著述之規模，則讀者自能知之，更無待於寅恪之贅言者也。摯仲治謂杜元凱春秋釋例本爲左傳設，而所發明，何但左傳。今日吾國治學之士，競言古史，察其持論，間有類乎清季誇誕經學家之所爲者。先生是書之所發明，必可示以準繩，匡其趨向。然則是書之重刊流布，關係吾國學術風氣之轉移者至大，豈僅局於元代西域人華化一事而已哉？一千九百三十五年歲次乙亥二月陳寅恪謹序。

陳垣明季滇黔佛教考序

中國史學莫盛於宋，而宋代史家之著述，於宗教往往疏略，此不獨由於意執之偏蔽，亦其知見之狹陋有以致之。元明及清，治史者之學識更不逮宋，故嚴格言之，中國乙部之中，幾無完善之宗教史。然其有之，實自近歲新會陳援菴先生之著述始。先生先後考釋摩尼佛教諸文，海內外學者咸已誦讀而仰慕之矣。今復以所著明季滇黔佛教考遠寄寅恪讀之，並命綴以一言。寅恪頗喜讀內典，又旅居滇地，而於先生是書徵引之資料，所未見者，殆十之七八。其搜羅之勤，聞見之博若是。至識斷之精，體制之善，亦同先生前此考釋宗教諸文，是又讀是書者所共知，無待贅言者也。抑寅恪讀是書竟，別有感焉。世人或謂宗教與政治不同物，是以二者不可參互合論。然自來史實所昭示，宗教與政治終不能無所關涉。即就先生是書所述者言之，明末永曆之世，滇黔實當日之畿輔，而神州正朔之所在也。故值艱危擾攘之際，以邊徼一隅之地，猶略能萃集禹域文化之精英者，蓋由於此。及明社既屋，其地之學人端士，相率遁逃於禪，以全其志節。今日追述當時政治之變遷，以考其人之出處本末，雖曰宗教史，未用嘗不可作政治史讀也。嗚呼！昔晉永嘉之亂，支愍度始欲過江，與一傖道人爲侶。謀曰，用舊義往江東，恐不辦得食，便共立心無義。既而此道人不成渡，愍度果講義積年。後此道人寄語愍度云，心無義那可立，治此計，權救飢耳。無爲遂負如來也。憶丁丑之秋，寅恪别先生於燕京，及抵長沙，而金陵瓦解。乃南馳蒼梧瘴海，轉徙於滇池洱海之區，亦將三歲矣。此三歲中，天下之變無窮。先生講學著書於東北風塵之際，寅恪入城乞食於西南天地之間，南北相望，幸俱未樹新義，以負如來。今先生是書刊印將畢，寅恪不獲躬執校讎之役於景山北海之旁，僅遠自萬里海山之外，寄以序言，藉告並世之喜讀是書者。誰實爲之，孰令致之，豈非宗教與政治雖不同物，而終不能無所關涉之一例證歟？庚辰七月陳寅恪謹序。

姚薇元北朝胡姓考序

姚君薇元著一論文，題曰北朝胡姓考，近欲刊行，遺書來徵序引。寅恪以爲姚君之學，固已與時俱進，然其當日所言，迄今猶有他人未能言者。此讀者自知之，無待寅恪贅論。惟不能不於此附著一言者，即吾國史乘，不止胡姓須考，胡名亦急待研討是也。凡入居中國之胡人及漢人之染胡化者，兼有本來之胡名及雅譯之漢名。如北朝之宇文泰，周書北史俱稱其字爲黑獺，而梁書蘭欽王僧辯侯景諸傳，均目爲黑泰，可知「泰」即胡語「獺」之對音，亦即「黑獺」之雅譯漢名，而「黑獺」則本其胡名，並非其字也。由此推之，胡化漢人高歡，史稱其字爲賀六渾。其實「歡」乃胡語「渾」之對音，亦即「賀六渾」之雅譯漢名，而「賀六渾」則本其胡名，並非其字也。此類之名，胡漢雅俗，雖似兩歧，實出一源，於史事之考證尚無疑滯，可不深論。又如元代統治中國之君主及諸王之名，其中頗有藏文轉譯梵名之蒙古對音者，於此雖足以推證其時西番佛教漸染宮廷皇族之勢力，然其事顯明易見，故亦可不詳究也。至於清代史事，則滿文名字之考證，殊與推求事實有關，治史者不得置而不究。如清室君主之名，世祖福臨之前，本爲滿洲語之漢文對音，故清世亦不以之避諱。但自聖祖玄燁以降，漢化益深，諸帝之名傳於世者，固皆漢文雅名，實則仍別有滿文之名，如穆宗漢名載淳，翁同龢謂其滿文名爲福齡阿，即是其例。（翁文恭公日記同治六年丁卯二月廿三日條云：「上讀滿字至福齡阿，顧謂諳達曰，此余在熱河時，先皇帝以是呼余者也。諳達等退而識之。」又此條「福齡阿」下原注云：「漢文天生有福人。」）又傳聞翁氏姊婿，即注樊南文集補編之清代學者錢振倫，其中式道光十八年戊戌科二甲十七名進士時，原名福元，後所以改名振倫之故，實出孝欽后意旨。蓋清代翰苑簡放學政主考等差，由君主朱筆圈出。孝欽垂簾聽政，語軍機大臣曰，錢福元之名，我何能圈出？錢公遂易今名。寅恪頗疑此事與穆宗之滿名「福齡阿」有關，未知確否？此等滿文名，僅用於家庭宮禁之中，外間固不得而知也。寅恪曩於北平故宮博物院發一秘篋，外附「敢不在御前開拆者，即行正法！」之封紙，内藏康熙朝重要史料。如已刊布之汪景祺西征隨筆，即其中年羹堯案附件之一。其漢文文件之外，尚有滿蒙文檔案，如康熙朝先以貪婪罪罷斥，後坐忤逆罪自盡之兩江總督噶禮所上滿文奏摺多本，中夾一紙片，上書漢文「勿使汗阿媽知及我弟鄂爾弼云云」等語。案「汗」字源出「可汗」，在滿洲語，通常以之當漢文「皇」字，「阿媽」爲滿洲「父」字之音譯，既稱「皇父」，兼據其上下語氣，此紙疑出廢太子胤礽之手，而鄂爾弼當是聖祖諸子之一，如胤禩胤禟之流。此點實關噶禮之死及皇儲之争，惜已不能考知鄂爾弼果爲何人。以後來清代諸皇子之名，今所知者，亦止其漢文雅名，而不傳其滿文之名故也。又胤禩胤禟之改名阿其那，塞思黑，世俗相傳以爲滿洲語猪狗之義。其説至爲不根。無論阿其那塞思黑非滿文猪狗之音譯，且世宗亦決無以猪狗名其同父之人之理。其究爲何義，殊難考知。嘗聞光緒朝盛伯熙祭酒昱語文芸閣學士廷式，以「塞思黑」之義爲「提桶柄」，然「提桶柄」之義亦難索解。寅恪偶檢清文鑑器具門，見有滿洲語「腰子筐」一詞，若綴以繫屬語尾「衣」字，（如「包衣」之「衣」。滿洲語「包」爲「家」，「衣」爲「的」。）則適與「塞思黑」之音符合。證以東華録所載世宗斥塞思黑「癡肥臃腫，弟兄輩亦將伊戲笑輕賤」之語（見東華録雍正四年五月十七日戊申條）。豈其改名本取像於形狀之陋劣，而「提桶柄」之説，乃傳祭酒之語者，記憶有所未確耶？寅恪懷此疑問，久未能決，因姚君徵序，遂附陳考證胡名之説，以求教於世之博通君子。壬午三月陳寅恪書於桂林雁山別墅。

鄧廣銘宋史職官志考證序

吾國近年之學術，如考古歷史文藝及思想史等，以世局激盪及外緣薰習之故，咸有顯著之變遷。將來所止之境，今固未敢斷論。惟可一言蔽之曰，宋代學術之復興，或新宋學之建立是已。華夏民族之文化，歷數千載之演進，造極於趙宋之世。後漸衰微，終必復振。譬諸冬季之樹木，雖已凋落，而本根未死，陽春氣暖，萌芽日長，及至盛夏，枝葉扶疏，亭亭如車蓋，又可庇蔭百十人矣。由是言之，宋代之史事，乃今日所亟應致力者。此爲世人所共知，然亦談何容易耶？蓋天水一朝之史料，曾匯集於元修之宋史。自來所謂正史者，皆不能無所闕誤，而宋史尤甚。若欲補其闕遺，正其譌誤，必先精研本書，然後始有增訂工事之可言。宋史一書，於諸正史中，卷帙最爲繁多。數百年來，真能熟讀之者，實無幾人。更何論探索其根據，比較其同異，藉爲改創之資乎？鄧恭三先生廣銘，夙治宋史，欲著宋史校正一書，先以宋史職官志考證一篇，刊布於世。其用力之勤，持論之慎，竝世治宋史者，未能或之先也。寅恪前居舊京時，獲讀先生考辨辛稼軒事跡之文，深服其精博，願得一見爲幸。及南來後，同寓昆明青園學舍，而寅恪病榻呻吟，救死不暇，固難與之論學論史，但當時亦見先生甚爲塵俗瑣雜所困，疑其必尠餘力，可以從事著述。殊不意其撥冗偷閒，竟成此篇。是其神思之縝密，志願之果毅，踰越等倫。他日新宋學之建立，先生當爲最有功之一人，可以無疑也。噫！先生與稼軒生同鄉土，遭際國難，間關南渡，尤復似之。然稼軒本功名之士，仕宦頗顯達矣，仍鬱鬱不得志，遂有斜陽煙柳之句。先生則始終殫力竭智，以建立新宋學爲務，不屑同於假手功名之士，而能自致於不朽之域。其鄉土蹤跡，雖不異前賢，獨傭書養親，自甘寂寞，乃迥不相同。故身歷目覩，有所不樂者，輒以達觀遣之。然則今日即有稼軒所感之事，豈必遽興稼軒當日之歎哉？寅恪承先生之命，爲是篇弁言，懼其羈泊西南，胸次或如稼軒之鬱鬱，因并論古今世變及功名學術之同異，以慰釋之。庶幾益得專一於校史之工事，而全書遂可早日寫定歟？癸未一月二十七日陳寅恪書於桂林雁山別墅。

馮友蘭中國哲學史上册審查報告

竊查此書，取材謹嚴，持論精確，允宜列入清華叢書，以貢獻於學界。茲將其優點概括言之，凡著中國古代哲學史者，其對於古人之學説，應具瞭解之同情，方可下筆。蓋古人著書立説，皆有所爲而發。故其所處之環境，所受之背景，非完全明瞭，則其學説不易評論，而古代哲學家去今數千年，其時代之真相，極難推知。吾人今日可依據之材料，僅爲當時所遺存最小之一部，欲藉此殘餘斷片，以窺測其全部結構，必須備藝術家欣賞古代繪畫雕刻之眼光及精神，然後古人立説之用意與對象，始可以真了解。所謂真了解者，必神遊冥想，與立説之古人，處於同一境界，而對於其持論所以不得不如是之苦心孤詣，表一種之同情，始能批評其學説之是非得失，而無隔閡膚廓之論。否則數千年前之陳言舊説，與今日之情勢迥殊，何一不可以可笑可怪目之乎？但此種同情之態度，最易流於穿鑿傅會之惡習。因今日所得見之古代材料，或散佚而僅存，或晦澀而難解，非經過解釋及排比之程序，絕無哲學史之可言。然若加以聯貫綜合之搜集及統系條理之整理，則著者有意無意之間，往往依其自身所遭際之時代，所居處之環境，所薰染之學説，以推測解釋古人之意志。由此之故，今日之談中國古代哲學者，大抵即談其今日自身之哲學者也。所著之中國哲學史者，即其今日自身之哲學史者也。其言論愈有條理統系，則去古人學説之真相愈遠。此弊至今日之談墨學而極矣。今日之墨學者，任何古書古字，絶無依據，亦可隨其一時偶然興會，而爲之改移，幾若善博者能呼盧成盧，喝雉成雉之比。此近日中國號稱整理國故之普通狀况，誠可爲長嘆息者也。今欲求一中國古代哲學史，能矯傅會之惡習，而具了解之同情者，則馮君此作庶幾近之。所以宜加以表揚，爲之流布者，其理由實在於是。至於馮君之書，其取用材料，亦具通識，請略言之。以中國今日之考據學，已足辨别古書之真僞。然真僞者，不過相對問題，而最要在能審定僞材料之時代及作者，而利用之。蓋僞材料亦有時與真材料同一可貴。如某種僞材料，若逕認爲其所依託之時代及作者之真産物，固不可也。但能考出其作僞時代及作者，即據以説明此時代及作者之思想，則變爲一真材料矣。中國古代史之材料，如儒家及諸子等經典，皆非一時代一作者之産物。昔人籠統認爲一人一時之作，其誤固不俟論。今人能知其非一人一時之所作，而不知以縱貫之眼光，視爲一種學術之叢書，或一宗傳燈之語録，而斷斷致辯於其横切方面。此亦缺乏史學之通識所致。而馮君之書，獨能於此别具特識，利用材料，此亦應爲表章者也。若推此意而及於中國之史學，則史論者，治史者皆認爲無關史學，而且有害者也。

然史論之作者，或有意，或無意，其發爲言論之時，即已印入作者及其時代之環境背景，實無異於今日新聞紙之社論時評。若善用之，皆有助於考史。故蘇子瞻之史論，北宋之政論也。胡致堂之史論，南宋之政論也。王船山之史論，明末之政論也。今日取諸人論史之文，與舊史互證，當日政治社會情勢，益可藉此增加了解，此所謂廢物利用，蓋不僅能供習文者之摹擬練習而已也。若更推論及於文藝批評，如紀曉嵐之批評古人詩集，輒加塗抹，詆爲不通。初怪其何以狂妄至是，後讀清高宗御製詩集，頗疑其有所爲而發。此事固難證明，或亦間接與時代性有關，斯又利用材料之别一例也。寅恪承命審查馮君之作，謹具報告書，并附著推論之餘義於後，以求教正焉。

（原載馮友蘭中國哲學史上册一九三〇年本）

馮友蘭中國哲學史下册審查報告

此書上册寅恪曾任審查，認爲取材精審，持論正碻。自刊布以來，評論贊許，以爲實近年吾國思想史之有數著作，而信寅恪前言之非阿私所好。今此書繼續完成，體例宗旨，仍復與前册一貫。允宜速行刊布，以滿足已讀前册者之希望，而使清華叢書中得一美備之著作。是否有當，尚乞鑒定是幸！寅恪於審查此書之餘，并略述所感，以求教正。

佛教經典言：「佛爲一大事因緣出現於世。」中國自秦以後，迄於今日，其思想之演變歷程，至繁至久。要之，祇爲一大事因緣，即新儒學之産生，及其傳衍而已。此書於朱子之學，多所發明。昔閻百詩在清初以辨僞觀念，陳蘭甫在清季以考據觀念，而治朱子之學，皆有所創獲。今此書作者，取西洋哲學觀念，以闡明紫陽之學，宜其成系統而多新解。然新儒家之産生，關於道教之方面，如新安之學説，其所受影響甚深且遠，自來述之者，皆無愜意之作。近日常盤大定推論儒道之關係，所説甚繁（東洋文庫本），仍多未能解決之問題。蓋道藏之秘籍，迄今無專治之人，而晉南北朝隋唐五代數百年間，道教變遷傳衍之始末及其與儒佛二家互相關係之事實，尚有待於研究。此則吾國思想史上前修所遺之缺憾，更有俟於後賢之追補者也。南北朝時，即有儒釋道三教之目，（北周衛元嵩撰齊三教論七卷。見舊唐書肆柒經籍志下。）至李唐之世，遂成固定之制度。如國家有慶典，則召集三教之學士，講論於殿廷，是其一例。故自晉至今，言中國之思想，可以儒釋道三教代表之。此雖通俗之談，然稽之舊史之事實，驗以今世之人情，則三教之説，要爲不易之論。儒者在古代本爲典章學術所寄託之專家。李斯受荀卿之學，佐成秦治。秦之法制實儒家一派學説之所附繫。中庸之「車同軌，書同文，行同倫。」（即太史公所謂「至始皇乃能并冠帶之倫」之「倫」。）爲儒家理想之制度，而於秦始皇之身，而得以實現之也。漢承秦業，其官制法律亦襲用前朝。遺傳至晉以後，法律與禮經並稱，儒家周官之學説悉采入法典。夫政治社會一切公私行動，莫不與法典相關，而法典爲儒家學説具體之實現。故二千年來華夏民族所受儒家學説之影響，最深最鉅者，實在制度法律公私生活之方面，而關於學説思想之方面，或轉有不如佛道二教者。如六朝士大夫號稱曠達，而夷考其實，往往篤孝義之行，嚴家諱之禁。此皆儒家之教訓，固無預於佛老之玄風者也。釋迦之教義，無父無君，與吾國傳統之學説，存在之制度，無一不相衝突。輸入之後，若久不變易，則決難保持。是以佛教學説，能於吾國思想史上，發生重大久遠之影響者，皆經國人吸收改造之過程。其忠實輸入不改本來面目者，若玄奘唯識之學，雖震動一時之人心，而卒歸於消沈歇絶。近雖有人焉，欲然其死灰，疑終不能復振。其故匪他，以性質與環境互相方圓鑿枘，勢不得不然也。六朝以後之道教，包羅至廣，演變至繁，不似儒教之偏重政治社會制度，故思想上尤易融貫吸收。凡新儒家之學説，幾無不有道教，或與道教有關之佛教爲之先導。如天台宗者，佛教宗派中道教意義最富之一宗也。（其創造者慧思所作誓願文，最足表現其思想。至於北宋真宗時，日本傳來之大乘止觀法門一書，乃依據大乘起信論者，恐係華嚴宗盛後，天台宗僞託南嶽而作。故此書祇可認爲天台宗後來受華嚴宗影響之史料，而不能據以論南嶽之思想也。）其宗徒梁敬之與李習之之關係，實啓新儒家開創之動機。北宋之智圓提倡中庸，甚至以僧徒而號中庸子，并自爲傳以述其義（孤山閑居編）。其年代猶在司馬君實作中庸廣義之前，（孤山卒於宋真宗乾興元年，年四十七。）似亦於宋代新儒家爲先覺。二者之間，其關係如何，且不詳論。然舉此一例，已足見新儒家産生之問題，猶有未發之覆在也。至道教對輸入之思想，如佛教摩尼教等，無不盡量吸收，然仍不忘其本來民族之地位。既融成一家之説以後，則堅持夷夏之論，以排斥外來之教義。此種思想上之態度，自六朝時亦已如此。雖似相反，而實足以相成。從來新儒家即繼承此種遺業而能大成者。竊疑中國自今日以後，即使能忠實輸入北美或東歐之思想，其結局當亦等於玄奘唯識之學，在吾國思想史上，既不能居最高之地位，且亦終歸於歇絶者。其真能於思想上自成系統，有所創獲者，必須一方面吸收輸入外來之學說，一方面不忘本來民族之地位。此二種相反而適相成之態度，乃道教之真精神，新儒家之舊途徑，而二千年吾民族與他民族思想接觸史之所昭示者也。寅恪平生爲不古不今之學，思想囿於咸豐同治之世，議論近乎曾湘鄉張南皮之間，承審查此書，草此報告，陳述所見，殆所謂「以新瓶而裝舊酒」者。誠知舊酒味酸，而人莫肯酤，姑注於新瓶之底，以求一嘗，可乎？

（原載馮友蘭中國哲學史下册一九三三年本）

先君致鄧子竹丈手札二通書後

右先君致鄧子竹丈手書二通。光緒九年先祖以張幼樵副憲追論河南王樹汶案，解浙江提刑任。旋奉廷旨，交湖南巡撫龐際雲差遣。先祖不樂居湘，遂出遊粵豫，數年後，始返潭州。其間先君侍先祖母寄寓長沙，二札即此數年間所作也。書中雲秋指湘鄉杜丈俞。石帥指閩浙總督楊昌濬。叔輿指袁丈樹欽，長沙人，清末官户部主事。彌之即武崗鄧輔綸先生，其子爲湘潭王闓運先生壻。湘綺手札中引聊齋誌異嘉平公子篇鬼妓之語，所謂「有壻如此，不如爲娼」者也。彌之葆之兄弟與先祖有科舉同年之誼。先祖任河北道時，創設致用精舍，聘葆之先生爲主講。子竹即葆之之子。杜丈在河北道幕中二人相識，故語及之。鄧氏既爲世好，兩家子弟頗相往還。近四十餘載，久不通聞問，疑有不可究詰者。嗚呼！八十年間，天下之變多矣。元禮文舉之通家，隨五銖白水之舊朝，同其蛻革，又奚足異哉！又奚足道哉！寅恪過嶺倏踰十稔，乞仙令之殘砂，守傖僧之舊義，頹齡癈疾，將何所成！玉清教授出示此二札，海桑屢改，紙墨猶存，受而讀之，益不勝死生今昔之感已。一九六五年歲次乙巳四月廿八日寅恪謹書。

大乘稻芉經隨聽疏跋

法成大乘稻芉經隨聽疏一卷，江杜君校集京師圖書館及傅增湘君所藏敦煌石室佛經各殘卷而成。案法成之名不見於支那佛教載記，其譯經始末無可考。敦煌石室寫本大乘四法經論及廣釋開決記有法成癸丑年八月沙州永康寺集畢記，諸星母陀羅尼經有法成甘州修多寺譯題字，瑜珈師地論卷三十九，五十二，有法成弟子智慧山手書大中年月；又法蘭西伯希和君曾見法成著述中自稱大蕃國人（Journal Asiatique，Série 11，Tome 4，P. 143），據此四事，綜合推計，知其人爲吐蕃沙門，生當唐文宗太和之世，譯經於沙州、甘州。其譯著之書，今所知者，中文則有敦煌石室發見之大乘稻芉經隨聽疏、般若波羅蜜多心經、諸星母陀羅尼經、瑜珈論附分門記、薩婆多宗五事論、釋迦如來像法滅盡之記、歎如來無染着功德讚等。藏文則有西藏文正藏中之善惡因果經、義浄譯金光明最勝王經重譯本及關於觀世音菩薩神咒三種（柏林圖書館所藏西藏文正藏目録第一百二十三頁第五號、第一百二十四頁第一號及第五號）等，（詳見Journal Asiatique Série 11, Tome 4，史林第八卷第一號、支那學第三卷第五號、伯希和及日本羽田亨石濱純太郎諸君考證文中。）予又檢閱北京本西藏文續藏滿蒙漢藏四體目録，見第四十一函契經解中，有經部深微宗旨確釋廣大疏一種，震旦律師温眴个撰，答哩麻悉諦譯。「答哩麻悉諦」之名本自蒙古文音譯而來，蓋蒙文目録，此疏譯主之名，依據梵文作Dharma-Siddhi即藏文Chos-grub，中文「法成」之意譯。「温眴个」者，「圓測」二字之訛譯。是書實玄奘弟子圓測解深密經疏之藏文譯本。西明疏爲法相宗寶笈，中文原本今已殘闕，若自藏文譯補，俾千年古籍，復成完書，亦快事也。稻芉經隨聽疏博大而精審，非此土尋常經疏可及。頗疑其別有依據。西藏文續藏第三十三函菩提路燈品有龍樹菩薩聖稻𦼮經章句，第三十四函隨念三寶義旨中，有龍樹菩薩稻芉喻經廣大演一百十二品。法成當日爲稻芉經作疏，或已見此二書。又第三十七函十地論釋中，有佮麻刺尸刺（Kamalaçila）稻芉喻經廣大疏，其書與隨聽疏第五解釋門釋本文文中所分五門，七門，章句次第，文字詮釋，適相符合。佮麻刺尸刺不知爲印度何時人，廣大疏譯爲藏文年代亦未能確定。即使後於法成作隨聽疏時，然隨聽疏解釋門釋本文一節，亦必本諸法成以前吐蕃所譯天竺舊注，而與廣大疏同出一源，否則中藏兩疏，不能如是闇合也。予因此并疑今日所見中文經論注疏凡號爲法成所撰集者，實皆譯自藏文，但以當時所據原書，今多亡逸，故不易詳究其所從出耳。昔玄奘爲西土諸僧譯中文大乘起信論爲梵文。道宣記述其事，贊之曰：「法化之緣，東西互舉。」夫成公之於吐蕃，亦猶慈恩之於震旦；今天下莫不知有玄奘，法成則名字湮没者且千載，迄至今日，鉤索故籍，僅乃得之。同爲溝通東西學術，一代文化所託命之人，而其後世聲聞之顯晦，殊異若此，殆有幸有不幸歟！讀法成隨聽疏竟，爲考其著述概略，並舉南山律師之語，持較慈恩，以見其不幸焉。

懺悔滅罪金光明經冥報傳跋

合肥張氏藏敦煌寫本金光明經殘卷卷首有冥報傳，載温州治中張居道入冥事。日本人所藏敦煌寫經亦有之。（日文原報告未見，僅見一千九百十一年安南遠東法蘭西學校報告第十一卷第一百七十八及一百八十六頁所引。）予雖未見其原文，以意揣之，當與此無異。案此傳今無足本。明僧受汰金光明經科注卷四之末附金光明經感應記中有「寃家自擇」及「寃化爲人」二條，皆略記張居道事。又宋僧非濁三寶感應要略中卷第二十九温州治中張居道冥路中發願造金光明經四卷願感應，亦略記此事，題下注：「出滅罪傳」，其末又注：「更有安固縣丞妻脱苦緣繁故不述之」等語。然則明代受汰金光明經感應記所載，雖不知采自何書，而宋時非濁三寶感應要略所集明言出自滅罪傳，是此傳足本宋代猶存之證也。近年俄羅斯人 C. E. Malov 君肅州得一金光明經之突厥系文本，（俄國科學院佛教叢書第十七種一千九百十三年出版。）張居道入冥及安固縣丞妻二事均譯載卷首，其體制與敦煌寫經之冠以滅罪傳者適相符合。予又見德意志人近年於土魯番所獲之吐蕃文斷簡，其中有類似滅罪冥報傳之殘本。（見 A. H.

Francke, Sitzungsberichte der Preussischen Akademie der Wissenschaften, Mai, 1924）内容述及金剛經，殆冠於金剛經之首者，惜太殘闕，無由確證。是佛經之首冠以感應冥報傳記，實爲西北昔年一時風尚。今則世代遷移，當時舊俗，渺不可稽，而其跡象，仍留於外族重翻之本。徵攷佛典編纂之體裁者，猶賴之以爲旁證，豈不異哉。金光明經諸本，予所知者，梵文本之外，（梵文本已刊者有 Sarat Chandra 本及 A. F. Rudolf Hoernle, Manuscript Remains of Buddhist Literature found in Eastern Turkestan 所載之本，餘詳見宗教研究第五卷第三號泉芳璟君讀梵文金光明經論文。）其餘他種文字譯本，尚存於今日者，中文則有北涼曇無讖譯之四卷本，隋寶貴之合部八卷本，唐義浄之十卷本。西藏文則有三本（見支那學第四卷第四號櫻部文鏡蒙文金光明經斷篇攷補箋），其一爲法成重譯之中文義浄本。蒙古文及 Kalmuk 文（予曾鈔一本）均有譯本。滿文大藏經譯自中文當有金光明經，但予未得見。突厥系文則有德意志土魯番攷察團所獲之殘本（F. W. K. Müller, Uigurica, 1908）及俄國科學院佛教叢書本。（見前）東伊蘭文亦有殘闕之本，（見 P. Pelliot, Etudes Linguistiques sur les Documents de la Mission Pelliot, 1913 及 E. Leumann, Abhandlungen für die Kunde des Morgenlandes XV, 2, 1920）據此諸種文字譯本之數，即知此經於佛教大乘經典中流通爲獨廣，以其義主懺悔，最易動人故也。至滅罪冥報傳之作，意在顯揚感應，勸獎流通，遠託法句譬喻經之體裁，近啓太上感應篇之注釋，本爲佛教經典之附庸，漸成小説文學之大國。蓋中國小説雖號稱富於長篇鉅製，然一察其内容結構，往往爲數種感應冥報傳記雜糅而成。若能取此類果報文學詳稽而廣證之，或亦可爲治中國小説史者之一助歟。因考張居道事，併附論之於此。戊辰四月義甯陳寅恪。

敦煌本十誦比丘尼波羅提木叉跋

日本西本龍山君影印敦煌本十誦比丘尼波羅提木叉并附以解説，廣徵詳證，至爲精審。蓋毘奈耶比較學之佳著也。往歲德意志林治君 Ernst Waldschmidt 校譯説一切有部梵文比丘尼波羅提木叉殘本 Bruchstücke des，予適遊柏林，偶與之討論。今讀西本君書，心服之餘，略綴數語，儻亦佛教之所謂因緣者歟？

此本不著譯主姓名，西本君考定爲鳩摩羅什所譯。鳩摩羅什之譯有十誦比丘尼戒本，歷代佛典目録開元釋教録而外，（武周刊定衆經目録有鳩摩羅什譯十誦律比丘尼戒本乃十誦比丘戒本之誤，西本君已言之。）皆無明文，然西本君頗能言之成理，但仍有不可解者。玆就高僧傳所載什公翻譯十誦律始末爲根據，而推論之。

高僧傳貳鳩摩羅什傳略云：「〔什臨終〕與衆僧告別，曰：凡所出經論三百餘卷，唯十誦一部，未及删煩，存其本旨，必無差失。」又同卷曇摩流支傳云：「〔流支〕與什共譯十誦都畢，研詳考覆，條制審定，而什猶恨文煩未善，既而什化，不獲删治。」據此可推知什公所譯經論，十誦大本外，皆已删煩。十誦比丘尼波羅提木叉若爲什公所譯，必與其他經論同經删治。此可以推知者一。

高僧傳壹壹僧業傳云：「昔什公在關，未出十誦（大部），乃先譯戒本，及流支入秦，方傳大部。故戒心之與大本，其意正同，在言或異，業乃改正，一依大本。今之傳誦，二本雙行。」予取十誦大本以校今所傳什譯十誦比丘戒本，其文句仍有異同。據此可推知今所傳什譯十誦比丘戒本，乃什公原譯，而非僧業依大本改易之本，此可以推知者二。

高僧傳貳弗若多羅傳云：「弘始六年十月十七日，集義學僧數百餘人於長安中寺，延請多羅誦出十誦梵本，羅什譯爲晉文。」又同卷曇摩流支傳略云：「流支以弘始七年秋，達自關中。初弗若多羅誦出十誦，未竟而亡。廬山釋慧遠聞支既善毘尼，希得究竟律部，乃遣書通好。曰：頃有西域道士弗若多羅，是罽賓人。其諷十誦梵本，有羅什法師通才博見，爲之傳譯。十誦之中，文始過半。多羅早喪，中途而寢，不得究竟大業，慨恨良深。傳聞仁者齎此經自隨，若能爲律學之徒畢此經本，則惠深德厚，人神同感矣。」據此可推知什公與多羅共譯之大本，乃多羅口自誦出者。其與流支共譯之大本，乃流支齎以自隨者。什公之不獨譯大本，雖有他故，而未齎大本自隨，又不能口自誦出，亦必一主因。以此例之，則其所譯之十誦比丘戒本，及假定爲其所譯之十誦比丘尼波羅提木叉，當爲俱齎以自隨，或皆能口自誦出，或一自隨而一誦出之本。夫此二戒本皆爲十誦律部中單行之一種，復同經一人之手攜或口誦，必爲共出一源之梵本，其體裁結構，理應相同。此可以推知者三。

此三事既已推定，然後述不可解之二點：

今取敦煌十誦比丘尼波羅提木叉與法顈自十誦律大本撰出之十誦比丘尼戒本，較其繁簡，雖彼此詳略各有不同；然敦煌本有而法顈本缺者，計波逸提法八條，衆學法二十二條，共爲三十條。夫法顈所據者爲未經什公删治之繁本，敦煌本若果爲什公所譯，乃與其他經論同經删治之簡本，故必敦煌本簡而法顈本繁，始合於事理，今適得其反。此不可解者一也。

又取敦煌十誦比丘尼波羅提木叉與十誦比丘戒本，較其異同，則敦煌十誦比丘尼波羅提木叉之末「七佛偈」闕七佛名及所化衆數，其不同之點，最爲顯著。若敦煌本果爲什公所譯，則與十誦比丘戒本皆爲同一律部中單行之一種，實共出於一源之梵本，復經同一人之所翻譯及删治；而今日流傳之十誦比丘戒本，又爲未經改易之原書，何以二本體裁結構，彼此互異？此不可解者二也。

總而言之，考據之學，本爲材料所制限。敦煌本是否爲鳩摩羅什所譯，尚待他日新材料之證明。今日固不能爲絶對否定之論，亦不敢爲絶對肯定之論，似爲學術上應持之審慎態度也。

又西本君校刊此書，附以原寫本之音寫寫誤及異體文字表，雖其中頗有習見之體，不煩標列者，然此爲考古學文字學重要事業，前人鮮注意及之者。若能搜集敦煌寫本中六朝唐代之異文俗字，編爲一書，於吾國古籍之校訂，必有裨益。予久蓄是念，今讀西本君之書，因附著其意，以質世之治考古學文字學者。

薊丘之植植於汶篁之最簡易解釋

樂毅報燕惠王書「薊丘之植，植於汶篁」句不甚易解。自來解之者不一。而以俞曲園先生樾及楊遇夫先生樹達之説爲最精確。俞先生以此爲倒句成文之例。其所著古書疑義舉例倒句例引此句云：

> 索隱曰薊丘，燕所都之地也。言燕之薊丘所植，皆植齊王汶上之竹也。按，此亦倒句。若順言之，當云：汶篁之植，植於薊丘耳。宋人言宣和事云：「夷門之植，植於燕雲。」便不及古人語妙矣。

楊先生所著詞詮玖「於」與「以」同義條引韓非子解老篇「慈，於戰則勝，以守則固」，而老子作「以戰則勝，以守則固」及此句爲證。其意蓋釋爲「薊丘之植，植以汶篁」也。

寅恪按，若依小司馬之説及普通文義言，亦可釋爲「薊丘之所植乃曾植於汶篁者」。似不必以爲倒句妙語。嘗見敦煌寫本「於」字往往作「相」。如上虞羅氏鳴沙石室佚書中太公家教「是以人相知於道行。魚□（相）望於江湖」句之第一「於」字，及敦煌零拾中佛曲第三種之

「有相夫人」多譌作「有於夫人」，皆是其例。故古寫本「於」字若遭磨損失其左半，則與「㠯」字形極近似。不知詞詮「於」「以」同義條所舉證例，其中是否亦有原爲字形之誤？或即就「於」字本義可通，而不必改訓爲「以」者？寅恪於訓詁之學，無所通解，不敢妄説。惟讀齊民要術肆種棗第叁拾叁云：

青州有樂氏棗，曹（？）肌細核，多膏肥美，爲天下第一。父老相傳云：樂毅破齊時，從燕齎來所種也。

戰勝者收取戰敗者之珠玉財寶車甲珍器，送於戰勝者之本土。或又以兵卒屯駐於戰敗者之土地。戰勝者本土之蔬菓，則以其爲出征遠戍之兵卒夙所習用嗜好之故，輒相隨而移植於戰敗者之土地。以曾目睹者言之，太平天國金陵之敗，洪楊庫藏多輦致於衡湘諸將之家。而南京菜市冬莧紫菜等蔬，皆出自湘人之移植。清室圓明園之珍藏，陳列於歐西名都之博物館。而舊京西郊静明園玉泉中所生水菜，據稱爲外國聯軍破北京時所播種。此爲古今中外戰勝者與戰敗者，其所有物産互相交换之通例。燕齊之勝敗，何獨不如是乎？考史記捌拾樂毅傳云：

樂毅留徇齊五歲，下齊七十餘城，皆爲郡縣，以屬燕。

據此，五年之久，薊丘之植，自可隨留徇齊地之燕軍，而移植於汶篁。青州父老所傳樂氏種棗之由來，未嘗不可徵信，而據之以類推也。然則「薊丘之植，植於汶篁」，既非倒句之妙語，亦不必釋「於」與「以」同義。惟「篁」字應依說文訓爲「竹田」耳。可參考段懋堂說文解字注及曾滌生經史百家雜鈔卷拾肆解釋此句之說。夫解釋古書，其謹嚴方法，在不改原有之字，仍用習見之義。故解釋之愈簡易者，亦愈近真諦。並須旁采史實人情，以爲參證。不可僅於文句之間，反覆研求，遂謂已盡其涵義也。又自來讀樂毅此書者，似皆泥於上文「珠玉財寶車甲珍器盡收入於燕」之語，謂此句僅與「齊器設於寧臺」「大呂陳於元英」等句同例，而曲爲之解。殊不知植物非財寶重器，可以「收入於燕」之語概括之。其實此句專爲「故鼎反乎磨室」句之對文。故「故鼎」句及此句之次序當依史記捌拾樂毅傳之文，先後聯接。而不應依戰國策叁拾燕策貳及新序叁雜事叁之所載，二句之間隔以「齊器設於寧臺」之句，以致文氣語意微有不貫。蓋昌國君意謂前日之鼎，由齊而返乎燕，後日之植，由燕而移於齊。故鼎新植一往一返之間，而家國之興亡勝敗，其變幻有如是之甚者。並列前後異同之跡象，所以光昭先王之偉烈。而己身之與有勳勞，亦因以附見焉。此二句情深而詞美，最易感人。若依曲園先生之說，古人果有妙語不可及者，或轉在此等處。而不在其所謂倒句成文者歟？

（原載一九三一年清華中國文學會月刊第壹卷第叁期）

庾信哀江南賦與杜甫詠懷古跡詩

昔人論杜子美重經昭陵詩之「風塵三尺劍，社稷一戎衣」，出於庾子山周祀宗廟歌皇夏之「終封三尺劍，長卷一戎衣」。若此類者，可謂之以庾解杜。予今反之，以杜解庾。請舉一例，以求教於讀庾賦杜詩者。至庾賦中有關之史事，皆載在舊籍，人所習知。故茲篇僅就大意爲之說明，不復多所徵引。

庾子山哀江南賦末一節凡八句云：

天地之大德曰生，聖人之大寶曰位。用無賴之子弟，舉江東而全棄。惜天下之一家，遭東南之反氣。以鶉首而賜秦，天何爲而此醉。

庾子山集倪璠注以此八句指蕭詧而言，略謂「天地大德」，「聖人大寶」二語爲下文「江東全棄」，「鶉首賜秦」張本。「無賴子弟」謂陳霸先，「江東全棄」謂丹陽諸郡皆爲陳有也。蕭詧既傷好生之心，又失大寶之位，使雍州西去，建業東亡。

案，蕭詧既終天年，復保尊位，而丹陽諸郡本非其所能有，何得謂用無賴之陳霸先悉舉而棄之乎？徵諸史實，魯玉之説近於曲解，殊不可通。

又曾國藩經史百家雜鈔詞賦類上叁哀江南賦此八句下注云：

以上追咎武帝不能豫教子弟而亂生。

案，梁武帝身死國亡，由於納侯景之降，而不在其不能豫教子弟。亂生之因既不在不教子弟，則何所用其追咎？且梁武帝子弟之中，其所最重視者，宜無過於簡文及元帝。一則選爲儲貳，而棄昭明太子統之諸子不立。一則授以大鎮，使之雄據上游。兹二人者，又皆子山所曾北面親事之君也。豈有暮年作賦，追紀宗邦之淪覆，於舊國舊君，極致其哀慕不忘之情，而忍以無賴之語加諸故主之身乎？故知湘鄉之説，非但於當日情事更不可通，兼亦昧於立言之體矣。然則此八句之真解如何？

案，杜工部詠懷古跡第一首第五句云：「羯胡事主終無賴。」羯胡指安禄山，亦即以之比侯景也。杜公此詩實一哀江南賦之縮本。其中以己身比庾信，以玄宗比梁武，以安禄山比侯景。今以無賴之語屬之羯胡，則知杜公之意，庾賦中「無賴子弟」一語乃指侯景而言。證以當日情事，實爲切當不移。請引申其旨意而解釋之。

此賦八句乃總論蕭梁一代之興亡。前四句指武帝，後四句指元帝。蓋有梁一代實僅武帝元帝二主。簡文敬帝則徒擁虚位，可以不計。後梁則北朝附庸，而又子山故主之仇讎，自不視爲繼承蘭陵之正統者。故止舉武元二世，即足以概括蕭梁一朝也。此八句之大旨既明，茲復逐句略詮其意於下：

「天地之大德曰生」謂武帝享八十六歲之高年也。「聖人之大寶曰位」謂武帝居南朝天子之尊位也。「用無賴之子弟」謂用侯景也。考孟子告子篇上：「富歲子弟多賴。」趙注：「子弟，凡人之子弟也。賴，善。」史記吴王濞傳：「吴所誘皆無賴子弟，亡命鑄錢姦人，故相率以反。」可知子弟亦泛稱，不必以爲專指武帝之子弟，如曾滌生之所説也。「舉江東而全棄」謂武帝失國也。此前四句之意綜合言之，則謂武帝以享國最久之帝王，而用無賴之侯景，卒致喪生失位，盡棄其江東之王業也。

「惜天下之一家」，「遭東南之反氣」二句指河東王譽事也。漢吴王濞爲高祖兄仲之子。河東王譽亦爲元帝兄昭明太子統之子。譽反於湘州，其地適在江陵之東南。以親族關係及郡邑方向言，可稱切當。庾公之意，蓋謂元帝能平侯景，可以爲中興之主。何期天下同姓一家，而遭湘州之反，遂致滅亡之禍，此誠堪深惜者也。「以鶉首而賜秦」，「天何爲而此醉」二句，謂以河東王譽之故，岳陽王詧乃乞援於西魏，于謹遂陷江陵，而滅梁室也。據隋書地理志，荆州之分野爲鶉首之次。故鶉首即指江陵。此用鶉首賜秦故事，以譬西魏之取江陵，準之地望，至爲適合。倪氏以爲指襄陽爲魏有而言，所解已嫌迂遠不切。至又以「鶉首賜秦」，謂指周太祖資蕭詧以江陵空城，置兵防守，是詧亦失鶉首之次之南郡。信如其後説，則非「以鶉首賜秦」乃「秦賜以鶉首也」，較之前説，尤爲費解，其不可通明矣。此後四句之意綜合言之，則謂可惜元帝以天下一家之局，遭河東王譽反於湘州，卒致江陵爲西魏所陷没，天何爲此夢夢耶？

據上所述，知哀江南賦必用詠懷古跡詩之解，始可通。是之謂以杜解庾。

（原載一九三一年四月十五日清華中國文學會月刊第壹卷第壹期）

東晉南朝之吳語

近日友人多研究東晉南北朝音韻問題，甚可喜也。寅恪頗欲參加討論，而苦於音韻之學絶無通解，不敢妄説。兹僅就讀史所及，關涉東晉南朝之吳語者，擇録數事，略附詮釋，以供研究此問題者之參證。雖吳語吳音二名詞涵義不盡相同，史籍所載又頗混用，不易辨析，但與東晉南朝古音之考證有關則一也。

宋書捌壹顧琛傳（南史叁伍顧琛傳同）云：

先是宋世江東貴達者會稽孔季恭，季恭子靈符，吳興丘淵之及琛，吳音不變。

寅恪案，史言江東貴達者，唯此數人吳音不變，則其餘士族，雖本吳人，亦不操吳音，斷可知矣。

南齊書肆壹張融傳（南史叁貳張邵傳附融傳同）略云：

張融，吳郡吳人也。出爲封溪令。廣越嶂嶮，獠賊執融，將殺食之，融神色不動，方作洛生詠，賊異之而不害也。

寅恪案，世説新語雅量篇略云：

桓公伏甲設饌，廣延朝士，因此欲誅謝安王坦之。謝之寬容，愈表於貌，望階趨席，方作洛生詠，諷浩浩洪流，桓憚其曠遠，乃趣解兵。

劉注引宋明帝文章志曰：

安能作洛下書生詠，而少有鼻疾，語音濁。後名流多斅其詠，弗能及，手掩鼻而吟焉。（晉書柒玖謝安傳同。）

據此，則江東士族不獨操中原之音，且亦斅洛下之詠。張融本吴人，而臨危難仍能作洛生詠，雖由於其心神鎮定，異乎常人，要必平日北音習熟，否則決難致此無疑也。

顔氏家訓音辭篇云：

易服而與之談，南方士庶數言可辨。隔垣而聽其語，北方朝野終日難分。

寅恪案，南北所以有如此不同者，蓋江左士族操北語，而庶人操吴語；河北則社會階級雖殊，而語音無別故也。

南史肆伍王敬則傳略云：

王敬則，臨淮射陽人也。僑居晉陵南沙縣。母爲女巫。後與王儉俱即本號開府儀同三司。時徐孝嗣於崇禮門候儉，因嘲之曰：「今日可謂連璧。」儉曰：「不意老子遂與韓非同傳。」人以告敬則，敬則欣然曰：「我南沙縣吏，徼倖得細鎧左右，逮風雲以至於此。遂與王衛軍同日拜三公，王敬則復何恨。」了無恨色，朝士以此多之。

南齊書貳陸王敬則傳略云：

> 敬則名位雖達，不以富貴自遇，危拱傍遑，略不衿裾，接士庶皆吴語，而殷勤周悉。世祖御座賦詩，敬則執紙曰：「臣幾落此奴度内。」世祖問：「此何言？」敬則曰：「臣若知書，不過作尚書都令史耳，那得今日。」

寅恪案，敬則原籍臨淮，後徙晉陵，其先世本來是否北人？姑不必考。但其居晉陵既久，口操吴語，則不容疑。據敬則傳，有二事可注意者：東晉南朝官吏接士人則用北語，庶人則用吴語，是士人皆北語階級，而庶人皆吴語階級，得以推知，此點可與顔氏家訓音辭篇所言者參證，此其一也。敬則屬於庶人階級，故交接士庶概用吴語，故亦不能作詩。若張融者，雖爲吴人，但屬於士族階級，故將死猶作北詠。至於王儉，則本爲北人，又爲士族，縱屢世僑居江左，諒亦能以吴語接待庶族，而其賦詩，不依吴音押韻，斷然可知，此其二也。

魏書伍玖劉昶傳（北史貳玖劉昶傳同）略云：

> 訶詈童僕，音雜夷夏。
>
> 史臣曰：昶諸子尫疎，喪其家業。（蕭）寶夤背恩忘義，梟獍其心。此亦戎夷彯狡輕薄之

常事也。

南史壹肆晉熙王昶傳略云：

昶知事不捷，乃夜開門奔魏。在道慷慨爲斷句曰：「白雲滿障來，黄塵半天起。關山四面絶，故鄉幾千里。」

寅恪案，劉昶蕭寶夤皆南朝宋齊皇子，同爲北人之後裔，而世居於江左，俱以家難奔北者。昶之「音雜夷夏」之「夷」，據魏收所作傳論「戎夷彯狡輕薄」之語，知是指江左而言，蓋以夏目北魏爲對文也。然則所謂「音雜夷夏」即是音雜吴北。魏收欲極意形容劉昶之鄙俚無文，而不知其童僕之中必有庶族吴人，昶之用吴語詞詈童僕，正是江東以吴語接庶族之通例。至其作詩押韻，自附風雅，諒必仍用北音，如道中所作斷句用起里二韻與西晉北人如齊國左思之吴都賦及東晉北人如河東郭璞之巫咸山賦山海經圖大澤贊吉良贊用韻正復相同（俱見于海晏先生漢魏六朝韻譜第貳册第陸捌頁下），可資參證，且僅二韻，故尤難據以論證昶之作詩用吴音押韻也。

世説新語排調篇云：

劉真長始見王丞相，時盛暑之月，丞相以腹熨彈棊局曰：「何乃渹！」劉既出，人問：「見王公云何？」劉曰：「未見他異，唯聞作吴語耳！」

寅恪案，琅邪王導本北人，沛國劉惔亦是北人，而又皆士族。然則導何故用吴語接之？蓋東晉之初，基業未固，導欲籠絡江東之人心，作吴語者，乃其開濟政策之一端也，觀世説新語政事篇所載：

> 王丞相拜揚州，賓客數百人，並加霑接，人人有説色。唯有臨海一客姓任及數胡人爲未洽。公因便還到過任邊云：「君出，臨海便無復人。」任大喜説。因過胡人前彈指云：「蘭闍！蘭闍！」（寅恪疑「蘭闍」與庾信之小字「蘭成」同是一語，參考陳思小字録引陸龜蒙小名録。）羣胡同笑，四坐並懽。

之條，則知導接胡人尚操胡語。臨海任客當是吴人，雖其屬於何等社會階級，不可考知，但值東晉創業之初，王導用事之際，即使任是士流，當亦用吴語接待。然此不過一時之權略，自不可執以爲江左三百載之常規明矣。今傳世有王導麈尾銘一篇，載於北堂書鈔壹叁肆、藝文類聚陸玖、太平御覽柒佰肆等卷，以理子侯爲韻，與西晉北人如齊國左思之白髮賦，譙國曹攄之思友人詩其用韻正同，（俱見于海晏先生漢魏六朝韻譜第貳册第陸捌頁下。）至其文之是否真出於王導，及爲導渡江以前或以後所作？皆不可考知，然足徵導雖極力提倡吴語，以身作則，但終未發見其作韻語時，以吴音押韻之特徵也。

據上引史籍之所記載，除民間謠諺之未經文人删改潤色者以外，凡東晉南朝之士大夫以及寒人之能作韻者，依其籍貫，縱屬吴人，而所作之韻語則通常不用吴音，蓋東晉南朝吴人之屬於士族階級語者，其在朝廷論議社會交際之時尚且不操吴語，豈得於其摹擬古昔典雅則之韻語轉用土音乎？至於吴之寒人既作典雅之韻語，亦必依仿勝流，同用北音，以冒充士族，則更宜力避吴音而不敢用。故今日東晉南朝士大夫以及寒人所遺傳之詩文雖篇什頗衆，却不能據以研究東晉南朝吴音與北音異同及韻部分合諸問題也。

或問曰：信如子言，東晉南朝詩文其用韻無吴北籍貫之别，則何以同一時代，而詩文用韻間或不同？（見清華學報第壹卷第叁期王力先生南北朝詩人用韻考第柒捌玖頁。）其中豈亦有因吴北籍貫之異，而致參差不齊者耶？

應之曰：永嘉南渡之士族其北方原籍雖各有不同，然大抵操洛陽近傍之方言，似無疑義。故吴人之仿效北語亦當同是洛陽近傍之方言，如洛生詠即其一證也。由此推論，東晉南朝疆域之内其士大夫無論屬於北籍，抑屬於吴籍，大抵操西晉末年洛陽近傍之方言，其生值同時，而用韻寬嚴互異者，既非吴音與北音之問題，亦非東晉南朝疆域内北方方言之問題，乃是作者個人審音之標準有寬有嚴，及關於當時流行之審音學説或從或違之問題也，故執此不足以難鄙説。

李唐武周先世事蹟雜考

壹

寅恪前數年曾據宋書柒柒柳元景傳及新唐書柒拾上宗室此系表，推證李唐爲李初古拔之後裔（刊載本集刊第叁本第壹分），自信或不致甚遠於事實。然竊疑昔人應有論及之者，但以寅恪之孤陋寡聞，迄今尚未發見。夫昔人讀史，其精審百倍於寅恪，縱爲時代所限，不敢議及李唐先世問題，而柳元景傳疑竇甚多，豈能一無所覺。若得知前賢偶然隨筆，間接涉及此點者，亦可引以相助，爲淺學臆説之旁證，不亦善乎？今歲偶繙盧文弨讀史札記（劉世珩檵盦叢刊）南史柳元景傳條云：

南史柳元景傳殊不成文。如以爲後人轉寫譌落，則可。若出延壽所删，此手何可作史？書北侵事删削過多，節次全不明曉，書龐法起軍「去弘農城五里」，便詘然而止。若得弘農可不書，則此「去弘農」之語亦屬孤贅。又云：「魏城臨河爲固，恃險自守，季明安都方平各列陣於城東南以待之。」云云，中間脱去魏洛州刺史張是提率衆二萬度嶠來救一段，則所云待者，不知何指，豈以延壽而如此憒憒乎？

寅恪案，全部南史何以獨柳元景一傳「殊不成文」？何以柳元景全傳獨書北侵一事「删削過多，節次全不明曉」？李延壽作史必不如此憒憒，盧氏於此致疑，誠有特識。但若以爲由於「後人轉寫譌落」，則後人轉寫之時，於全部南史何以獨於柳元景一傳，而於柳元景全傳何以獨於北侵一事，譌落若是之多且甚乎？是真事理之不可通，而别有其故，斷可知矣。蓋李氏作南史時，其柳元景傳本據宋書柳元景傳。其書北侵事必與宋書相同，悉載李初古拔父子被擒殺之始末。（宋書柒柒柳元景傳云：「生擒李初古拔父子二人。」又云：「共攻金門隖，屠之，殺戍主李買得，古拔子也。」南史叁捌柳元景傳適將此節删去。）逮書成以後，奏聞之際，或行世之時，忽發覺李初古拔即當代皇室之祖先，故急遽抽削，以避忌諱，而事出倉卒，自不及重修，復無暇詳改，遂留此罅穴疵病，如抱經先生所擿發者也。至於抽削南史柳元景傳者是否即延壽本身，抑出於其子孫或他人之手？其事既難確知，亦無關宏旨，姑不深考。僅著李初古拔父子事蹟所以不見於南北史之故（魏書陸壹薛安都傳記李拔即李初古拔事而南史肆拾北史叁玖薛安都傳亦俱不載），並足以證鄙説雖甚創，而實不誣也。世有謂新唐書宗室世系表中「復爲宋將薛安都所陷」之語乃宋人臆增者，請以此質之。

貳

周書肆明帝紀（北史玖周本紀同）云：

〔二年三月〕庚申詔曰：三十六國九十九姓自魏氏南徙，皆稱河南之民。今周室既都關中，宜改稱京兆人！

隋書叁叁經籍志史部譜系類序云：

後魏遷洛，有八氏十姓，咸出帝族。又有三十六族，則諸國之從魏者。九十二姓，世爲部落大人者。並爲河南洛陽人。其中國士人，則第其門閥。有四海大姓，郡姓，州姓，縣姓。及周太祖入關，諸姓子孫有功者，並令爲其宗長。仍撰譜録，紀其所承。又以關内諸州爲其本望。

寅恪案，李唐之稱西涼嫡裔，即所謂「爲其宗長，仍撰譜録，紀其所承。」其由趙郡改稱隴西，即所謂「以關内諸州爲其本望」，鄙說於此似皆一一證實矣！考據之業，其舊文新說若是之符合無間者，或不多見，兹特標出，敬求疑難鄙說者教正。總之，寅恪之設此假說，意不僅在解決李唐氏族問題，凡北朝隋唐史事與此有關者，俱欲依之以爲推證，以其所繫者至廣且鉅，故時歷數載，文成萬言，有誤必改，無證不從，庶幾因此得以漸近事理之真相，儻更承博識通人之訓誨，尤所欣幸也。

叁

武曌爲吾國歷史之怪傑，其先世事跡實無可考，其母系則寅恪曾於武曌與佛教一文中略言之矣。（載本集刊第伍本第壹叁柒至壹肆柒頁。）至其父武士彠舊唐書伍捌、新唐書貳佰陸外戚傳皆有其傳，而其起家之始末皆不能詳。僅載其「家富於財，頗好交結，高祖初行軍於汾晉，休止其家，因蒙顧接」而已。（此舊傳之文，新傳亦同。）又舊傳論曰：

> 武士彠首參起義，例封功臣，無戡難之勞，有因人之跡，載窺他傳，過爲褒詞，慮當武后之朝，佞出敬宗之筆，凡涉虛美，削而不書。

據此，足證史臣當日作士彠傳時雖知許敬宗所作之原本不可徵信，但亦無他書可據，以資補充。即宋子京重修唐書，於士彠傳悉同舊書，僅文詞有删易，而事跡則無所增補。然則史跡久晦，殆真不可考矣。惟太平廣記壹叁柒徵應門武士彠條，引太原事跡云：

> 唐武士彠太原文水縣人。微時與邑人許文寶以鬻材爲事。常聚材木數萬莖，一旦化爲叢

林森茂，因致大富。士彠與文寶讀書林下，自稱爲厚材，文寶自稱枯木，私言必當大貴。及高祖起義兵，以鎧冑從入關，故鄉人云：「士彠以鬻材之故，果逢構夏之秋。」及士彠貴達，文寶依之，位終刺史（據談愷本）。

又分門古今類事壹伍士彠叢林條（據十萬卷樓叢書本）亦引太原事跡，語句與太平廣記微有不同。如廣記之「讀書林下」，則作「會林下」，及廣記之「自稱爲厚材，文寶自稱枯木」，則作「自言枯木成林」，似較今本廣記爲明瞭易解也。考新唐書伍捌藝文志乙部史録地理類載有李璋太原事跡記十四卷，當即太平廣記及分門古今類事之所從出。其書所載枯木成林事固妄誕不足置信，然必出於當日地方鄉土之傳述，而士彠之初本以鬻材致富，因是交結權貴，則似非全無根據。隋書叁煬帝紀（北史壹貳同）云：

〔大業元年〕三月丁未詔尚書令楊素，納言楊達，將作大匠宇文愷營建東京。

又同書肆叁觀德王雄傳附弟達傳（北史陸捌楊紹傳附子達傳同）云：

獻皇后及高祖山陵制度，達並參豫焉。煬帝嗣位，轉納言，仍領營東都副監。

寅恪案，隋室文煬二帝之世皆有鉅大工程，而煬帝尤好興土木，士彠值此時勢，故能以鬻材致鉅富。其爲投機善賈之流，蓋可知也。武曌之母即達之女（見拙著武曌與佛教所引史料）。士彠之娶曌母疑在唐武德時，但其所以與楊氏通婚，殆由達屢次參豫隋世營建工事，士彠以鬻材之故，特相習近，迨達死隋亡，而士彠變爲新貴，遂娶其家女歟？此雖揣測之説，未得確證，然於武曌父系先世之事蹟即士彠所以起家之由，實可藉此殘闕之史料窺見一二，以前人尚未有言及者，遂爲申論之如此。

肆

拙著三論李唐氏族問題一文其論李虎追封唐國公之時，謂在周初受魏禪之際（見本集刊第伍本第壹柒柒頁）。蓋據册府元龜壹帝王部帝系門所載：

〔太祖景皇帝虎〕封趙郡公，徙封隴西公，周受魏禪，録佐命功，居第一，追封唐國公。

之語。其實誤會史文也。考周書伍武帝紀上略云：

〔保定〕四年九月丁巳，封開府李昞爲唐國公，若干鳳爲徐國公。

又同書壹柒若干惠傳（北史陸伍若干惠傳略同）略云：

子鳳嗣。保定四年追録佐命之功，封鳳徐國公。

又通鑑壹陸玖陳紀略云：

〔天嘉〕五年九月丁巳追録佐命元功，封開府儀同三司隴西公李昞爲唐公，大馭中大夫長樂公若干鳳爲徐公。昞，虎之子，鳳，惠之子也。

據此，則李虎之追封唐國公實在保定四年，上距周初受魏禪之時，已八年矣。故拙著前文所推論者，皆應依此改計。特著於此，以正其誤，兼識疏忽之過云爾。

論李懷光之叛

唐代朱泚之亂，李懷光以赴難之功臣，忽變爲通賊之叛將，自來論者多歸咎於盧杞阻懷光之入覲，遂啓其疑怨，有以致之，是固然矣。而於神策軍與朔方軍糧賜之不均一事，則未甚注意，特爲節録史傳，草此短篇，以表出之。至唐代兵餉問題非兹篇範圍及其主旨之所在，故置不論。

舊唐書壹叁叁李晟傳（新唐書壹伍肆李晟傳及資治通鑑貳叁拾興元元年二月條同）云：

晟兵（寅恪案，即神策軍。）軍於朔方軍（寅恪案，即朔方節度使李懷光軍。）北，每晟與〔李〕懷光同至城下，懷光軍輒虜驅牛馬，百姓苦之。晟軍無所犯。懷光軍惡其獨善，乃分所獲與之，晟軍不敢受。久之，懷光將謀沮晟軍，計未有所出。時神策軍以舊例給賜厚於諸軍，懷光奏曰：「賊寇未平，軍中給賜，咸宜均一，今神策獨厚，諸軍皆以爲言，臣無以止之，惟陛下裁處。」懷光計欲因是令晟自署侵削己軍，以撓破之。德宗憂之，欲以諸軍同神策，則財賦不給，無可奈何，乃遣翰林學士陸贄往懷光軍宣諭，仍令懷光與晟參議所宜以聞。贄晟俱會於懷光軍，懷光言曰：「軍士稟賜不均，何以令戰？」贄未有言，數顧晟，晟曰：「公爲元帥，弛張號令皆得專之，晟當將一軍，唯公所指，以效死命，至於增損衣食，公當裁之！」懷光默然，無以難晟，又不欲侵刻神策軍發於自己，乃止。

寅恪案，新唐書伍拾兵志述貞元時事云：

時邊兵衣饟多不贍，而戍卒屯防，藥茗蔬醬之給最厚，諸軍務爲詭辭，請遥隸神策軍，稟賜遂贏舊三倍，繇是塞上往往稱「神策行營」皆内統於中人矣！其軍乃至十五萬。

夫李晟所統之神策軍者，當時中央政府直轄之禁軍也，李懷光所統之朔方軍者，别一系統之軍隊也，兩者稟賜之額既相差若此，復同駐咸陽一隅之地，同戰朱泚一黨之人，而望别一系統之軍隊其士卒不以是而不平，其將領不因之而變叛，豈不難哉！豈不難哉！觀懷光軍特取其所虜驅之牛馬分與晟軍者，蓋可藉是厲其「賊寇未平，軍中給賜咸宜均一」之意，欲持此「不患寡而患不均」之主義，以啓發神策軍兵士之情志也，史言懷光軍之紀律不及晟軍，惡晟軍獨善，故分與所獲，使之同惡，果如所言，則朔方軍之心計甚爲迂曲，與其軍主「麤厲疏愎之性」（見舊唐書壹貳壹、新唐書貳貳肆上李懷光傳及通鑑貳貳玖建中四年十一月條。）尤不相似，頗疑史氏之説，於當日朔方軍士共同之心理，尚有所未能通解也。

又胡三省論此事（通鑑貳叁拾興元元年二月條胡注）云：

李晟之答懷光，氣和而辭正，故能伐其謀。

則殊不知晟之得爲正辭者，以懷光適兼擁元帥之虛號故耳。假使禀賜獨厚之神策軍其主將復真任元帥者，又將何辭以對耶？然則懷光之所以能激變軍心，與之同叛者，必別有一涉及全軍共同利害之事實，足以供其發動，不止其個人與盧杞之關係而已。故神策軍與朔方軍禀賜之不均要爲此大事變之一主因，讀史者不可盡信舊記之文，謂兩軍禀賜不均僅爲懷光「謀沮晟軍」所藉口之細事而忽視之也。

李唐氏族之推測

（甲）引　言

李唐氏族問題，近人頗有討論。寅恪講授清華，適課唐史，亦詮次舊籍，寫成短篇。其所徵引，不出習見之書。凡關係疏遠之證據，事實引申之議論，雖多可喜可觀者，以限於體裁，不能詳及。極知淺陋簡略，無當於著述之旨。然此文本意，僅在備講堂之遺忘，資同學之商榷。間有臆測之説，固未可信爲定論，尤不敢自矜有所創獲。儻承博洽君子，不以爲不可教誨而教誨之，實所深幸焉！

（乙）李唐自稱西涼後裔之可疑

李唐自稱爲西涼李暠後裔。然詳檢載記，頗多反對之證據。兹擇其最强有力，及足以解人頤者，各一事，迻録於下：

魏書壹捌廣陽王深傳（北史壹陸廣陽王深傳同）論六鎮疏云：

昔皇始以移防爲重，盛簡親賢，擁麾作鎮，配以高門子弟，以死防遏。不但不廢仕宦，至乃偏得復除。當時人物，忻慕爲之。及太和在曆，僕射李沖當官任事，涼州土人悉免廝役，豐沛舊門，仍防邊戍。自非得罪當世，莫肯與之爲伍。征鎮驅使，但爲虞候白直，一生推遷，不過軍主。然其往世房分留居京者，得上品通官。在鎮者便爲清途所隔。或投彼有北，以禦魑魅，多復逃胡鄉。乃峻邊兵之格，鎮人浮遊在外，皆聽流兵捉之。於是少年不得從師，長者不得遊宦，獨爲匪人，言者流涕。

按，舊唐書壹高祖本紀（新唐書壹高祖本紀略同）云：

重耳生熙，爲金門鎮將，領豪傑鎮武川，因家焉。

今依李沖世系（魏書叁玖李寶傳、伍叁李沖傳、北史壹佰序傳。）及唐室自稱之世系（兩唐書壹高祖本紀及新唐書柒拾上宗室世系表等），綜合推計，列爲一表。以見其親族關係：

李暠—歆—重耳—熙
　　—飜—寶—沖

據此，則重耳與寶爲共祖兄弟，熙與沖爲共曾祖兄弟，血統甚近。魏太和之世，沖宗族貴顯，一時無比。（新唐書玖伍高儉傳云：「後魏太和中定四海望族，以〔隴西李〕寶等爲冠。」）熙既與沖爲共曾祖兄弟，所生時代，前後相差，必不能甚遠。當太和之世，六鎮邊戍乃「莫肯與之爲伍」之人。李熙一族，留家武川，則非「涼州土人」，而爲「豐沛舊門」可知。是李沖即隴西李氏，不認之爲同宗，自無疑義。李唐自稱爲西涼後裔之反對證據中，此其最强有力者也。

又唐釋彥悰唐護法沙門法琳別傳下載法琳對太宗之言曰：

> 竊以拓拔元魏，北代神君。達闍（即大野）達系，陰山貴種。經云：以金易鍮石，以絹易縷褐，如捨寶女與婢交通，陛下即其人也。棄北代而認隴西，陛下即其事也。（此條女師大學術季刊第一卷第四期劉盼遂先生李唐爲蕃姓考所引較詳，可參閱。）

據此，可知唐初人固知其皇室氏族冒認隴西，此李唐自稱爲西涼後裔之別一反對證據，而又可以解人頤者也。

（丙）李唐疑是李初古拔之後裔

李唐世系之紀述，其見於新舊唐書壹高祖本紀，北史壹佰序傳，晉書捌柒涼武昭王傳，林寶元和姓纂等書者，皆不及新唐書柒拾上宗室世系表所載之詳備。今即依據此表與其他史料比較討論之。表云：

歆字士業，西涼後主。八子：勗，紹，重耳，弘之，崇明，崇産，崇庸，崇祐。重耳字景順，以國亡奔宋，爲汝南太守。後魏克豫州，以地歸之，拜恒農太守。復爲宋將薛安都所陷。後魏安南將軍，豫州刺史。生獻祖宣皇帝熙，字孟良，後魏金門鎮將。生懿祖光皇帝，諱天賜，字德真。三子：長曰起頭，長安侯，生達摩，後周羽林監太子洗馬，長安縣伯。次曰太祖。次乞豆。

此表所載必爲唐室自述其宗系之舊文。兹就其所紀李重耳李熙父子事實，分析其内容，除去其爲西涼後裔一事以外，尚有七事。條列於下：

（一）其氏爲李。

（二）父爲宋汝南太守。

（三）後魏克豫州。父以地歸之。

（四）父爲後魏恒農太守。

（五）父爲宋將薛安都所陷。

（六）父爲後魏安南將軍豫州刺史。

（七）子爲後魏金門鎮將。

考宋書伍文帝紀云：

〔元嘉二十七年二月〕辛丑，索虜寇汝南諸郡，陳頓二郡太守鄭琨汝陽潁川二郡太守郭道隱委守走。索虜攻懸瓠城，行汝南郡事陳憲拒之。

又宋書柒貳南平穆王鑠傳云：

索虜大帥拓跋燾南侵陳潁，遂圍汝南懸瓠城。行汝南太守陳憲保城自固。

又宋書柒柒柳元景傳云：

〔元嘉〕二十七年八月，〔隨王〕誕遣振威將軍尹顯祖出貲谷，奮武將軍魯方平建武將軍薛安都略陽太守龐法起入盧氏。（中略）閏〔十〕月法起安都方平諸軍入盧氏。（中略）法起諸軍進次方伯𠂤，去弘農城五里。（中略）諸軍造攻具，進兵城下。僞弘農太守李初古拔嬰城自固。法起安都方平諸軍鼓譟以陵城。（中略）安都軍副譚金薛係孝率衆先登，生禽李初古拔父子二人。（中略）殿中將軍鄧盛幢主劉駼亂使人入荒田，招宜陽人劉寬糺，率合義徒二千餘人，共攻金門隖，屠之。殺戍主李買得，古拔子也，爲虜永昌王長史，勇冠戎類。永昌聞其死，若失左右手。

又宋書玖伍索虜傳云：

〔元嘉〕二十七年，燾自率步騎十萬寇汝南。（中略）宣威將軍陳南頓二郡太守鄭緄（文帝紀作琨）、綏遠將軍汝南潁川二郡太守郭道隱竝棄城奔走。虜掠抄淮西六郡，殺戮甚多。攻圍懸瓠城，城内戰士不滿千人。先是汝南新蔡二郡太守徐遵之去郡，南平王鑠時鎮壽陽，遣左軍行參軍陳憲行郡事。憲嬰城固守。（中略）燾遣從弟永昌王庫仁真步騎萬餘，將所略六郡口，北屯汝陽。（中略）太祖嘉憲固守，詔曰：「右軍行參軍、行汝南新蔡二郡軍事陳憲，盡力捍衛，全城摧寇。忠敢之效，宜加顯擢。可龍驤將軍、汝南新蔡二郡太守！」

又魏書陸壹薛安都傳云：

後自盧氏入寇弘農，執太守李拔等，遂逼陝城。時秦州刺史杜道生討安都。仍執拔等南遁，及世祖臨江，拔乃得還。

據上引史實，則父稱李初古拔，子稱李買得。名雖類胡名，姓則爲漢姓。但其氏爲李，則不待言，是與第一條適合。李初古拔爲後魏弘農太守，弘農即恒農，以避諱改字，是與第四條適合。李初古拔爲宋將薛安都所禽，是與第五條適合。宋書柳元景傳言：「生禽李初古拔父子」，魏書薛安都傳言：安都禽李拔等，仍執拔等南遁。世祖臨江，拔乃得還。則李初古拔必不止一子。或買得死難以弟代領其職，或唐書高祖紀稱李熙領豪傑鎮武川，因而留居之記載，經後人修改，今不能懸決。但李熙爲金門鎮將，李買得亦爲金門隖戍主，地理專名，如是巧同，亦可謂與第七條適合。至第二條李重耳爲宋汝南太守一事，徵諸上引史實，絶不可能。蓋既言爲宋將薛安都所陷，其時必在元嘉二十七年。當時前後宋之汝南太守，其姓名皆可考知。郭道隱則棄城走，徐遵之則去郡，陳憲則先行郡事，後以功擢補實官，故依據時日先後，排比推計，實無李重耳可爲宋汝南太守之餘地。據宋書柳元景傳言李買得爲永昌王長史，永昌聞其死，若失左右手。則李氏父子與永昌王關係密切可知。宋書索虜傳又言「永昌王北屯汝陽」。考資治通鑑繫永昌王屯汝陽事於元嘉二十七年三月，繫李初古拔被禽事於元嘉二十七年閏十月，而汝陽縣本屬汝南郡，後分爲汝陽郡者，故以時日先後，地域接近，及人事之關係論，李初古拔殆於未被禽以前，曾隨永昌王屯兵豫州之境，故因有汝南太守之授。然則此汝南太守非宋之汝南太守，乃魏之汝南太守也。第六條之安南將軍，豫州刺史，當即與第二條汝南太守有關之職銜。第三條所謂後魏克豫州，以其地歸之者，亦與第二條爲宋汝南太守相關，同與上引史文衝突，實爲不可能之事，無待詳辯。魏書薛安都傳言安都執李拔等南遁，及世祖臨江，拔乃得還。是李初古拔原有由北遁南，復由南歸北一段因緣。李唐自述先世故實，或因此加以修改傅會，幸賴其與他種記載矛盾，留此罅隙，千載而後，遂得以發其覆耳。又魏書薛安都傳之李拔即宋書柳元景傳李初古拔之省稱。梁書伍陸侯景傳景祖名周，南史捌拾侯景傳作乙羽周，與此同例。蓋邊荒雜類，其名字每多繁複，殊異乎華夏之雅稱，後人於屬文時因施删略。昔侯景稱帝，七世廟諱，父祖之外，皆王偉追造，（事見梁書南史侯景傳。）天下後世傳爲笑談。豈知李唐自述先世之名字亦與此相類乎？夫侯漢李唐俱出自六鎮，（侯氏懷朔鎮人。李氏武川鎮人。）雖其後榮辱懸絶，不可並言，但祖宗名字皆經改造，則正復相同。考史者應具有通識，不可局於成敗之見，以論事論人也。

總而言之，前所列七條，第一，第四，第五，第七，四條中，李重耳父子事實，皆與李初古拔父子事實適合。第六條乃第二條之附屬，無獨立性質，可不别論。第二條第三條實爲互相關聯之一條。第五條既言「爲宋將薛安都所陷」，則元嘉二十七年南北交兵之際，李氏父子必屬於北，而不屬於南。否則何能爲宋將所禽？故易劉宋爲後魏，則第二條第三條之事實，不獨不與其他諸條事實相反，而且適與之相成。况此其他諸條中涵有「元嘉二十七年」一定之時日，「李氏」「薛安都」之人名專名，「弘農」「金門」之地域專名，而竟能兩相符應，天地間似無如此偶然巧值之事。故疑李唐爲李初古拔之後裔，或不至甚穿鑿武斷也。

（丁）李唐先世與大野部之關係

李唐先世與大野部之關係，以今日史料之缺乏，甚不易知。姑就其可以間接推測者言之：

李虎曾賜姓大野氏，或疑所謂賜姓者，實即復姓之意。（見女師大學術季刊第二卷第二期王桐齡先生楊隋李唐先世系統考第四頁。）寅恪請舉一事，以明其不然。隋書伍伍（北史柒叁）周摇傳云：

> 其先與後魏同源。初爲普乃氏。及居洛陽，改爲周氏。（中略）周閔帝受禪，賜姓車非氏。

據此，若賜姓果即復姓，則周摇應賜姓普乃氏，而非車非氏矣。故知賜姓即復姓之説非也。然則李虎何以賜姓大野氏？李氏與大野氏之關係究何如乎？今考李虎之外，李氏而有賜姓者，如李弼之賜姓徒何氏。（周書拾伍、北史陸拾李弼傳。）李穆則賜姓拓拔氏，（北史卷伍玖李賢傳。又見容齋三筆卷三元魏改功臣姓氏條。洪氏謂「〔宇文〕泰方以時俗文敝，命蘇綽倣周書作大誥。又悉改官名，復周六卿之制。顧乃如是。殆不可曉。」是亦不解賜姓爲興滅國繼絶世之大典，正所以摹倣成周封建制度之意者也。）是同一李氏，而賜以不同之姓矣。又曾賜姓大野氏者，李虎以外，尚有閻慶（見周書貳拾、北史陸壹閻慶傳、新唐書柒叁下宰相世系表、通志貳玖氏族略五、鄧名世古今姓氏書辯證叁壹等。又鄭氏鄧氏書皆言：「後魏龍驤將軍謝懿賜姓大野氏」，王氏金石粹編貳柒載魏孝文弔比干文碑陰題名有「驪驤將軍臣河南郡大野慇（？）」。錢氏潛研堂金石文跋尾貳作「大野□」。寅恪見繆氏藝風堂所藏拓本，亦不清晰，以字形推之，及證以龍驤將軍官名，當是「懿」字。即此謝懿也。然魏孝文乃改代姓爲漢姓者，豈有轉賜漢姓之人以代姓之理？頗疑實大野氏改爲謝氏，以野謝音近之故。魏書官氏志中此例甚多。後人誤於西魏末年賜姓之事，因謂謝懿賜姓大野氏矣。待考。）是不同漢姓之人，亦賜以同一之大野氏矣。其間關係複雜糾紛，殊不易簡單説明。考魏書壹序紀（北史壹魏本紀略同）云：

積六十七世至成皇帝，諱毛立。聰明武略，遠近所推。統國三十六，大姓九十九。

又魏書壹壹叁官氏志云：

初，安帝統國，諸部有九十九姓。至獻帝時，七分國人，使諸兄弟各攝領之。

又周書壹柒北史陸伍若干惠傳云：

若干惠字惠保，代郡武川人也。其先與魏氏俱起，以國爲姓。

據此則代北之姓，代表其國名。所謂國者，質言之，即部落也。周書貳文帝紀下西魏恭帝元年紀賜姓事。其文云：

魏氏之初，統國三十六，大姓九十九，後多絶滅。至是以諸將功高者爲三十六國後，次功者爲九十九姓後。所統軍人，亦改從其姓。

宇文黑獺鋭意復古，信用蘇綽盧辯之流，摹擬成周封建之制，賜姓功臣之舉，乃其所謂興滅國繼絶世之盛典也。資治通鑑載此事於壹陸伍梁紀元帝承聖三年正月，而删去「爲三十六國後」及「爲九十九姓後」之文，使賜姓大典之原意不能明顯，遂啓後人諸種臆測之説。今依「爲後」之文解釋，則賜李虎以大野氏者，其意即以李虎爲人野氏之後。又依「所統軍人亦改從其姓」之文解釋，則其意部主與部屬必應同一姓氏。當時既以大野之姓賜與李虎，則李虎先世或爲大野部之部曲亦未可知。若李虎果爲李初古拔之後裔，則南朝元嘉北朝太平真君之時已姓李氏，似本漢人。譬諸後來清室之制，遼東漢人包衣有以外戚擡旗故，而升爲滿洲本旗，並改爲滿姓之例。李虎之賜姓大野氏，或亦與之有相似者歟？李唐先世與大野部之關係所能推測者，僅止於此，實非决定之結論也。

（戊）李重耳南奔之説似後人所僞造

前於（丙）章已言當元嘉二十七年南北交兵之際，李重耳無爲宋汝南太守之可能。假使果有其事，而其爲李唐先世與否，又爲一問題，尚須別論。寅恪則並疑凡李重耳南奔之事，載在唐修晉書涼武昭王傳、北史序傳、兩唐書高祖紀、新唐書宗室世系表等者，皆依據唐室自述宗系之言，原非真實史蹟。乃由後人修改傅會李初古拔被禽入宋後復歸魏之事而成。兼以李重耳之奔宋，與李寶之歸魏，互相對映也。何以知其然？因世説新語言語篇云：

張天錫爲涼州刺史，稱制西隅。既爲苻堅所禽，用爲侍中，後於壽陽俱敗。至都，爲孝武所器。每入言論，無不竟日。

又晉書捌陸張軌傳載張天錫歸晉後事云：

又詔曰：故太尉西平公張軌著德遐域，（中略）拔迹登朝。先祀淪替，用增矜慨。可復天錫西平郡公爵！俄拜金紫光禄大夫。天錫少有文才，流譽遠近。及歸朝，甚被恩遇。

又僧祐出三藏記集壹肆沮渠安陽侯傳（慧皎高僧傳卷二曇無讖傳略同）云：

沮渠安陽侯者，河西王蒙遜之從弟也。魏虜托拔燾伐涼州，安陽宗國殄滅，遂南奔於宋。從容法侶，宣通經典，是以京邑白黑咸敬而嘉焉。

夫前西二涼，俱系出漢族，遥奉江東。沮渠雖爲戎類，而宰制西隅，事侔張李。故國亡之後，其宗胤南奔者，咸見欽崇。即使李重耳聲望不及張公純嘏，學行不及沮渠京聲，然既已致位郡守，禦敵邊疆，而南朝當日公私記載，一字無徵，揆諸情事，寧有斯理？故舉張氏沮渠同類之例，以相比喻，足知李重耳南奔之説實出後人所僞造。魏書玖玖私署涼王李暠傳本不載重耳南奔事，湯球十六國春秋輯補所録重耳南奔事，亦取之唐修晉書，而不知其不可信也。（湯氏書敍例云：「此書於十六國春秋纂録所删節處，以晉書張軌李暠等傳及劉淵諸載記補足。」寅恪案，今十六國春秋纂録陸西涼録無重耳南奔事，故湯氏從唐修晉書李暠傳補足之。至若僞本十六國春秋之載重耳南奔事，必録自唐修晉書，更無足論矣。）

（己）唐太宗重修晉書及勅撰氏族志之推論

李唐先世疑出邊荒雜類，必非華夏世家，已於前（丙）（丁）二章言之矣。知此，而後李唐一代三百年，其政治社會制度風氣變遷興革所以然之故，始可得而推論。以其範圍非本篇所及，兹僅就太宗重修晉書及勅撰氏族志二事，簡略言之：

唐以前諸家晉書，可稱美備。而太宗復重修之者，其故安在？昔漢世古文經學者於左氏春秋中竄入漢承堯後之文（見左傳魯文公十三年孔氏正義及後漢書叁陸賈逵傳），唐代重修晉書特取張軌爲同類陪賓，不以前涼西涼列於載記，而於捌柒涼武昭王傳中亦竄入

士業子重耳脱身奔於江左，仕於宋，後歸魏爲恒農太守

一節，皆藉此以欺天下後世。夫劉漢經師，李唐帝室，人殊代隔，迴不相關。而其擇術用心，遥遥符應，有如是者，豈不異哉！李延壽於北史壹佰序傳中，雖亦載李重耳奔宋歸魏之事，然於南史叁捌柳元景傳、肆拾薛安都傳、北史叁玖薛安都傳關於宋書魏書所載李初古拔父子

事，皆刪棄不録，或者唐初史家猶能灼知皇室先世真實淵源，因有所忌諱，不敢直書耶？其有與重修晉書相似者，則爲勅撰氏族志一事。蓋重修晉書所以尊揚皇室，證明先世之淵源。勅撰氏族志，雖言以此矯正當時之弊俗，實則專爲摧抑中原甲姓之工具。故此二事皆同一用心，誠可謂具有一貫之政策者也。新唐書玖伍高儉傳（參觀舊唐書陸伍高士廉傳、唐會要叁陸氏族門、捌叁嫁娶門、貞觀政要柒論禮樂篇貞觀六年太宗謂房玄齡條、資治通鑑壹玖伍貞觀十二年條。）云：

> 初，太宗嘗以山東士人尚閥閱，後雖衰，子孫猶負世望，嫁娶必多取貲，故人謂之賣昏。由是詔士廉與韋挺岑文本令狐德棻責天下譜諜，參考史傳，檢正真僞，進忠賢，退悖惡，先宗室，後外戚，退新門，進舊望，右膏粱，左寒畯，合二百九十三姓，千六百五十一家，爲九等，號曰氏族志，而崔幹仍居第一。帝曰：「我於崔盧李鄭無嫌，顧其世衰，不復冠冕，猶恃舊地以取貲，不肖子偃然自高，販鬻松檟，不解人間何爲貴之？齊據河北，梁陳在江南，雖有人物，偏方下國，無可貴者，故以崔盧王謝爲重。今謀士勞臣，以忠孝學藝從我定天下者，何容納貨舊門，向聲背實，買昏爲榮耶？（中略）朕以今日冠冕爲等級高下。」遂以崔幹爲第三姓，班其書天下。高宗時許敬宗以不敍武后世，又李義府恥其家無名，更以孔志約楊仁卿史玄道吕才等十二人刊定之，裁廣類例，合二百三十

五姓，二千二百八十七家。帝自叙所以然。以四后姓，酅公介公及三公太子三師開府儀同三司尚書僕射爲第一姓，文武二品及知政事三品爲第二姓，各以品位高下叙之，凡九等，取身及昆弟子孫，餘屬不入，改爲姓氏録。當時軍功入五品者皆昇譜限，縉紳耻焉，目爲「勳格」。義府奏悉索氏族志燒之。又詔後魏隴西李寶、太原王瓊、滎陽鄭温、范陽盧子遷盧渾盧輔、清河崔宗伯崔元孫、前燕博陵崔懿、晉趙郡李楷，凡七姓十家，不得自爲昏。三品以上納幣不得過三百匹，四品五品二百，六品七品百，悉爲歸裝夫氏，禁受陪門財。先是後魏太和中定四海望族，以寶等爲冠。其後矜尚門地，故氏族志一切降之。王妃主壻皆取當世勳貴名臣家，未嘗尚山東舊族。後房玄齡魏徵李勣復與昏，故望不減。然每姓第其房望，雖一姓中，高下懸隔。李義府爲子求昏，不得，始奏禁焉。其後天下衰宗落譜，昭穆所不齒者，皆稱禁昏家，益自貴，凡男女皆潛相聘娶，天子不能禁。世以爲敝云。

又舊唐書柒捌張行成傳（新唐書壹佰肆張行成傳、資治通鑑壹玖貳唐紀貞觀元年條同。）云：

太宗嘗言及山東關中人，意有同異。行成正侍宴，跪而奏曰：臣聞天子以四海爲家，不當以東西爲限。若如是，則示人以隘陿。

觀此，可知對於中原甲姓，壓抑摧毁，其事創始於太宗，而高宗繼述之，（詳見舊唐書捌貳、新唐書貳貳叁上李義府傳、太平廣記壹捌肆氏族類七姓條等。）遂成李唐帝室傳統之政略。魏晉以來門第之政治社會制度風氣，以是而漸次頽壞毁滅，實古今世局轉移昇降樞機之所在，其事之影響於當時及後世者至深且久。兹考李唐氏族所出，因略推論其因果關係，附於篇末，以爲治唐史者之一助。至其他演繹之説，多軼出本文範圍之外，故不旁及焉。

李唐氏族之推測後記

三年前寅恪曾作李唐氏族之推測一文，刊載本集刊第叁本第壹分中，尚有賸義，茲補論之於此。其關於李唐疑是李初古拔後裔，及其自稱西涼李暠嫡裔，必非史實二點，前篇已詳言之，茲不重述。故此篇復就其自稱源出隴西及家於武川二事，取資旁證，別爲辯釋，然後唐室僞造先世宗系，其先後變遷所經歷之軌迹略能推尋，「天可汗」氏族之信史或者亦可因是而考定也。

唐會要壹帝號上云：

獻祖宣皇帝諱熙，（涼武昭王暠曾孫，嗣涼王歆孫，弘農太守重耳之子也。）武德元年六月二十二日追尊爲宣簡公，咸亨五年八月十五日追尊宣皇帝，廟號獻祖，葬建初陵。（在趙州昭陵〔慶〕縣界，儀鳳二年五〔？〕月一日追封爲建昌陵，開元二十八年七月十八日詔改爲建初陵。）

懿祖光皇帝諱天錫（宣皇帝長子），武德元年六月二十二日追尊懿王，咸亨五年八月十五日追尊光皇帝，廟號懿祖，葬啓運陵。（在趙州昭慶縣界，儀鳳二年三〔？〕月一日追封爲延光陵，開元二十八年七月十八日詔改爲啓運陵。）

元和郡縣圖志壹柒（岱南閣叢書本。又參閱舊唐書叁玖地理志及新唐書叁玖地理志趙州昭慶縣條。）略云：

趙州。

昭慶縣。本漢廣阿縣，屬鉅鹿郡。

皇十三代祖宣皇帝建六〔初〕陵，高四丈，周迴八十丈。

皇十二代祖光皇帝啓運陵，高四丈，周迴六十步。二陵共塋，周迴一百五十六步，在縣西南二十里。

册府元龜壹帝王部帝系門略云：

唐高祖神堯帝，姓李氏，隴西狄道人。其先出自李暠，是爲涼武昭王，薨，子歆嗣位，爲沮渠蒙遜所滅。歆子重耳奔於江南，仕宋爲汝南郡守，復歸於魏，拜弘農太守，贈豫州刺史。生熙，起家金門鎮將，後以良家子鎮於武川，都督軍戎百姓之務，終於位，因遂家焉。生天錫，仕魏爲幢主，大統時追贈司空公。生太祖景皇帝虎，封趙郡公，徙封隴西公，周受魏禪，録佐命功，居第一，追封唐國公。生世祖元皇帝昞，在位十七年，封汝陽縣伯，襲封隴西公，周受禪，襲封唐國公。高祖即元皇帝之世子，母曰元貞皇后，七歲襲封唐國公，義寧二年受隋禪。

今河北省隆平縣尚存唐光業寺碑。碑文爲開元十三年宣義郎前行象城縣尉楊晉所撰，中央研究院歷史語言研究所藏有拓本，頗殘闕不可讀。茲取與黄彭年等修畿輔通志壹柒肆古蹟略所載碑文相參校，而節録其最有關之數語於下：

（上略）皇祖瀛州刺史宣簡公謹追上尊號，謚宣皇帝。皇祖妣夫人張氏謹追上尊號，謚宣莊皇后。皇祖懿王謹追上尊號，謚光皇帝。皇祖妣妃賈氏謹追上尊號，謚光懿皇后。（中略）詞曰：

維王桑梓。本際城池。（下略）

案，李熙天錫父子共塋而葬，光業寺碑頌詞有「維王桑梓」之語，則李氏累代所葬之地，即其家世居住之地，絶無疑義。據魏書壹佰陸上地形志南趙郡廣阿縣條、隋書叁拾地理志趙郡大陸縣條及元和郡縣圖志壹柒趙州昭慶縣條等，是李氏父子葬地舊屬鉅鹿郡，與山東著姓趙郡李氏居住之舊常山郡，壤地鄰接，李虎之封趙郡公，即由於此。又漢書貳捌地理志載中山國唐縣有堯山，魏書地形志載南趙郡廣阿縣即李氏父子葬地又有堯臺，李虎死後追封唐國公，其唐國之名蓋止取義於中山鉅鹿等地所流傳之放勳遺蹟，並非如通常廣義，兼該太原而言也。

至大唐創業起居注上略云：

初帝奉詔爲太原道安撫大使，帝以太原黎庶陶唐舊民，奉使安撫，不踰本封，因私喜此行，以爲天授。

則爲後來依附通常廣義之解釋，殊與周初追封李虎爲唐國公時，暗示其與趙郡李氏關係之本旨不同也。

據上所言，李唐豈真出於趙郡李氏耶？若果爲趙郡李氏，是亦華夏名家也。又何必自稱出於隴西耶？考元和郡縣圖志壹伍略云：

邢州。

堯山縣。本曰柏人，春秋時晉邑，戰國時屬趙，秦滅趙，屬鉅鹿郡，後魏改「人」爲「仁」，天寶元年改爲堯山縣。

又同書壹柒略云：

趙州。

平棘縣。本春秋時晉棘蒲邑，漢初爲棘蒲，後改爲平棘也，屬常山郡。

李左車墓，縣西南七里。

趙郡李氏舊宅，在縣西南二十里，即後漢魏以來山東舊族也，亦謂之三巷李家云。東祖居巷之東，南祖居巷之南，西祖居巷之西，亦曰三祖宅巷也。三祖李氏亦有地屬高邑縣。
元氏縣。本趙公子元之封邑，漢於此置元氏縣，屬常山郡，兩漢常山太守皆理於元氏。
開業寺，在縣西北十五里，即後魏車騎大將軍陜定二州刺史尚書令司徒公趙郡李徽伯之舊宅也。
柏鄉縣。本春秋時晉鄗邑之地，漢以爲縣，屬常山郡，後漢改曰高邑，屬常山國，高齊天保七年，移高邑縣於漢房子縣東北界，今高邑縣是也。
高邑故城，在縣北二十一里，本漢鄗縣也。
高邑縣。本六國時趙房子之地，漢以爲縣，屬常山郡。
贊皇縣。本漢鄗邑縣之地，屬常山郡。
百陵崗，在縣東十里，即趙郡李氏之别業於此崗下也。崗上亦有李氏塋冢甚多。
昭慶縣。本漢廣阿縣，屬鉅鹿郡。
皇十三代祖宣皇帝建初陵。
皇十二代祖光皇帝啓運陵。二陵共塋，在縣西南二十里。（昭慶縣條前已引及，因便於解説，特重出其概略於此。）

元和郡縣圖志著者李吉甫出於趙郡李氏，故關於其宗族之先塋舊宅皆詳記之。若取其分布之地域核之，則趙郡李氏其顯著支派所遺留之故蹟，俱不出舊常山郡之範圍。據此，則趙郡李氏顯著支派當時居地可以推知也。但其衰微支派則亦有居舊鉅鹿郡故疆者。考新唐書柒貳上宰相世系表趙郡李氏條（鄧名世古今姓氏書辯證貳壹同），略云：

〔楷〕避趙王倫之難，徙居常山。〔楷〕子輯。輯子慎敦，居柏仁，子孫甚微。

案，柏仁廣阿二縣後魏時俱屬南趙郡，土壤鄰接，原是同一地域。趙郡李氏子孫甚微之一支，其徙居柏仁之時代雖未能確定，然李楷避西晉趙王倫之難，下數至其孫慎敦，僅有二代，則李慎敦徙居柏仁約在南朝東晉之時，李熙父子俱葬於廣阿，計其生時，亦約當南朝宋齊之世。故以地域鄰接及年代先後二者之關係綜合推論，頗疑李唐先世本爲趙郡李氏柏仁一支之子孫。或者雖不與趙郡李氏之居柏仁者同族，而以同居一地，同姓一姓之故，遂因緣攀附，自託於趙郡之高門，衡以南北朝庶姓冒託士族之慣例，亦爲可能之事。總而言之，據可信之材料，依常識之判斷，李唐先世若非趙郡李氏之「破落户」，即是趙郡李氏之「假冒牌」。至於有唐一代之官書，其記述皇室淵源，間亦保存原來真實之事蹟，但其大半盡屬後人諱飾誇誕之語，治史者自不應漫無辨別，遽爾全部信從也。

又魏書玖柒島夷劉裕傳略云：

島夷劉裕，晉陵丹徒人也。其先不知所出，自云：本彭城彭城人，故其與叢亭安上諸劉了無宗次。

宋書柒捌劉延孫傳云：

延孫與帝室雖同是彭城人，别屬吕縣。劉氏居彭城縣者，又分爲三里：帝室居綏輿里，左將軍劉懷肅居安上里，豫州刺史劉懷武居叢亭里。及吕縣，凡四劉。雖同出楚元王，由來不序昭穆，延孫於帝室本非同宗。

南齊書叁柒劉悛傳略云：

劉悛彭城安上里人也。彭城劉同出楚元王，分爲三里，以别宋氏帝族。

據此，則附會同姓之顯望，南北朝之皇室莫不如此。若取劉宋故事以與李唐相比，則京口之於彭城，亦猶廣阿之於趙郡歟？所不同者，唐李後來忽否認趙郡，改託隴西耳。至其所以否認改託之故，亦可藉一類似之例以爲解釋，請引李弼之成事言之：李弼與李虎同爲周室佐命元勛。周書壹伍李弼傳及新唐書柒貳上宰相世系表俱以弼爲遼東襄平人，唐書表又載弼封隴西公，與周書及北史陸拾李弼傳之僅言弼封趙國公者不同。唐書表多歧誤，姑不深考。但北史以弼爲隴西成紀人，則必依據弼家當日所自稱無疑。蓋賀拔岳宇文泰初入關之時，其徒黨姓望猶繫山東舊郡之名，迨其後東西分立之局既成，内外輕重之見轉甚，遂使昔日之遠附山東舊望者，皆一變而改稱關右名家矣。此李唐所以先稱趙郡，後改隴西之故也。又考北史壹佰序傳載李抗（即李暠曾孫韶之從祖。）自涼州渡江，仕宋歷任三郡太守，其子思穆於魏太和十七年北歸，位至營州刺史。然則西涼同族固有支孫由北奔南，又由南返北之一段故實。李唐既改稱隴西之後，或見李抗思穆父子之遭際與其先世李初古拔買得父子之事蹟適相類似，因而塗附，自託於西涼李暠之嫡裔耶？（參閲前篇。）又據册府元龜之所引，知李重耳之豫州刺史乃追贈之銜，則光業寺碑所載李熙瀛州刺史之號，疑亦後來所追贈者也。至若册府元龜壹帝系門所載李天錫起家金門鎮將一節，必是附會李買得曾爲金門戍主之事，作成誇大之詞。考魏書地形志有兩金門：一爲金門郡，興和中置，一爲宜陽郡屬之金門縣，亦興和中置。宋書柳元景傳載李買得爲金門戍主（詳見前篇），依當日南北戰争所經由之路線推之，自是宜陽郡屬之金門縣。但當北朝太平真君之世，其地尚未置縣，何從而有鎮？後魏鎮將位極尊崇，李天錫更何從起家而得爲此高官乎？前篇疑李買得既已戰死，何能復鎮武川，又家於其地？今知李氏父子皆葬廣阿，實無家於武川之事，然則李唐之自稱來自武川者，或是覩賀拔岳宇文泰皆家世武川，因亦詭託於關西霸主鄉邑之舊耶？以李唐世系改易僞託之多端，則此來自武川一事之非史實，亦不足爲異矣。

據以上所推證，則李唐氏族或出於趙郡李氏衰微之支派，或出於鄰居同姓之攀援，雖皆不能確知，而其本爲漢族，似不容疑。李熙天錫父子二世所娶張氏及賈氏又俱爲漢姓，則其血統於娶獨孤竇氏等胡姓之前，恐亦未嘗與胡族相混雜也。假使李唐先世本爲純粹之漢族，其與大野部之關係果何如乎？前篇已言宇文泰之賜胡姓，實爲斷絶之義，而非復姓之旨。考周故開府儀同賀屯公墓志（即侯植之墓志，周書貳玖、北史陸陸皆有侯植傳，陸增祥八瓊室金石補正貳叁亦載此志。又承趙萬里先生以李宗蓮懷珉精舍金石跋尾中此誌跋文及此志拓印本見示。）云：

〔後〕魏前二年十月中太祖文皇帝以公忠效累彰，宜加旌異，爰命史官，賜姓賀屯氏，時推姓首，寔〔寔〕主宗祀。

此志文中「時推姓首，實主宗祀」之語最關重要，蓋宇文泰之賜姓，原欲恢復鮮卑部落之舊制，故命軍人從其所統主將之姓，夫一軍之中，既同姓一姓，則同姓之人數必衆，不可無一姓首，而姓首即主宗祀之統將也。但姓首不必盡爲塞外異族，如庾子山集壹叁周太子太保步陸逞神道碑（參考同集壹陸周譙國夫人步陸孤氏墓志銘）略云：

公諱逞，本姓陸，吴郡吴人也。曾祖載，爲宋王司馬，留鎮關中，赫連之亂，仗劔魏室，今爲河南洛陽人也。高祖（疑誤倒）冠軍將軍營州刺史，吴人有降附者，悉領爲別軍，自是擁鐸，更爲吴越之兵，君子習流，別有樓船之陣。

又周書叁貳陸通附弟逞傳（北史陸玖同）略云：

父政，其母吴人，好食魚，北土魚少，政求之，常苦難。後宅側忽有泉出，而有魚，遂得以供膳，時人以爲孝感所致，因謂其泉爲孝魚泉。通賜姓步六孤氏。其祖案，陸通陸逞兄弟之爲漢人，確無疑義，且其祖母又爲吴人，則亦未與胡族血統混雜。其統領降附吴人別爲水軍，蓋清初黄梧施琅一流人物。然宇文泰賜通以胡姓，專統一軍，是以通爲降附吴人之姓首，而主塞外鮮卑步陸孤部之宗祀也。據此可以推知，即漢人與塞外鮮卑部落絶無關涉者，亦得賜胡姓，且爲主宗祀之姓首。然則李虎雖賜姓大野氏，亦可以與塞外大野部落絶無關涉。近人往往因李唐曾賜姓大野，遂據以推論，疑其本爲塞外異族，今既證明其先世不家於武川，而家於南趙郡，則李熙父子（即李初古拔父子）與陸通兄弟又何以相異乎？故關於李唐氏族問題，綜合前後二篇之主旨，假設一結論於下：

李唐先世本爲漢族，或爲趙郡李氏徙居柏仁之「破落户」，或爲鄰邑廣阿庶姓李氏之「假冒牌」，既非華盛之宗門，故漸染胡俗，名不雅馴。於北朝太平真君、南朝元嘉之世，曾參與弘農之戰，其後並無移鎮及家於武川之事。迨李虎入關，東西分立之局既定，始改趙郡之姓望而爲隴西，因李抗父子事蹟與其先世類似之故，遂由改託隴西更進一步，而僞稱西涼嫡裔。又因宇文氏之故，復詭言家於武川，其初之血統亦未與外族混雜。總而言之，李唐氏族若僅就其男系論，固一純粹之漢人也。

若上所假設者大體不謬，則李唐一族之所以崛興，蓋取塞外野蠻精悍之血，注入中原文化頹廢之軀，舊染既除，新機重啓，擴大恢張，遂能別創空前之世局。故欲通解李唐一代三百年之全史，其氏族問題實爲最要之關鍵。吾國昔時學者固未嘗留意於此，近人雖有撰著，亦與鄙見多所異同，因據與此問題有關之史籍及石刻，約略推論其僞造世系先後演變之歷程如此。

三論李唐氏族問題

寅恪於本集刊第叁本第壹分李唐氏族之推測及第肆分李唐氏族之推測後記兩文中先後討論李唐氏族問題，仍有未盡之意，本欲復有所申論，以求教於治唐史之學者。近又見日本東北帝國大學文科會編輯之文化第二卷第六號載有金井之忠氏李唐源流出於夷狄考一文，其中涉及拙作，有所辨難，故作此篇，略述鄙見，條列於後。夫考證之業，譬諸積薪，後來者居上，自無膠守所見，一成不變之理。寅恪數年以來關於此問題先後所見亦有不同，按之前作二文，即已可知。但必發見確實之證據，然後始能改易其主張，不敢固執，亦不敢輕改，惟偏蔽之務去，真理之是從。或者李唐氏族問題之研討因此辨論，得有更進一程之發展乎？此則寅恪之所甚希望者也。

（甲）李唐之李必非代北叱李部所改

金井氏據鄭樵通志叁拾氏族略變夷篇記代北之人隨後魏遷河南改胡姓爲漢姓事，其中有叱李之爲李。

一語，及鄧名世古今姓氏書辯證貳壹：

河南李氏　後魏官氏志有叱李氏改爲李氏。

之文，作一結論，謂李唐源出於叱李氏。寅恪案，無論今魏書壹壹叁官氏志無「叱李氏改爲李氏」之語，鄭鄧之書未詳其何所依據。但此點無關宏旨，可置不論。

魏書柒下高祖紀（參閲北史叁魏本紀、資治通鑑壹肆拾齊紀建武二年六月條。）云：

〔太和十九年〕丙辰，詔遷洛之民，死葬河南，不得還北。

又北史壹玖廣川王諧傳（今魏書貳拾即取北史此卷所補者。並參閲通鑑壹肆拾齊紀建武二年六月條。）云：

詔曰：遷洛之人，自兹厥後，悉可歸骸邙嶺，皆不得就塋恒代。

據此，李虎之祖熙及其父天賜死於何年，固不能定，但如金井氏之説，既是代人遷洛之改姓者，則其所葬之地實爲解決此問題之關鍵。假使熙及天賜父子二人俱死於太和十九年六月丙辰以前，則應俱葬於恒代。假使父子二人俱死於太和十九年六月丙辰以後，則父子二人俱應葬於邙嶺。假使父子二人一死於太和十九年六月丙辰以前，一死於太和十九年六月丙辰以後，則應一葬於恒代，一葬於邙嶺。今則其所葬之地北不在恒代，南不在邙嶺，乃在後魏南趙郡之廣阿，唐代趙州之昭慶，而又父子共塋，顯是族葬之遺蹟。然則李唐先世果如金井氏之說，出於代北叱李部遷洛後改爲李氏者歟？抑如寅恪之說，其初本爲趙郡李氏之「破落户」或「假冒牌」者歟？孰非孰是，何去何從，治史者自能別擇，不待詳辨也。

（乙）李唐在李淵以前其血統似未與胡族混雜

開元十三年象城縣尉楊晉撰光業寺碑（碑文詳見前篇）云：

> 皇祖瀛州刺史宣簡公謹追上尊號，謚宣皇帝。皇祖妣夫人張氏謹追上尊號，謚宣莊皇后。皇祖懿王謹追上尊號，謚光皇帝。皇祖妣妃賈氏謹追上尊號，謚光懿皇后。

又巴黎國民圖書館藏敦煌寫本伯希和號第貳仟伍拾肆唐代祖宗忌日表云：

> 皇六代祖景皇帝。
>
> 皇后梁氏。　五月九日忌。

今唐會要壹帝號門上及貳叁忌日門俱缺載張氏賈氏梁氏三代女系。據此，張賈皆是漢姓，其爲漢族，當無可疑。梁氏如梁禦之例，雖亦有出自胡族之嫌疑，（見周書壹柒及北史伍玖梁禦傳。又魏書壹壹叁官氏志云：「拔列氏後改爲梁氏。」）但梁氏本爲漢姓，大部分皆是漢族，未可以其中間有少數例外出自胡族之故，遽概括推定凡以梁爲氏者皆屬胡族也。故李虎妻梁氏在未能確切證明其氏族所出以前，仍目之爲漢族，似較妥慎。然則李唐血統其初本是華夏，其與胡夷混雜，乃一較晚之事實歟？茲取今日新獲得之資料，補作一李唐血統世系表，起自李熙，迄於世民，以供研究李唐氏族問題者之參考。至李重耳則疑本無其人，或是李初古拔之化身，已詳前篇，茲不贅論。故茲表只就今日能確切考知及有實物能證明者爲限。其女統確知爲漢族者，標以□符號。確知爲胡族者，標以～～符號。雖有胡族嫌疑，似在未能確切證明前，姑仍認爲漢族者，則標以……符號。

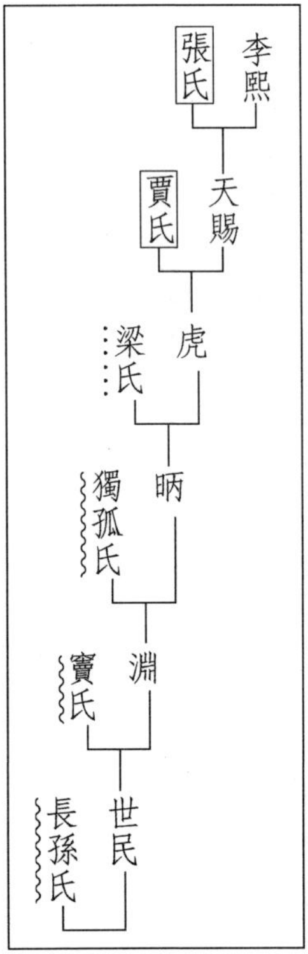

（丙）推測李虎所以追封唐國公之故

前篇謂周初追封李虎爲唐國公暗示其與趙郡之關係者，實指當時擬此封號者聯想李氏與趙郡之關係而言。蓋李虎生前初封之趙郡公及徙封之隴西公，皆郡公也。郡公進一等則爲國公。（參考周書肆拾、北史陸貳尉遲運傳，隋書貳捌百官志下等。）凡依等進封，以能保留元封之名爲原則，故其取名多從元封地名所隸屬之較大區域中求之。若不得已，則於元封地名相近之較大區域中求之。若猶無適當之名，則盡棄與元封有關之名，别擇一新號。考李虎之追封唐國公，當在周初受魏禪，大封佐命功臣之時，即與孝閔帝元年春正月乙卯進封趙郡公李弼中山〔郡〕公宇文護等爲趙國公晉國公等同時。（見周書叁孝閔帝紀、壹壹晉蕩公護傳、壹伍李弼傳及北史伍柒邵惠公顥傳附子護傳、陸拾李弼傳等。）趙爲郡名，亦古國名。故李弼即由趙郡公進封趙國公，同時自不得以趙國公追封李虎。隴西只是郡名，而非國名，不可作國公之封號。於是當日之擬封號者不得不聯想及於與趙郡及隴西郡有關之古代國名。通典壹柒肆州郡典略云：

天水郡。秦州，古西戎之地，秦國始封之邑，領縣五。成紀。

隴西郡。渭州，春秋爲羌戎之居。秦置隴西郡。

同書壹柒捌州郡典云：

趙郡。趙州，春秋時晉地，戰國時屬趙，領縣九。昭慶。（寅恪案，魏書壹佰陸上地形志南趙郡廣阿縣即昭慶，有堯臺。）

博陵郡。定州，帝堯始封唐國之地，戰國初爲中山國，後爲魏所併，後又屬趙，秦爲上谷鉅鹿二郡之地，漢高帝置中山郡，景帝改爲中山國，後漢因之，晉亦不改，後燕慕容垂移都於此，（都中山，置中山郡。至慕容寶爲後魏所陷。）後魏爲中山郡，領縣十一。望都。（堯始封於此，堯山在北，堯母慶都山在南。）

據此，與隴西郡有關之古代國名爲秦。與趙郡有關之古代國名爲趙，魏，中山，晉，及唐。魏爲拓拔氏之國號，自不可以封。中山之名在後魏爲郡王爵封號，亦爲郡公封號。但通稱則省郡字，如中山王、中山公之例。北周在明帝武成元年八月改天王稱皇帝以前，國公爲人臣最高之封爵。故宇文護由中山郡公進封國公時，不以爲中山國公者，雖因晉國較中山爲大名，實亦受魏制習慣影響，蓋欲以表示區別。是中山復不可爲進封國公之號。（見魏書壹壹叁官氏志、魏書壹伍、北史壹伍秦王翰傳附中山王纂傳、魏書壹玖下、北史壹捌南安王楨傳附中山王英傳、周書叁孝閔帝紀、肆明帝紀、叁伍崔猷傳、北史玖周本紀、叁貳崔挺傳附猷傳、通鑑壹陸陸及壹陸柒等。）當追封李虎之時，西魏恭帝僅於數月前即恭帝之三年秋七月封宇文直爲秦郡公。（見周書貳文帝紀下、壹叁衛剌王直傳及北史伍捌衛剌王直傳等。）故爲宇文直地，亦不能以秦爲追封李虎之國號。而晉國則又已封宇文護矣。夫趙國之號，既以李弼之故不可取用，秦國晉國復以宇文直宇文護之故不能進封，魏及中山又皆不可用爲封號，然則當時司勳擬號之官，若不別擇一新號，而尚欲於舊時封地之名有所保存聯繫者，則舍唐國莫屬。此李虎所以追封唐國公之故也。

又李德裕會昌一品集壹捌請改封衛國公狀云：

臣今日蒙恩進封趙國公，承命哀惶，不任感涕。臣亡父先臣憲宗寵封趙國，先臣與嫡孫寬中小名三趙，意在傳嫡嗣，不及支庶。臣前年恩例進封，合是趙郡，臣以寬中之故，改就中山。亡祖先臣曾居衛州汲縣，解進士及第。儻蒙聖恩，改封衛國，遂臣私誠，庶代受殊榮，免違先志。

據此，李德裕合封趙郡，而改就中山，則趙郡之與中山爲互相平等及互相關聯之封號，可以確實證明。中山相傳爲帝堯始封唐國之地，唐朝之宰輔李德裕自不能由中山進封唐國，只能進封趙國。周代之元勳李虎曾封趙郡，以李弼之故不能進封趙國，遂得進封唐國。故取此二事，以相比證，李虎所以追封唐國公之故，更可豁然通解矣。至德裕之請免封趙國，改封衛國，即前文所謂盡棄與元封有關之名，別擇一新號者，而猶以其祖曾居衛州汲縣之故，請改封衛國，則唐人心目中封號與居地之關係，亦可想見也。茲以李德裕由中山進封趙國之例，時代雖晚，然足資比證，因併附記之，以供參考。（附識：李虎熙天賜妻姓氏俱見唐會要叁皇后門。前文失檢，特此補正。）

敦煌本維摩詰經問疾品演義書後

予讀此品演義，至
獅子骨崙前後引。
之句，初不得其解。後檢義浄南海寄歸内法傳卷肆西方學法章自注云：
然而骨崙速利尚能總讀梵經。
及義浄大唐西域求法高僧傳下貞固傳附載其弟子孟懷業事云：
至佛逝國，解骨崙語。
據此，則骨崙即崑崙之異譯，自無待言。考太平廣記叁肆拾引通幽録云：
〔盧頊〕夜夢一老人騎大獅子，獅子如文殊所乘。毛彩奮迅，不可視。旁有二崑崙奴操轡。
然則文殊之騎獅子固有崑崙奴二人，以爲侍從。與所謂
獅子骨崙前後引

之事情略同，而骨崙二字之確詁於此可推得也。予前數年已爲此演義作長跋，載歷史語言研究所集刊第貳本第壹分中。尚有賸義，久未寫出。師仲公老而健忘，於講授時尤甚。因併附書於後，以備教室之用云。

（原載清華周刊第叁柒卷第玖、拾期）

與妹書（節録）

我前見中國報紙告白，商務印書館重印日本刻大藏經出售，其預約券價約四五百圓。他日恐不易得，即有，恐價亦更貴。不知何處能代我籌借一筆款，爲購此書。因我現必需之書甚多，總價約萬金。最要者即西藏文正續藏兩部，及日本印中文正續大藏，其他零星字典及西洋類書百種而已。若不得之，則不能求學，我之久在外國，一半因外國圖書館藏有此項書籍，一歸中國，非但不能再研究，并將初着手之學亦棄之矣。我現甚欲籌得一宗巨款購書，購就即歸國。此款此時何能得，只可空想，豈不可憐。我前年在美洲寫一信與甘肅寧夏道尹，託其購藏文大藏一部，此信不知能達否。即能達，所費太多，渠知我窮，不付現錢，亦不肯代墊也。西藏文藏經，多龍樹馬鳴著作而中國未譯者。即已譯者，亦可對勘異同。我今學藏文甚有興趣，因藏文與中文，係同一系文字。如梵文之與希臘拉丁及英俄德法等之同屬一系。以此之故，音韻訓詁上，大有發明。因藏文數千年已用梵音字母拼寫，其變遷源流，較中文爲明顯。如以西洋語言科學之法，爲中藏文比較之學，則成效當較乾嘉諸老，更上一層。然此非我所注意也。我所注意者有二：一歷史，（唐史西夏）西藏即吐蕃，藏文之關係不待言。一佛教，大乘經典，印度極少，新疆出土者亦零碎。及小乘律之類，與佛教史有關者多。中國所譯，又頗難解。我偶取金剛經對勘一過，其注解自晉唐起至俞曲園止，其間數十百家，誤解不知其數。我以爲除印度西域外國人外，中國人則晉朝唐朝和尚能通梵文，當能得正確之解，其餘多是望文生義，不足道也。隋智者大師天台宗之祖師。其解悉檀二字，錯得可笑。（見法華玄義。）好在台宗乃儒家五經正義二疏之體。説佛經，與禪宗之自成一派。與印度無關者相同。亦不要緊也。（禪宗自謂由迦葉傳心，係據護法因緣傳。現此書已證明爲僞造。達磨之説我甚疑之。）舊藏文既一時不能得，中國大藏，吾頗不欲失此機會，惟無可如何耳。又蒙古滿洲回文書，我皆欲得。可寄此函至北京，如北京有滿蒙回藏文書，價廉者，請大哥五哥代我收購，久後恐益難得矣。

（原載一九二三年八月學衡貳拾期文録）

與董彦堂論年曆譜書

大著病中匆匆拜讀一過，不朽之盛業，惟有合掌贊嘆而已。改正朔一端，爲前在昆明承教時所未及，尤覺精確新穎。冬至爲太陽至南回歸線之點，故後一月，即建丑月爲歲首，最與自然界相符合。其次爲包含冬至之建子月，周繼殷以子月代丑月爲正月，亦與事理適合。若如傳統之説，夏在商前何以轉取寅月爲正月似難解釋。故周代文獻中，雖有以寅月爲正之實證，但是否果爲夏代所遺，猶有問題也。豳風七月詩中曆法不一致，極可注意，其「一之日」，「二之日」，是「一月之日」，「二月之日」之舊稱否？又與左傳孔子「火猶西流，司曆過也」參校，則疑以寅月爲正，乃民間歷久而誤失閏之通行曆法。遂以「託古」而屬之夏歟？三十三年十一月二十七日。

讀通志柳元景沈攸之傳書後

鄭漁仲通志列傳類其南北朝諸列傳即取之南北史，世所習知者也。丁丑之冬時居北平，將南渡江左，臨發之前夕陳援庵先生垣見過，謂寅恪曰：通志柳元景傳中紀元景北征事，亦載李初古拔始末，與宋書柳元景傳相同，惟僅及首段而止。又李初古拔作李初古爲異耳。豈舊本南史柳元景傳其紀李初古拔事，元與宋書柳元景傳同，而今本南史有脱文，漁仲所見尚是未甚殘闕者耶？寅恪當時行色匆匆，未敢遽對，及抵長沙，而金陵瓦解，乃南馳蒼梧瘴海，轉徙至於蒙自，憂患疾苦之中，無書可讀，偶訪鄰舍，得見坊本通志，因一披閲之，其卷壹叁拾列傳肆玖沈攸之傳云：

沈攸之字仲達，司空慶之從父兄子也。

歸檢南史叁柒沈慶之傳附攸之傳云：

攸之字仲達，慶之從父兄子也。

又檢宋書柒肆沈攸之傳云：

沈攸之字仲達，吴興武康人，司空慶之從父兄子也。

夫漁仲之作通志，其南北朝諸列傳雖逕取南北史之本文，但南北史以家世爲主，不以朝代爲斷限。漁仲著書時，於李書稍有移割，其沈攸之傳文雖取之南史，而於攸之名上冠之以姓，此著述之體應爾自不待言。然南史比傳本文元無「司空」二字，通志忽於南史元文「慶之」二字之上增「司空」二字，其爲從宋書沈攸之傳之元文採入，而非漁仲所見之南史多此司空二字無疑也。據此推論，通志中南北朝諸列傳雖取之南北史，其間亦旁採斷代之史如宋書以補苴之，其沈攸之傳既雜糅，則其柳元景傳亦何嘗不可如是乎？惟漁仲元文是否即已如是？抑或後來寫刻遂致雜糅？初以無從獲校舊本通志，未敢遽斷，後得見友人鈔示之至治本通志沈攸之傳「慶之」之下多一「之」字外，餘皆與坊本不異，據此頗疑雜糅沈李二書即出於鄭氏之手，殆以李書多所删削故略取沈書以補之歟？

論許地山先生宗教史之學

寅恪昔年略治佛道二家之學，然於道教僅取以供史事之補證，於佛教亦止比較原文與諸譯本字句之異同，至其微言大義之所在，則未能言之也。後讀許地山先生所著佛道二教史論文，關於教義本體俱有精深之評述，心服之餘，彌用自愧，遂捐棄故技，不敢復談此事矣。今馬季明先生屬寅恪爲地山先生紀念刊綴一言。因念地山先生學問通博，非淺識所得備論，特就所能知者言之如此，藉應季明先生之命，並舉以告世之學者。

吾國學術之現狀及清華之職責

二十年以前之清華，不待予言。請略陳吾國之現狀，及清華今後之責任。吾國大學之職責，在求本國學術之獨立，此今日之公論也。若持此意以觀全國學術現狀，則自然科學，凡近年新發明之學理，新出版之圖籍，吾國學人能知其概要，舉其名目，已復不易。雖地質生物氣象等學，可稱尚有相當貢獻，實乃地域材料關係所使然。古人所謂「慰情聊勝無」者，要不可遽以此而自足。西洋文學哲學藝術歷史等，苟輸入傳達，不失其真，即爲難能可貴，遑問其有所創獲。社會科學則本國政治社會財政經濟之情況，非乞靈於外人之調查統計，幾無以爲研求討論之資。教育學則與政治相通，子夏曰「仕而優則學，學而優則仕」，今日中國多數教育學者庶幾近之。至於本國史學文學思想藝術史等，疑若可以幾於獨立者，察其實際，亦復不然。近年中國古代及近代史料發見雖多，而具有統系與不涉傅會之整理，猶待今後之努力。今日全國大學未必有人焉，能授本國通史，或一代專史，而勝任愉快者。東洲鄰國以三十年來學術鋭進之故，其關於吾國歷史之著作，非復國人所能追步。昔元裕之、危太樸、錢受之，萬季野諸人，其品格之隆汙，學術之歧異，不可以一概論；然其心意中有一共同觀念，即國可亡，而史不可滅。今日國雖倖存，而國史已失其正統，若起先民於地下，其感慨如何？今日與支那語同系諸語言，猶無精密之調查研究，故難以測定國語之地位，及辨別其源流，治國語學者又多無暇爲歷史之探討，及方言之調查，論其現狀，似尚注重宣傳方面。國文則全國大學所研究者，皆不求通解及剖析吾民族所承受文化之内容，爲一種人文主義之教育，雖有賢者，勢不能不以創造文學爲旨歸。殊不知外國大學之治其國文者，趨向固有異於是也。近年國内本國思想史之著作，幾盡爲先秦及兩漢諸子之論文，殆皆師法昔賢「非三代兩漢之書不敢觀者。」何國人之好古，一至於斯也。關於本國藝術史材料，其佳者多遭毁損，或流散於東西諸國，或秘藏於權豪之家，國人聞見尚且不能，更何從得而研究？其僅存於公家博物館者，則高其入覽券之價，實等於半公開，又因經費不充，展列匪易，以致藝術珍品不分時代，不别宗派，紛然雜陳，恍惚置身於廠甸之商肆，安能供研究者之參考？但此缺點，經費稍裕，猶易改良。獨至通國無一精善之印刷工廠，則難保有國寶，而乏傳真之工具，何以普及國人，資其研究？故本國藝術史學若俟其發達，猶邈不可期。最後則圖書館事業，雖歷年會議，建議之案至多，而所收之書仍少，今日國中幾無論爲何種專門研究，皆苦圖書館所藏之材料不足；蓋今世治學以世界爲範圍，重在知彼，絶非閉户造車之比。况中西目録版本之學問，既不易講求，購置搜羅之經費精神復多所制限。近年以來，奇書珍本雖多發見，其入於外國人手者固非國人之得所窺，其幸而見收於本國私家者，類皆視爲奇貨，秘不示人，或且待善價而沽之異國，彼輩既不能利用，或無暇利用，不唯孤負此種新材料，直爲中國學術獨立之罪人而已。夫吾國學術之現狀如此，全國大學皆有責焉，而清華爲全國所最屬望，以謂大可有爲之大學，故其職責尤獨重，因於其二十周紀念時，直質不諱，拈出此重公案，實繫吾民族精神上生死一大事者，與清華及全國學術有關諸君試一參究之。以爲如何？